中国工会统计年鉴

CHINESE TRADE UNIONS STATISTICS YEARBOOK

2002

中华全国总工会研究室编

Edited by Research Department of All China Federation of Trade Unions

中国统计出版社
China Statistics Press

(京)新登字 041 号

图书在版编目(CIP)数据

中国工会统计年鉴.2002/中华全国总工会研究室编.
—北京:中国统计出版社,2004.2
ISBN 7-5037-4284-4

Ⅰ.中…
Ⅱ.中…
Ⅲ.工会工作—统计资料—中国—2002—年鉴
Ⅳ.D412.6-54

中国版本图书馆 CIP 数据核字(2003)第 125898 号

中国工会统计年鉴—2002

作　　者/中华全国总工会研究室编
责任编辑/佘竞雄
责任校对/沙美华
装帧设计/张建民　杨燕超
出版发行/中国统计出版社
通信地址/北京市西城区月坛南街 75 号　邮政编码/100826
办公地址/北京市丰台区西三环南路甲 6 号
电　　话/(010)63459084、63266600-22500(发行部)
印　　刷/科伦克三莱印务(北京)有限公司
经　　销/新华书店
开　　本/880×1230mm　1/16
字　　数/350 千字
印　　张/12.625
版　　别/2005 年 10 月第 1 版
版　　次/2005 年 10 月北京第 1 次印刷
书　　号/ISBN 7-5037-4284-4/D·142
定　　价/280.00 元

编 者 说 明

一、《中国工会统计年鉴》2002 年卷是一部全面反映中国职工各方面情况和中国工会工作发展情况的资料性年刊。本年鉴以 2001 年为主,收录了最新的中国国民经济发展状况和中国职工状况,以及各省、自治区、直辖市总工会组织建设和重点工作情况的大量统计数据。

二、本年鉴全书内容分为八个部分。(一)国民经济综合指标统计。介绍了国民经济主要指标的发展状况、发展速度和比例关系,以及人民物质文化生活的提高情况。(二)职工状况统计。介绍了有关中国职工人数、就业、工资和劳动争议仲裁等方面的情况。(三)各省、自治区、直辖市工会工作统计。介绍了工会组织建设状况和重点工作情况以及兴办经济企事业等方面的情况。(四)36 个大中城市职工家庭生活状况调查资料。介绍了 2001 年 36 个大中城市职工家庭基本状况、现金收支、家庭生活费用支出构成、耐用消费品拥有量等情况。(五)香港特别行政区主要社会经济指标。介绍了香港特别行政区主要社会、经济发展等方面的情况。(六)澳门特别行政区主要社会经济指标。反映了澳门特别行政区主要社会、经济发展情况。(七)中国国民经济和社会发展、劳动事业发展的统计公报。(八)附录部分。介绍了我国台湾省社会经济发展情况和世界主要国家就业、工资等方面的情况。

三、本年鉴所涉及的全国性工会统计数据，均未包括香港特别行政区、台湾省和澳门。该项统计内容只包括已建立工会组织的基层单位的情况。

四、本年鉴的资料主要来自工会定期统计报表。有关国民经济综合指标数据和全国职工状况的统计数据来自国家统计局和劳动和社会保障部;有关台湾省的统计数据来自于中国台湾省的《统计月报》。

五、本年鉴表中的符号使用说明:

“...”表示数据不足本表最小单位数;

“ - -”表示无该项统计指标数据。

Preface

Ⅰ. "China Trade Unions Statistics Yearbook" 2002 is an annual publication reflecting the overall status of staff and workers in China and the development status of China trade unions. This yearbook takes 2001 as the dominant factor and collects the newest statistics data of China national economic development status and China staff and workers' status, and the statistics data of the general survey of the work of provincial, autonomous region and municipal federation of trade unions.

Ⅱ. This yearbook is divided into eight chapters. (1) Statistics of National Economy Indicators, introducing the development status of the main indicators of national economy, the development speed and the proportion relationship, and the raising of people's material and cultural life. (2) Statistics of Staff and Workers State, introducing the status of the number of staff and workers, employment, wages and labor dispute arbitration. (3) Statistics of Trade Unions Work in Each Province, Autonomous Region and Municipality. It introduces the construction of the trade union organizations, key obligations of trade unions and the development of enterprises and undertakings sponsored by trade unions. (4) Materials of Staff and Workers Household Living Conditions in 36 Big and Medium – sized Cities, introducing the basic household conditions, cash income and expenditure, composition of household living expenses and the number of household durable consumer goods in 36 big and medium – sized cities in 2001. (5) Main Social and Economic Indicators in Hong Kong Special Administration Region (SAR), introducing the main social and economic development status of Hong Kong SAR. (6) Main Social and Economic Indicators in Macao Special Administration Region (SAR), introducing the main social and economic development status of Macao SAR. (7) Statistics Bulletin of China National Economy and Social Development and Labor Undertakings Development. (8) Annex, introducing the social and economic development status of Taiwan province and the employment and wages in the major countries of the world.

Ⅲ. The nation-wide statistics data of trade unions in this yearbook does not include Hong Kong SAR, Taiwan province and Macao SAR. It only includes the status of grass-root units with trade unions.

Ⅳ. The materials in this yearbook are mainly from the periodical statistics report forms of trade unions. The related comprehensive indicator data of national economy and the statistics data of the national staff and workers sate are from Sate Statistics Bureau and Ministry of Labor and Social Security. The related statistics data of Taiwan province is from "Statistics Monthly Report" of Taiwan province.

Ⅴ. Explanation of the symbols in this yearbook:

"..." indicates that the figure is not large enough to be measured with the smallest unit in the table.

"– –" indicates that the data is not available.

编委会及编辑人员名单

Editorial Board and Staff

目　　录
CONTENTS

一、国民经济综合统计指标
COMPREHENSIVE STATISTICAL INDICATORS OF NATIONAL ECONOMY

二、职工状况统计
STATISTICS OF STAFF AND WORKERS STATE

三、各省、自治区、直辖市工会工作统计
STATISTICS OF TRADE UNIONS WORK IN EACH PROVINCE, AUTONOMOUS REGION AND MUNICIPALITY DIRECTLY UNDER THE CENTRAL GOVERNMENT

四、36 个大中城市职工家庭生活状况资料
MAIN INDICATORS OF STAFF AND WORKERS HOUSEHOLD LIVING CONDITIONS IN 36 BIG AND MEDIUM-SIZED CITIES

五、香港特别行政区主要社会经济指标
MAIN SOCIAL AND ECONOMIC INDICATORS IN HONGKONG SPECIAL ADMINISTRITIVE REGION

六、澳门特别行政区主要社会经济指标
MAIN SOCIAL AND ECONOMIC INDICATORS IN MACAU SPECIAL ADMINISTRITIVE REGION

附录一、台湾省主要社会经济指标
MAIN SOCIAL AND ECONOMIC INDICATORS IN TAIWAN PROVINCE

附录二、国际劳工统计资料
STATISTICAL DATA OF INTERNATIONAL LABOURER

一、国民经济综合统计指标
Chapter 1　COMPREHENSIVE STATISTICAL INDICATORS OF NATIONAL ECONOMY

简要说明

本部分资料来源于《中国统计年鉴—2002》，主要包括我国国民经济发展的综合情况，由国家统计局综合司根据有关部门资料进行整理和编辑。

“全国行政区划”来自民政部提供的《全国县以上行政区划变更情况》。

“各部门机构数”中的运输机构数由铁道部、交通部和民航管理局提供。

为了全面反映以公有制为主体，多种所有制经济共同发展，调整和完善所有制结构的进展情况，为各级党政领导和有关部门进行决策的管理提供依据，1998 年国家统计局和国家工商行政管理局以我国工商行政管理部门对企业登记注册的实际类型为基础，共同制定了《关于划分企业登记注册类型的规定》，并从 1998 年年报开始执行此规定。

国内生产总值及其产业构成的资料，是由国家统计局国民核算司根据不同产业部门的特点和资料来源情况采用不同方法计算的。分地区的数据来自各省、自治区、直辖市统计局的国民经济核算资料，各地区数据相加不等于全国总计。

城镇居民生活状况的数据来源于城市住户调查资料，是对城市居民家庭抽样调查汇总的结果。城市住户调查是国家统计局城市社会经济调查总队组织实施，各省、自治区、直辖市城调队及抽中城市的城调队依据国家统计局统一制定的城市住户调查方案，收集资料并逐级汇总上报。

价格指数统计由国家统计局城市社会经济调查总队组织实施，各省、自治区、直辖市城市社会经济调查队及抽选出的市、县城调队依据国家统计局统一制定的价格统计调查制度向基层采集原始数据汇总后上报。编制居民消费、商品零售价格指数资料是采用分层抽样调查方法取得的，即在全国选择不同经济区域和分布合理的地区以及有代表性的商品作为样本，对市场价格进行经常性的调查，以样本推断总体。

全部工业企业按企业注册登记类型分组的企业单位数和工业总产值资料由国家统计局工业交通司整理提供。

乡镇企业基本情况资料由农业部乡镇企业局提供。

外商投资企业注册登记情况资料由国家工商行政管理局提供。

Brief Explanation

The material of this part are originated from "China Statistic Yearbook - 2002" mainly including the comprehensive status of China national economic development which are sorted out and edited by Department of Comprehensive Affairs of State Statistic Bureau according to the material of relevant ministries and departments.

Divisions of Administrative Areas in China is originated from "Changes of Division of Administrative Areas above County Level in China" provided by Ministry of Civil Affairs.

Ministry of Railroad, Ministry of Communications and China Civil Aviation Administration Bureau provide the number of transportation institutions.

In order to reflect comprehensively that public ownership is the main body with joint development of various ownerships as well as the progress of the adjustment and improvement of ownership structure and to provide basis for decision-making and management of Party and political leaders at each level and relevant departments. In 1998 State Statistic Bureau and State Industrial and Commercial Administration Bureau and jointly made the "Regulation on the Division of Enterprise Registration Category" on the basis of the real type of enterprise registration in industrial and commercial departments and started to implement this regulation from 1998 annual report.

Department of National Accounting of State Statistic Bureau calculates materials of Gross Domestic Product (GDP) and its industrial structure with different methods according to the characteristics of different industrial sectors and the source of materials. Data by region is from national economic accounting materials of each province, autonomous region and municipality directly under Central Government. Addition of the data of each region does not equal to national total.

Data of household living status of cities and towns is originated from urban household survey materials, which is the sampling survey result of urban household. Urban household survey is organized and conducted by Urban Social and Economic Survey General Group of State Statistic Bureau. Urban Social and Economic Survey Group of each province, autonomous region and municipality directly under Central Government and of the cities drew collect materials and report to higher level according to the standard urban household survey scheme of State Statistic Bureau.

Price indices statistics is organized and conducted by Urban Social and Economic Survey General Group of State Statistic Bureau. The Social and Economic Survey Group of each province, autonomous region and municipality directly under Central Government and of the cities and counties drew collect original data and report to higher level according to the standard price statistic survey system of State Statistic Bureau. The compilation of household consumption and commodity retail price indices adopt layering sampling method, which means to select representative commodities from different economic regions and regions of rational distribution as samples to conduct regular survey of market price. These samples are used to deduce the overall price indices.

The materials of all industrial enterprises are based on the number of enterprise units divided by enterprise registration and the materials of the total industrial output provided by Department of Industrial Communications of State Statistic Bureau.

Town and Township Enterprises Bureau of Ministry of Agriculture provide the basic status of town and township enterprises.

Materials of foreign investment enterprises are provided by State Industrial and Commercial Administration Bureau.

1.1 全国行政区划(2001年底)
Divisions of Administrative Areas in China (End of 2001)

单位:个 (unit)

省级单位名称 Provinces, Municipalities and Autonomous Regions		地级区划数 Number of Prefectures	#地级市 #Cities at Prefectural Level	县级区划数 Number of Counties	#县级市 #Cities at County Level	地县级市数 Number of Cities at All Levels	市辖区数 Number of Districts Under the Jurisdiction of Cities
全国	**National Total**	**332**	**265**	**2053**	**393**	**658**	**808**
北京市	Beijing			2			16
天津市	Tianjin			3			15
河北省	Hebei	11	11	138	23	34	35
山西省	Shanxi	11	10	97	12	22	22
内蒙古自治区	Inner Mongolia	12	7	82	13	20	19
辽宁省	Liaoning	14	14	44	17	31	56
吉林省	Jilin	9	8	41	20	28	19
黑龙江省	Heilongjiang	13	12	66	19	31	64
上海市	Shanghai			1			18
江苏省	Jiangsu	13	13	58	28	41	50
浙江省	Zhejiang	11	11	59	22	33	29
安徽省	Anhui	17	17	61	5	22	44
福建省	Fujian	9	9	60	14	23	25
江西省	Jiangxi	11	11	80	10	21	19
山东省	Shandong	17	17	91	31	48	48
河南省	Henan	17	17	110	21	38	48
湖北省	Hubei	13	12	64	24	36	38
湖南省	Hunan	14	13	88	16	29	34
广东省	Guangdong	21	21	76	31	52	48
广西壮族自治区	Guangxi	14	9	81	10	19	28
海南省	Hainan	2	2	17	7	9	3
重庆市	Chongqing			25	4	4	15
四川省	Sichuan	21	18	139	14	32	41
贵州省	Guizhou	9	4	78	9	13	9
云南省	Yunnan	16	5	119	10	15	9
西藏自治区	Tibet	7	1	72	1	2	1
陕西省	Shaanxi	10	10	86	3	13	21
甘肃省	Gansu	14	6	75	8	14	11
青海省	Qinghai	8	1	39	2	3	4
宁夏回族自治区	Ningxia	4	4	16	2	6	8
新疆维吾尔自治区	Xinjiang	14	2	85	17	19	11
香港特别行政区	Hong Kong						
澳门特别行政区	Macao						
台湾省	Taiwan						

1.2 各部门机构数
Grassroots Units in Various Sectors

部　门	Sector	机构数 Grassroots Units		2001 年比上年增长% Increase Rate in 2001 over 2000(%)
		2000	2001	
农村基层单位	Rural Grassroot Units			
基层组织（万个）	Basic Units (10 000 units)			
乡政府	Township Governments	2.40	2.06	-14.2
镇政府	Town Governments	1.97	1.96	-0.5
村民委员会	Village Committees	73.47	70.93	-3.5
乡村户数	Numbers of Rural Households	24149	24432	1.2
乡镇企业	Township Enterprises	2084.7	2115.5	1.5
国营农场	State-owned Farms	2026	1961	-3.2
国有及规模以上非国有	State-owned and Non-state-owned above Designated			
工业企业(万个)	Size Industrial Enterprises(10 000 units)	16.29	17.13	5.2
内资企业	Domestic Funded Enterprises	13.44	13.98	4.0
国有企业	State-owned Industry	4.24	3.45	-18.7
集体企业	Collective-Owned Industry	3.78	3.10	-18.1
股份合作企业	Cooperative Enterprises	1.09	1.09	0.4
联营企业	Joint Ownership Enterprises	0.25	0.22	-12.4
有限责任公司	Limited Liability Corporations	1.32	1.9	43.8
股份有限公司	Share Holding Enterprises	0.51	0.57	12.1
私营企业	Private Enterprises	2.21	3.62	63.6
其他企业	Other Enterprises	0.04	0.03	-21.5
港澳台商投资企业	Enterprises with Funds from Hong Kong, Macao and Taiwan	1.65	1.83	11.0
外商投资企业	Foreign Funded Enterprises	1.20	1.32	10.4
建筑业企业(个)	Construction Enterprises and Units(unit)	97263	96374	-0.9
国有企业	Construction Enterprises	9030	8264	-8.5
城镇集体企业	Affiliated Construction Units	22905	17276	-24.6
农村建筑队	Rural Construction Teams	49745	50481	1.5
邮电业(个)	Establishments of Postal and Telecommunications Services(unit)			
邮政局所	Post and Telecommunications Offices	58437	57136	-2.2
卫生事业(个)	Health Care(unit)	324771	330348	1.7
# 医院、卫生院	Urban and Township Hospitals	66509	65424	-1.6
疗养院	Sanatoriums	471	461	-2.1
门诊部、所	Clinics	240934	248061	3.0
专科防治所、站	Specialized Prevention & Treatment Stations	1839	1783	-3.0
卫生防疫站	Sanitation and Antiepidemic Stations	4065	4253	4.6
妇幼保健所、站	Maternity and Childcare Centers	2598	2548	-1.2
社会福利(个)	Social Welfare Establishments(unit)			
社会福利事业单位	Social Welfare Institutions	101222	90574	-10.5
# 收养性福利事业单位	Adopting Social Welfare Institutions	40491	38785	-4.2
社会福利企业	Social Welfare Enterprises	40670	37980	-6.6
社区服务单位	Community Services Units	12674	6179	-51.2
教育事业	Education			
普通高等学校(所)	Regular Institutions of Higher Education(unit)	1041	1225	17.7
普通中等学校(万所)	Secondary Schools(10 000 units)	9.39	9.5	1.5
# 普通中学	Regular Secondary Schools	7.73	8.04	4.0
小学(万所)	Primary Schools(10 000 units)	55.36	49.13	-11.3
幼儿园(万所)	Kindergartens(10 000 units)	17.58	11.17	-36.5
科技机构(个)	Science and Technology Institution(unit)	31074	27085	-12.8

1.2 续表
Continued

部　门	Sector	机构数 Grassroots Units		2001年比上年增长% Increase Rate in 2001 over 2000(%)
		2000	2001	
艺术事业(个)	Art Institutions (unit)	5120	5105	-0.3
# 艺术表演团体	Art Performance Troupes	2630	2605	-1.0
艺术表演场所	Art Show Centers	1912	1854	-3.0
# 剧场、影剧院	Theaters	1877	1813	-3.4
公共图书馆(个)	Public Libraries(unit)	2677	2696	0.7
群众文化事业(个)	Mass Cultural Establishments(unit)	45321	43390	-4.3
群众艺术馆	Mass Art Centers	390	402	3.1
文化馆	Cultural Centers	2907	2851	-1.9
文化站	Cultural Stations	42024	40138	-4.5
# 乡镇文化站	Township Cultural Centers	39348	37201	-5.5
艺术教育事业	Arts Education Establishments (unit)	220	211	-4.1
其他文化事业	Other Cultural Establishments (unit)	225972	212015	-7.6
艺术创作机构	Art Creation Institutions	407	429	5.4
艺术研究机构	Art Research Institutions	185	185	0.0
艺术展览机构	Art Exhibition Institutions	49	51	4.1
文化艺术经纪与代理业	Brokers and Agents for Cultural and Arts Activities	264	397	50.4
出版、发行事业(个)	Publishing and Distribution Establishments (unit)	14499	14319	-1.2
书刊出版社	Publishing Houses	565	562	-0.5
国家定点书刊印刷厂	Pointed Printing Houses	301	286	-5.0
书店	Book Stores	13633	13471	-1.2
文物事业(个)	Cultural Relic Establishments(unit)	3618	3739	3.3
博物馆	Museums	1392	1461	5.0
文物机构	Cultural Relic Agencies	2109	2159	2.4
文物商店	Cultural Relic Shops	117	119	1.7
广播电视台站(座)	Broadcasting and Television Stations (unit)			
广播电台	Radio Stations	304	301	-1.0
电视台	Television Stations	354	357	0.8
县级广播电视台	Number of Wire Broadcasting and Television Stations County Level	1446	1387	-4.1
金融、保险业(个)	Banking and Insurance(unit)	138998	118726	-8.8
银行系统合计	Sub - total of Banking System	130170	118691	-8.8
保险系统合计	Sub - total of Insurance System	8828	35	2.9

注：广播电台和电视台未包括县级数。

a) Number of broadcasting and television stations excludes that in county level.

1.3 国民经济和社会发展总量指标

Principal Aggregate Indicators on National Economic and Social Development and Their Related Indices and Growth Rates

指　　标	Item	1985	1990	1995	2000	2001
人　口（万人）	Population（10 000 persons）					
年底总人口	Population at the Year-end	105851	114333	121121	126743	127627
就　业（万人）	Employment(10 000 persons)					
就业人员数	Employment	49873	64749	68065	72085	73025
# 职工人数	Staff and Workers	12358	14059	14908	11259	10792
城镇登记失业人数	Registered Unemployed in Urban Areas	239	383	520	595	681
国民核算（亿元）	National Accounting(100 million yuan)					
国民生产总值	Gross National Product	8989	18598	57495	88228	94346
国内生产总值	Gross Domestic Product	8964	18548	58478	89442	95933
第一产业	Primary Industry	2542	5017	11993	14628	14610
第二产业	Secondary Industry	3867	7717	28538	44935	49069
第三产业	Tertiary Industry	2556	5814	17947	29879	32254
固定资产投资（亿元）	Investment in Fixed Assets（100 million yuan）					
全社会固定资产投资总额	Total Investment in Fixed Assets	2543.2	4517.0	20019.3	32917.7	37214
# 国有单位	State-Owned Units	1680.5	2986.3	10898.2	16504.4	17607
集体单位	Collective-Owned Units	327.5	529.5	3289.4	4801.5	5278.6
个体经济	Individuals	535.2	1001.2	2560.2	4709.4	5429.6
财　政（亿元）	Public Finance(100 million yuan)					
国家财政收入	Government Revenue	2004.8	2937.1	6242.2	13395.2	16386.0
中　央	Central Government	769.6	992.4	3256.6	6989.2	8582.7
地　方	Local Governments	1235.2	1944.7	2985.6	6406.1	7803.3
国家财政支出	Government Expenditures	2004.3	3083.6	6823.7	15886.5	18902.6
中　央	Central Government	795.3	1004.5	1995.4	5519.9	5768.0
地　方	Local Governments	1209.0	2079.1	4828.3	10366.7	13134.6
物价总指数(上年=100)	Price Indices（previous year=100）					
商品零售价格总指数	General Retail Price Index	108.8	102.1	114.8	98.5	99.2
居民消费价格总指数	General Consumer Price Index	109.3	103.1	117.1	100.4	100.7
利用外资（亿美元）	Utilization of Foreign Capital（USD 100 million）					
签订利用外资协议额	Amount of Foreign Capital for Utilization Through Signed Contracts or Agreements	98.7	120.9	1032.1	711.3	719.8
实际利用外资额	Amount of Foreign Capital Actually Utilized	46.5	102.9	481.3	593.6	496.7
能源生产与消费(万吨标准煤)	Production and Consumption of Energy(10 000 tons of Standard Coal)					
能源生产总量	Total Energy Production	85546	103922	129034	106988	121000
能源消费总量	Total Energy Consumption	76682	98703	131176	130297	132000
农　业	Agriculture					
农林牧渔业劳动力（万人）	Number of Labors Engaged in Farming, Forestry, Animal Husbandry and Fishery（10 000 persons）	30352	33336	32335	32798	32451
农林牧渔业总产值（亿元）	Gross Output Value of Farming, Forestry, Animal Husbandry and Fishery（100 million yuan）	3619.5	7662.1	20340.9	24916	26179.6
主要农产品产量(万吨)	Output of Major Farm Products（10 000 tons）					
粮　食	Grain	37911	44624	46662	46218	45264
棉　花	Cotton	414.7	450.8	476.8	441.7	532.4
油　料	Oil-bearing Crops	1578.4	1613.2	2250.3	2954.8	2864.9
肉　类	Meat	1926.5			6125.4	6333.9
水产品	Aaquatic Products	705.2	1237.0	2517.2	4278.5	4381.3

1.3 续表
Continued

指 标	Item	1985	1990	1995	2000	2001
工 业	Industry					
主要工业产品产量	Output of Major Industrial Products					
原 煤(亿吨)	Coal(100 million tons)	8.7	10.8	13.6	10.0	11.6
原 油(万吨)	Crude Oil(10 000 tons)	12490	13831	15005	16300	16396
发电量(亿千瓦小时)	Electricity (100 million kwh)	4107	6212	10070	13556	14808
钢(万吨)	Steel (10 000 tons)	4679	6635	9536	12850	15163
水 泥(万吨)	Cement (10 000 tons)	14595	20971	47561	59700	66104
国有及限额以上非国有工业企业主要指标	Principal Indicators of Industrial Enterprises of State Ownership and Non-stsate-owned Above Designated Size					
工业总产值(亿元)	Gross industrial Output Value (100 million yuan)				85674	95449
利润总额(亿元)			560	1635	4393	4733
建筑业	Construction					
建筑业企业人数(万人)	Number of Employed Persons (10 000 persons)	1701	1717	2512	2741	2873
建筑业总产值(亿元)	Gross Output Value (100 million yuan)	985.1	1947.6	9505.0	16780.9	20009.8
交通运输	Transportation					
货运量(万吨)	Freight Traffic (10 000 tons)	745763	970602	1234810	1358124	1401177
客运量(万人)	Passenger Traffic (10 000 persons)	620206	772682	1172596	1478573	1534122
沿海主要港口吞吐量(万吨)	Volume of Freight Handled at Major Coastal Ports(10 000 tons)	31154	48321	80166	125603	142634
邮电通信业	Postal and Telecommunications Services					
邮电业务总量(亿元)	Total Business Revenue (100 million yuan)	62.2	155.54	988.9	4792.7	4556.3
国内商业	Domestic Trade					
社会消费品零售总额(亿元)	Total Retail Sales of Consumer Goods (100 million yuan)	3801	7250	20620	34153	37595
对外经济贸易	Foreign Trade					
进出口总额(亿美元)	Total Exports and Imports (USD 100 million)	696.0	1154.4	2808.6	4742.9	5097.6
进口额	Imports	422.5	533.5	1320.8	2250.9	2436.1
出口额	Exports	273.5	620.9	1487.7	2492.0	2661.5
教 育	Education					
教育经费支出 (亿元)	Government Expenditures on Education (100 million yuan)			1878.0	3849.1	
生活、福利	People's Livelihood and Social Welfare					
城市人均建筑面积(平方米)	Per Capita Gross Living Space in Urban Areas (sq. m)	10.0	13.7	16.3	20.3	20.8
农村居民人均居住面积(平方米)	Per Capita Net Floor Space of Rural Residents (sq. m)	14.7	17.8	21	24.8	25.7
城镇居民人均可支配收入(元)	Per Capita Annual Disposable Income of Urban Households (yuan)	739	1510	4283	6280	6860
农村居民人均纯收入(元)	Per Capita Net Income of Rural Residents(yuan)	398	686	1578	2253	2366
城乡储蓄存款余额(亿元)	Outstanding Amount of Saving Deposits in Urban and Rural	1623	7120	29662	64332	73762
工资总额(亿元)	Total Wages(100 million yuan)	1383	2951	8100	10656	11831
职工平均工资(元)	Average Wage of Staff and Workers(yuan)	1148	2140	5500	9371	10870

注:1. 本表总量指标中的价值量指标除邮电业务总量指标外均按当年价格计算。

2. 邮电业务总量 2000 年及以前按 1990 年不变价格计算,2001 年按 2000 年不变价格计算。

3. 2000 年及以后职工人数为在岗人数,1995 年及以前为全部职工人数,故不可比。

a) The data in value terms in the table are calculated at current prices.

b) Figures on postal and telecommunication services before 2000 were calculated at 1990 constant prices, and those in 2001 were calculated at 2000 constant price.

c) Figures since 2000 on workers and staff refer to fully employed workers and staff, while figures in and before 1995 refer to total workers and staff. Therefore they are not comparable.

1.4 国民经济和社会发展速度指标
Indicators of National Economic and Social Development Speed

指　　标	Item	2001年为以下各年% (2001 as percentage of the following years)				平均增长% Average annual Growth Rate	
		1985	1990	1995	2000	1986－1990	1996－2001
人　口	Population						
年底总人口	Population at the Year-end	120.6	111.6	105.4	100.7	1.6	0.9
就　业	Employment						
就业人员	Employment	146.4	112.8	107.3	101.3	5.1	1.2
#职工人数	Staff and Workers	87.3	76.8	72.4	95.9	2.6	-5.2
城镇登记失业人数	Registered Unemployed in Urban Areas	285.5	177.7	131.1	114.5	9.9	4.6
国民核算	National Accounting						
国民生产总值	Gross National Product	403.7	276.0	159.7	107.0	7.9	8.1
国内生产总值	Gross Domestic Product	410.8	281.3	159.6	107.3	7.9	8.1
第一产业	Primary Industry	183.2	149.3	121.8	102.8	4.2	3.3
第二产业	Secondary Industry	594.2	386.7	173.5	108.7	9.0	9.6
第三产业	Tertiary Industry	401.5	256.5	159.6	107.4	9.4	8.1
固定资产投资	Investment in Fixed Assets						
全社会固定资产投资总额	Total Investment in Fixed Assets	1463.3	823.9	185.9	113.1	12.2	10.9
#国有单位	State-Owned Units	1047.7	589.6	161.6	106.7	12.2	8.3
集体单位	Collective-Owned Units	1611.8	996.9	160.5	109.0	10.1	8.2
个体经济	Individuals	1014.5	542.3	212.1	115.3	13.3	13.3
财　政	Public Finance						
国家财政收入	Government Revenue	817.3	557.9	262.5	122.3	7.9	17.5
中　央	Central Government	1115.2	864.8	263.5	122.8	5.2	17.5
地　方	Local Governments	631.7	401.3	261.4	121.8	9.5	17.4
国家财政支出	Government Expenditures	943.1	613.0	277.0	119.0	9.0	18.5
中　央	Central Government	725.3	574.2	289.1	104.5	4.8	19.4
地　方	Local Governments	1086.4	631.7	272.0	126.7	11.5	18.2
物价总指数(上年=100)	Price Indices (previous year = 100)						
商品零售价格总指数	General Retail Price Index						
居民消费价格总指数	General Consumer Price Index						
利用外资	Utilization of Foreign Capital						
签订利用外资协议额	Amount of Foreign Capital for Utilization Through Signed Contracts or Agreements	729.3	595.4	69.7	101.2	4.1	-5.8
实际利用外资额	Amount of Foreign Capital Actually Utilized	1113.7	482.7	103.2	83.7	17.2	0.5
能源生产与消费(标准煤)	Production and Consumption of Energy (10 000 tons of SCE)						
能源生产总量	Total Energy Production	141.4	116.4	93.8	113.1	4.0	-1.1
能源消费总量	Total Energy Consumption	172.1	133.7	100.6	101.3	5.2	0.1
农　业	Agriculture						
农林牧渔业劳动力	Number of Persons Engaged in Farming, Forestry, Animal Husbandry and Fishery (10 000 persons)	106.9	97.3	100.4	98.9	1.9	0.1
农林牧渔业总产值	Gross Output Value of Farming Forestry, Animal Husbandry and Fishery (100 million yuan)	252.5	200.1	139.8	104.2	4.8	5.7
主要农产品产量	Output of Major Farm Products (10 000 tons)						
粮　食	Grain	119.4	101.4	97.0	97.9	3.3	-0.5
棉　花	Cotton	128.4	118.1	111.7	120.5	1.7	1.9
油　料	Oil-bearing Crops	181.5	177.6	127.3	97.0	0.4	5.6
肉　类	Meat				103.4		
水产品	Aquatic Products	621.3	354.2	174.1	102.4	11.9	11.2

1.4 续表
Continued

指标	Item	2001年为以下各年%				平均增长%	
		1985	1990	1995	2000	1986－1990	1996－2001
工业	Industry						
主要工业产品产量	Output of Major Industrial Products						
原煤	Coal	114.7	92.4	85.4	116.3	4.4	-2.6
原油	Crude Oil	131.3	118.5	109.3	100.6	2.1	1.7
发电量	Electricity	360.6	238.4	147.1	109.2	8.6	6.1
钢	Steel	324.1	228.5	159.0	118.0	7.2	6.2
水泥	Cement	452.9	315.2	139.0	110.7	7.5	4.7
国有及限额以上非国有工业企业主要指标	Principal Indcators of Industrial Enterprises of State Ownership and Non-state-owned Above Designated Size						
工业总产值	Gross industrial Output Value				114.6		
利润总额	Profits		845.2	289.5	107.7		21.9
建筑业	Construction						
建筑业企业人数	Number of Employed Persons	168.9	167.3	114.4	104.8	0.2	1.8
建筑业总产值	Gross Output Value	2031.2	1027.4	210.5	119.2	14.6	12.0
交通运输	Transportation						
货运量	Freight Traffic	187.9	144.4	113.5	103.2	5.4	1.9
客运量	Passenger Traffic	247.4	198.5	130.8	103.8	4.5	4.6
沿海主要港口吞吐量	Volume of Freight Handled at Major Coastal Ports	457.8	295.2	177.9	113.6	9.2	9.4
邮电通信业	Postal and Telecommunications Services						
邮电业务总量	Total Business Revenue	9832.0	3932.8	618.4	127.6	20.1	35.5
国内商业	Domestic Trade						
社会消费品零售总额	Total Retail Sales of Consumer Goods	989.1	518.6	182.3	110.1	13.8	10.5
对外经济贸易	Foreign Trade						
进出口总额	Total Exports and Imports	732.4	441.6	181.5	107.5	10.6	10.4
进口额	Imports	576.6	456.6	184.4	108.2	4.8	10.7
出口额	Exports	973.1	428.7	178.9	106.8	17.8	10.2
生活、福利	Family, People's Livelihood and Environment						
城市人均建筑面积	Per Capita Gross Living Space in Urban Areas	208.0	152.7	127.9	102.9	6.4	4.2
农村居民人均居住面积	Per Capita Net Floor Space of Rural Residents	174.8	144.4	122.4	103.6	3.9	3.4
城镇居民人均可支配收入	Per Capita Annual Disposable Income of Urban Households	259.6	210.1	143.3	108.5	4.3	6.2
农村居民人均纯收入	Per Capita Net Income of Rural Residents	187.3	161.9	131.3	104.2	3.0	4.6
城乡储蓄存款余额	Outstanding Amount of Saving Deposits in Urban and Rural	4545.9	1036.0	248.7	114.7	34.1	16.7
工资总额	Total Wages	855.5	400.9	146.1	111.0	16.4	6.5
职工平均工资	Average Wage of Staff and Workers	244.2	216.7	163.2	115.2	2.4	8.5

注：本表速度指标中，国民生产总值、国内生产总值及三次产业、物价指数、农林牧渔业总产值、工业总产值、邮电业务总量、城乡居民收入和平均工资指标均按可比价计。

a) The indices and growth rates of the follow indicators are calculated at comparable prices: GNP, GDP, price indices, gross output value of farming, forestry, animal husbandry and fishery, gross output value of industry, business volume of post and telecommunications total retail sales, per capita income of urban and rural residents, wages and welfare.

1.5 国民经济结构指标
Structural Indicators on National Economic and Social Development

单位:%　　　　(%)

指　标	Item	1985	1990	1995	2001
人口	Population				
城乡结构	Urban and Rural Structure				
城镇	Urban	23.7	26.4	29.0	37.7
乡村	Rural	76.3	73.6	71.0	62.3
就业	Employment				
产业结构	Industrial Structure				
第一产业	Primary Industry	62.4	60.1	52.2	50.0
第二产业	Secondary Industry	20.9	21.4	23.0	22.3
第三产业	Tertiary Industry	16.7	18.5	24.8	27.7
宏观经济	Macro Economy				
国内生产总值产业结构	Industrial Structure				
第一产业	Primary Industry	28.4	27.1	20.5	15.2
第二产业	Secondary Industry	43.1	41.6	48.8	51.1
第三产业	Tertiary Industry	28.5	31.3	30.7	33.6
财政	Government Finance				
财政收入结构	Structure of Government Revenue				
中央	Central Government	38.4	33.8	52.2	52.4
地方	Local Governments	61.6	66.2	47.8	47.6
财政支出结构	Structure of Government Expenditures				
中央	Central Government	39.7	32.6	29.2	30.5
地方	Local Governments	60.3	67.4	70.8	69.5
利用外资	Utilization of Foreign Capital				
实际利用外资结构	Structure of Foreign Capital Actually Utilized				
外商直接投资	Direct Investment by Foreign Entrepreneurs	35.7	33.9	77.9	94.4
外商其他投资	Other Investment by Foreign Entrepreneurs	6.4	2.6	0.6	5.6
农业	Agriculture				
农林牧渔业产值结构	Structure of Gross Output Value				
农业	Farming	69.3	64.7	58.4	55.2
林业	Forestry	5.2	4.3	3.5	3.6
牧业	Animal Husbandry	22.1	25.7	29.7	30.4
渔业	Fishery	3.5	5.4	8.4	10.8
工业	Industry				
工业总产值规模结构	Structure of Gross Output Value of Industry				
大型企业	Large Enterprises	28.1	33.2	39.7	47.0
中型企业	Medium-sized Enterprises	18.9	18.9	16.5	13.1
小型企业	Small Enterprises	53.0	47.8	43.8	39.9
福利	Social Welfare				
离退休退职人员保险福利费结构	Structure of Insurance Contribution and Welfare Funds of retired and Resigned Persons				
离休金	Pensions for Retired Veterans		7.4	8.0	6.7
退休金	Pensions for Retired Persons		51.5	64.8	78.5
退职生活费	Resignation Allowances for Living Expenses		1.1	1.0	0.8
离退休退职人员结构	Structure of Retired and Resigned Persons				
离休人员	Retired Veterans		7.9	6.4	4.0
退休人员	Retired Persons		88.5	90.6	94.0

1.6 国内生产总值
Gross Domestic Product

单位:亿元 (100 million yuan)

年份 Year	国民生产总值 Gross National Product	国内生产总值 Gross Domestic Product	第一产业 Primary Industry	第二产业 Secondary Industry	#工业 Industry	#建筑业 Construction	第三产业 Tertiary Industry	#运输仓储邮电业 Transportation, Post and Telecommunications	#批发零售贸易餐饮业 Wholesale, Retail and Catering Trade	人均国内生产总值(元) Per Capita GDP (yuan)
1952	679.0	679.0	342.9	141.8	119.8	22.0	194.3	29.0	80.3	119
1953	824.0	824.0	378.0	192.5	163.5	29.0	253.5	35.0	115.5	142
1954	859.0	859.0	392.0	211.7	184.7	27.0	255.3	38.0	120.3	144
1955	910.0	910.0	421.0	222.2	191.2	31.0	266.8	39.0	119.8	150
1956	1028.0	1028.0	443.9	280.7	224.7	56.0	303.4	46.0	131.4	165
1957	1068.0	1068.0	430.0	317.0	271.0	46.0	321.0	49.0	133.0	168
1958	1307.0	1307.0	445.9	483.5	414.5	69.0	377.6	71.0	136.6	200
1959	1439.0	1439.0	383.8	615.5	538.5	77.0	439.7	94.0	145.7	216
1960	1457.0	1457.0	340.7	648.2	568.2	80.0	468.1	104.0	133.1	218
1961	1220.0	1220.0	441.1	388.9	362.1	26.8	390.0	69.2	110.8	185
1962	1149.3	1149.3	453.1	359.3	325.4	33.9	336.9	57.4	80.5	173
1963	1233.3	1233.3	497.5	407.6	365.6	42.0	328.2	55.0	76.1	181
1964	1454.0	1454.0	559.0	513.5	461.1	52.4	381.5	58.4	94.0	208
1965	1716.1	1716.1	651.1	602.2	546.5	55.7	462.8	77.4	118.3	240
1966	1868.0	1868.0	702.2	709.5	648.6	60.9	456.3	85.1	148.1	254
1967	1773.9	1773.9	714.2	602.8	544.9	57.9	456.9	72.3	153.5	235
1968	1723.1	1723.1	726.3	537.3	490.3	47.0	459.5	70.5	138.9	222
1969	1937.9	1937.9	736.2	689.1	626.1	63.0	512.6	84.9	163.6	243
1970	2252.7	2252.7	793.3	912.2	828.1	84.1	547.2	100.2	178.1	275
1971	2426.4	2426.4	826.3	1022.8	926.6	96.2	577.3	108.4	178.3	288
1972	2518.1	2518.1	827.4	1084.2	989.9	94.3	606.5	118.0	194.3	292
1973	2720.9	2720.9	907.5	1173.0	1072.5	100.5	640.4	125.5	211.0	309
1974	2789.9	2789.9	945.2	1192.0	1083.6	108.4	652.7	126.1	206.6	310
1975	2997.3	2997.3	971.1	1370.5	1244.9	125.6	655.7	141.6	175.8	327
1976	2943.7	2943.7	967.0	1337.2	1204.6	132.6	639.5	139.6	147.2	316
1977	3201.9	3201.9	942.1	1509.1	1372.4	136.7	750.7	156.9	213.8	339
1978	3624.1	3624.1	1018.4	1745.2	1607.0	138.2	860.5	172.8	265.5	379
1979	4038.2	4038.2	1258.9	1913.5	1769.7	143.8	865.8	184.2	220.2	417
1980	4517.8	4517.8	1359.4	2192.0	1996.5	195.5	966.4	205.0	213.6	460
1981	4860.3	4862.4	1545.6	2255.5	2048.4	207.1	1061.3	211.1	255.7	489
1982	5301.8	5294.7	1761.6	2383.0	2162.3	220.7	1150.1	236.7	198.6	525
1983	5957.4	5934.5	1960.8	2646.2	2375.6	270.6	1327.5	264.9	231.4	580
1984	7206.7	7171.0	2295.5	3105.7	2789.0	316.7	1769.8	327.1	412.4	692
1985	8989.1	8964.4	2541.6	3866.6	3448.7	417.9	2556.2	406.9	878.4	853
1986	10201.4	10202.2	2763.9	4492.7	3967.0	525.7	2945.6	475.6	943.2	956
1987	11954.5	11962.5	3204.3	5251.6	4585.8	665.8	3506.6	544.9	1159.3	1104
1988	14922.3	14928.3	3831.0	6587.2	5777.2	810.0	4510.1	661.0	1618.0	1355
1989	16917.8	16909.2	4228.0	7278.0	6484.0	794.0	5403.2	786.0	1687.0	1512
1990	18598.4	18547.9	5017.0	7717.4	6858.0	859.4	5813.5	1147.5	1419.7	1634
1991	21662.5	21617.8	5288.6	9102.2	8087.1	1015.1	7227.0	1409.7	2087.0	1879
1992	26651.9	26638.1	5800.0	11699.5	10284.5	1415.0	9138.6	1681.8	2735.0	2287
1993	34560.5	34634.4	6882.1	16428.5	14143.8	2284.7	11323.8	2123.2	3090.7	2939
1994	46670.0	46759.4	9457.2	22372.2	19359.6	3012.6	14930.0	2685.9	4050.4	3923
1995	57494.9	58478.1	11993.0	28537.9	24718.3	3819.6	17947.2	3054.7	4932.3	4854
1996	66850.5	67884.6	13844.2	33612.9	29082.6	4530.5	20427.5	3494.0	5560.3	5576
1997	73142.7	74462.6	14211.2	37222.7	32412.1	4810.6	23028.7	3797.2	6159.9	6053
1998	76967.1	78345.2	14552.4	38619.3	33387.9	5231.4	25173.5	4121.3	6579.1	6307
1999	80579.4	82067.5	14472.0	40557.8	35087.2	5470.6	27037.7	4460.3	6910.3	6547
2000	88228.1	89442.2	14628.2	44935.3	39047.3	5888.0	29878.7	5408.6	7316.0	7084
2001	94346.4	95933.3	14609.9	49069.1	42607.1	6462.0	32254.3	5222.1	7823.5	7543

注:1. 本表按当年价格计算。

2. 1980 年及以后国内生产总值与国民生产总值的差额为国外净要素收入。

a) Data in value terms in this table are calculated at current pieces.

b) Since 1980, the difference between the gross domesttic product and the gross national product has been the net factor income from abroad.

1.7 国内生产总值指数
Indices of Gross Domestic Product

（上年=100） (preceding year = 100)

年份 Year	国民生产总值 Gross National Product	国内生产总值 Gross Domestic Product	第一产业 Primary Industry	第二产业 Secondary Industry	#工业 Industry	#建筑业 Construction	第三产业 Tertiary Industry	# 运输仓储邮电业 Transportation, Post and Telecommunications	#批发零售贸易餐饮业 Wholesale, Retail and Catering Trade	人均国内生产总值（元） Per Capita GDP (yuan)
1953	115.6	115.6	101.9	135.8	135.7	136.4	127.3	124.1	138.0	113.1
1954	104.2	104.2	101.7	115.7	119.3	96.7	99.4	110.8	101.8	101.8
1955	106.8	106.8	107.9	107.6	106.6	113.8	104.6	102.5	99.9	104.5
1956	115.0	115.0	104.7	134.5	128.6	170.0	114.1	121.8	108.5	112.7
1957	105.1	105.1	103.1	108.0	111.4	92.9	104.8	107.2	98.9	102.4
1958	121.3	121.3	100.4	152.9	153.4	150.0	117.9	146.7	103.6	118.3
1959	108.8	108.8	84.1	125.8	129.1	105.7	115.2	131.0	105.9	106.7
1960	99.7	99.7	83.6	105.6	106.1	101.4	104.8	110.4	91.2	99.5
1961	72.7	72.7	101.4	57.9	61.0	34.6	74.3	65.0	73.0	73.4
1962	94.4	94.4	104.5	89.2	86.7	123.8	90.8	81.1	96.0	93.6
1963	110.2	110.2	111.3	114.5	113.3	125.9	104.4	98.4	108.2	107.5
1964	118.3	118.3	112.9	125.6	125.6	125.6	115.5	105.4	113.2	115.5
1965	117.0	117.0	109.7	124.2	125.8	110.6	115.8	134.5	99.5	114.3
1966	110.7	110.7	107.2	122.4	123.8	109.4	98.2	110.3	120.4	107.7
1967	94.3	94.3	101.9	85.7	84.9	95.0	100.5	86.0	104.1	91.9
1968	95.9	95.9	98.4	90.8	91.8	81.1	100.6	97.7	90.7	93.4
1969	116.9	116.9	100.8	133.1	133.0	134.5	113.3	122.7	119.2	113.7
1970	119.4	119.4	107.7	134.8	135.2	130.4	107.1	116.8	109.4	116.1
1971	107.0	107.0	101.9	112.3	112.3	112.1	105.8	108.3	99.9	104.1
1972	103.8	103.8	99.1	106.7	107.6	97.9	105.0	109.6	108.8	101.2
1973	107.9	107.9	109.0	108.3	108.8	103.4	105.5	106.3	109.0	105.4
1974	102.3	102.3	104.1	101.4	101.0	106.2	101.6	100.3	98.0	100.2
1975	108.7	108.7	102.0	115.8	116.0	113.8	104.9	111.4	99.9	106.8
1976	98.4	98.4	98.2	97.5	96.9	104.3	100.4	98.4	96.3	96.9
1977	107.6	107.6	97.8	113.3	114.4	101.7	109.5	112.6	113.4	106.2
1978	111.7	111.7	104.1	115.0	116.4	99.4	113.7	108.9	123.1	110.2
1980	107.8	107.8	98.5	113.6	112.7	126.7	105.9	105.7	98.7	106.5
1985	113.2	113.5	101.8	118.6	118.2	122.2	118.3	113.5	128.9	111.9
1987	111.5	111.6	104.7	113.7	113.2	117.9	114.4	110.0	113.5	109.8
1988	111.3	111.3	102.5	114.5	115.3	108.0	113.2	113.3	114.3	109.5
1989	104.2	104.1	103.1	103.8	105.1	91.6	105.4	104.7	91.7	102.5
1990	104.2	103.8	107.3	103.2	103.4	101.2	102.3	108.6	95.2	102.3
1991	109.1	109.2	102.4	113.9	114.4	109.6	108.8	111.2	104.5	107.7
1992	114.1	114.2	104.7	121.2	121.2	121.0	112.4	110.5	113.1	112.8
1993	113.1	113.5	104.7	119.9	120.1	118.0	110.7	112.4	106.6	112.2
1994	112.6	112.6	104.0	118.4	118.9	113.7	109.6	109.5	107.7	111.4
1995	109.0	110.5	105.0	113.9	114.0	112.4	108.4	112.0	105.9	109.3
1996	109.8	109.6	105.1	112.1	112.5	108.5	107.9	111.4	105.4	108.4
1997	108.5	108.8	103.5	110.5	111.3	102.6	109.1	110.8	108.5	107.7
1998	107.8	107.8	103.5	108.9	108.9	109.0	108.3	110.6	107.7	106.7
1999	107.2	107.1	102.8	108.1	108.5	104.3	107.7	111.3	107.2	106.2
2000	108.4	108.0	102.4	109.4	109.8	105.7	108.1	111.5	108.2	107.1
2001	107.0	107.3	102.8	108.7	108.9	107.4	107.4	106.5	107.9	106.6

注：本表指数按可比价格计算。

a) The indices in this table are calculated at comparable prices.

1.8 国内生产总值指数
Indices of Gross Domestic Product

(1978 = 100)

年份 Year	国民生产总值 Gross National Product	国内生产总值 Gross Domestic Product	第一产业 Primary Industry	第二产业 Secondary Industry	#工业 Industry	#建筑业 Construction	第三产业 Tertiary Industry	#运输仓储邮电业 Transportation, Post and Telecommunications	#批发零售贸易餐饮业 Wholesale, Retail and Catering Trade	人均国内生产总值(元) Per Capita GDP (yuan)
1978	100.0	100.0	100.0	100.0	100.0	100.0	100.0	100.0	100.0	100.0
1979	107.6	107.6	106.1	108.2	108.7	102.0	107.8	107.7	108.8	106.1
1980	116.0	116.0	104.6	122.9	122.4	129.2	114.2	113.8	107.4	113.0
1981	122.0	122.1	111.9	125.2	124.5	133.3	126.2	116.0	139.6	117.5
1982	133.3	133.1	124.8	132.1	131.7	137.9	142.6	129.5	145.1	126.2
1983	148.2	147.6	135.1	145.8	144.5	161.4	164.3	142.5	176.8	137.9
1984	170.9	170.0	152.6	166.9	166.0	179.0	196.1	163.8	214.8	156.8
1985	193.5	192.9	155.4	197.9	196.2	218.7	231.9	185.9	276.8	175.5
1986	209.9	210.0	160.5	218.2	215.2	253.4	260.0	209.7	306.1	188.2
1987	234.1	234.3	168.1	248.1	243.6	298.7	297.4	230.7	347.3	206.6
1988	260.5	260.7	172.3	284.1	280.8	322.5	336.7	261.5	396.9	226.3
1989	271.5	271.3	177.6	294.8	295.0	295.3	354.8	273.8	363.8	231.9
1990	283.0	281.7	190.7	304.1	304.9	298.8	363.0	297.2	346.5	237.3
1991	308.8	307.6	195.2	346.3	348.8	327.4	395.0	330.5	362.1	255.6
1992	352.2	351.4	204.4	419.5	422.6	396.2	444.0	365.2	409.4	288.4
1993	398.4	398.8	214.0	502.8	507.5	467.5	491.3	410.5	436.4	323.6
1994	448.7	449.3	222.6	595.2	603.5	531.5	538.3	449.5	469.9	360.4
1995	489.1	496.5	233.7	677.7	688.2	597.4	583.4	503.4	497.6	394.0
1996	536.8	544.1	245.6	759.8	7743.0	648.2	629.4	561.1	524.3	427.1
1997	582.4	592.0	254.2	839.4	861.9	665.2	687.1	621.4	568.8	460.3
1998	628.4	638.4	263.1	914.1	938.6	725.1	744.1	687.3	612.6	491.6
1999	673.5	684.1	270.5	988.6	1018.6	756.2	801.6	765.0	656.9	521.8
2000	730.1	738.5	277.0	1081.8	1118.3	799.1	866.9	853.1	710.9	559.2
2001	781.2	792.4	284.8	1175.9	1217.8	858.2	931.0	908.6	767.1	596.1

注:本表指数按可比价格计算。

a) The indices in this table are calculated at comparable prices.

1.9 各地区国内生产总值和人均国内生产总值(2001 年)
Gross Domestic Product by Region and Per Capita GDP(2001)

单位:亿元 (100 millon yuan)

地区 Region	国内生产总值 Gross Domestic Product	第一产业 Primary Industry	第二产业 Secondary Industry	#工业 Industry	建筑业 Construction	第三产业 Tertiary Industry	农、林、牧、渔服务业 Farming, Forestry, Husbandry and Fishery Services	地质勘查业、水利管理业 Geological and Water Conservancy	交通运输仓储及邮电通信业 Transportation, Storage, Postal and Telecommunications Services	批发零售贸易及餐饮业 Wholesale, Retail Trade and Catering Services
北京 Beijing	2845.65	93.08	1030.60	816.24	214.36	1721.97	2.49	5.31	218.53	237.83
天津 Tianjin	1840.10	78.55	904.64	821.18	83.46	856.91	1.70	9.82	203.98	178.25
河北 Hebei	5577.78	913.90	2767.41	2439.56	327.85	1896.47	8.16	22.04	498.81	501.66
山西 Shanxi	1779.97	171.09	917.98	779.78	138.20	690.90	8.51	14.40	157.20	146.00
内蒙古 Inner Mongolia	1545.79	358.89	626.47	506.69	119.78	560.43	4.97	7.01	162.79	148.18
辽宁 Liaoning	5033.08	544.44	2440.55	2190.12	250.43	2048.09	16.02	8.43	394.50	696.51
吉林 Jilin	2032.48	409.10	880.84	724.73	156.11	742.54	3.76	4.52	129.06	267.37
黑龙江 Heilongjiang	3561.00	409.30	1998.74	1767.79	230.95	1152.96	10.68	14.46	239.10	350.20
上海 Shanghai	4950.84	85.50	2355.53	2121.19	234.34	2509.81	4.83	9.36	344.85	550.35
江苏 Jiangsu	9511.91	1082.43	4907.46	4270.90	636.56	3522.02	42.05	27.06	644.87	955.07
浙江 Zhejiang	6748.15	695.15	3459.75	3106.29	353.46	2593.25	7.11	7.84	503.68	908.83
安徽 Anhui	3290.13	750.07	1415.32	1191.62	223.70	1124.74	10.70	12.46	195.30	340.80
福建 Fujian	4253.68	651.11	1904.21	1645.34	258.87	1698.36	6.84	6.79	468.49	411.51
江西 Jiangxi	2175.68	506.00	788.12	595.55	192.57	881.56	8.51	8.41	216.10	192.06
山东 Shandong	9438.31	1359.49	4654.51	4092.24	562.27	3424.31	23.18	23.21	668.49	891.34
河南 Henan	5640.11	1234.34	2659.04	2279.89	379.15	1746.73	6.70	31.60	442.07	422.14
湖北 Hubei	4662.28	692.17	2313.66	2066.47	247.19	1656.45	6.38	9.73	282.45	473.35
湖南 Hunan	3983.00	825.73	1573.00	1309.50	263.50	1584.27	9.30	15.23	294.90	382.40
广东 Guangdong	10647.71	1004.35	5341.61	4732.41	609.20	4301.75	21.89	27.76	1073.81	1044.40
广西 Guangxi	2231.19	562.52	791.85	648.19	143.66	876.82	5.66	4.88	187.66	295.15
海南 Hainan	545.96	201.79	111.25	71.59	39.66	232.92	1.07	2.92	50.76	72.58
重庆 Chongqing	1749.77	293.03	727.66	576.58	151.08	729.08	5.70	2.83	109.48	167.84
四川 Sichuan	4421.76	981.68	1756.86	1407.81	349.05	1683.22	18.05	14.11	313.78	474.79
贵州 Guizhou	1084.90	274.17	419.74	335.00	84.74	390.99	4.32	2.71	75.37	84.08
云南 Yunnan	2074.71	450.54	881.49	723.98	157.51	742.68	10.79	6.04	139.01	202.22
西藏 Tibet	138.73	37.47	32.18	10.84	21.34	69.08	2.18	2.33	4.79	16.59
陕西 Shaanxi	1844.27	287.24	816.34	606.12	210.22	740.69	6.93	12.90	188.91	124.73
甘肃 Gansu	1072.51	207.05	481.07	356.51	124.56	384.39	5.59	10.91	56.55	123.04
青海 Qinghai	300.95	42.79	132.18	89.20	42.98	125.98	1.95	4.39	23.11	23.06
宁夏 Ningxia	298.35	49.57	134.37	102.23	32.14	114.44	1.80	2.77	22.95	23.45
新疆 Xinjiang	1485.48	288.12	630.37	450.00	180.37	566.99	7.67	15.12	118.60	128.16

1.9 续表
Continued

单位:亿元 (100 millon yuan)

地 区 Region	金融、保险业 Banking and Insurance	房地产业 Real Estate Trade	社会服务业 Social Services	卫生体育和社会福利业 Health Care, Sports and Social Welfare	教育、文化艺术和广播电影电视业 Education, Culture, Arts, Radio, Film and Television	科学研究和综合技术服务业 Scientific Research and Polytechnical Services	国家机关、政党机关和社会团体 Government Agencies, Party Agencies and Social Organizations	其他行业 Others	人均国内生产总值(元/人) Per Capita GDP (yuan/person)
北 京 Beijing	441.22	111.03	220.20	51.50	191.60	147.71	76.77	17.78	25523
天 津 Tianjin	63.38	85.61	119.64	32.46	76.43	28.11	52.48	5.05	20154
河 北 Hebei	171.62	106.80	130.79	53.87	129.95	21.92	188.93	61.92	8362
山 西 Shanxi	110.00	31.00	48.16	19.25	52.47	8.17	92.44	3.30	5460
内蒙古 Inner Mongolia	25.40	21.02	49.58	19.79	46.20	6.88	54.02	14.59	6463
辽 宁 Liaoning	131.32	114.96	277.66	88.40	131.85	45.86	127.20	15.38	12041
吉 林 Jilin	24.17	49.62	55.57	29.45	63.78	34.28	64.16	16.80	7640
黑龙江 Heilongjiang	33.74	108.16	118.12	47.90	86.70	18.51	97.40	27.99	9349
上 海 Shanghai	619.99	316.85	272.06	71.86	164.03	65.71	79.48	10.44	37382
江 苏 Jiangsu	450.64	393.75	308.83	104.13	249.94	37.53	267.08	41.07	12922
浙 江 Zhejiang	243.94	146.31	277.35	109.03	198.20	21.95	149.56	19.45	14655
安 徽 Anhui	106.50	126.44	110.72	41.08	86.00	9.70	78.20	6.84	5221
福 建 Fujian	201.52	128.52	179.57	47.07	114.84	13.27	109.98	9.96	12362
江 西 Jiangxi	92.70	114.84	54.45	22.33	63.10	6.74	92.09	10.23	5221
山 东 Shandong	465.38	376.26	218.14	133.64	349.32	34.50	301.72	39.13	10465
河 南 Henan	128.13	171.71	128.98	71.84	135.88	18.20	175.65	13.83	5924
湖 北 Hubei	232.78	106.46	175.43	79.08	117.44	30.11	141.95	1.29	7813
湖 南 Hunan	143.16	108.00	91.98	85.60	170.20	17.90	241.35	24.25	6054
广 东 Guangdong	369.20	559.66	616.07	118.69	198.23	37.97	189.10	44.99	13730
广 西 Guangxi	25.76	60.83	66.75	38.99	82.52	7.96	83.58	17.08	4668
海 南 Hainan	34.12	10.12	25.49	5.54	16.10	1.66	12.19	0.37	7135
重 庆 Chongqing	73.36	60.47	114.62	27.91	62.46	31.61	71.74	1.06	5654
四 川 Sichuan	186.34	131.55	150.18	64.79	147.97	28.32	140.18	13.06	5250
贵 州 Guizhou	34.53	33.19	28.96	23.39	46.58	4.14	48.13	5.59	2895
云 南 Yunnan	72.45	79.57	44.28	40.14	74.60	11.40	55.49	6.69	4866
西 藏 Tibet	3.22	2.55	4.28	4.67	9.22	0.92	18.23	0.10	5307
陕 西 Shaanxi	31.15	41.48	71.06	27.42	83.92	17.88	80.45	53.86	5024
甘 肃 Gansu	37.53	27.44	17.08	13.09	25.60	10.50	26.57	10.49	4163
青 海 Qinghai	15.27	4.34	7.79	5.03	14.56	1.77	23.05	1.66	5735
宁 夏 Ningxia	14.72	7.65	6.70	4.81	12.65	1.66	10.81	4.47	5340
新 疆 Xinjiang	48.88	19.19	53.28	21.58	59.46	5.45	83.31	6.29	7913

注：本表绝对数按当年价格计算。

a) Absolute figures in this table are calculated at current prices while indices are calculated at comparable prices.

1.10 各地区国内生产总值构成和指数(2001 年)
Composition of Gross Domestic Product and Indices by Region (2001)

地 区 Region	构成% Composition			指数 Indices 1999 = 100			
	第一产业 Primary Industry	第二产业 Secondary Industry	第三产业 Tertiary Industry	国内生产总值 Gross Domestic Product	第一产业 Primary Industry	第二产业 Secondary Industry	第三产业 Tertiary Industry
北 京 Beijing	3.3	36.2	60.5	111.2	104.5	109.4	112.8
天 津 Tianjin	4.3	49.2	46.6	112.0	106.3	112.8	111.7
河 北 Hebei	16.4	49.6	34.0	108.7	105.3	108.3	111.0
山 西 Shanxi	9.6	51.6	38.8	108.4	96.4	110.3	109.4
内蒙古 Inner Mongolia	23.2	40.5	36.3	109.6	102.0	111.5	112.8
辽 宁 Liaoning	10.8	48.5	40.7	109.0	106.7	107.5	111.5
吉 林 Jilin	20.1	43.3	36.5	109.3	104.6	110.9	110.4
黑龙江 Heilongjiang	11.5	56.1	32.4	109.3	108.0	109.8	108.8
上 海 Shanghai	1.7	47.6	50.7	110.2	103.0	112.0	108.7
江 苏 Jiangsu	11.4	51.6	37.0	110.2	103.9	111.0	111.1
浙 江 Zhejiang	10.3	51.3	38.4	110.5	104.8	111.0	111.5
安 徽 Anhui	22.8	43.0	34.2	108.6	102.7	110.5	110.4
福 建 Fujian	15.3	44.8	39.9	109.0	103.5	110.7	109.3
江 西 Jiangxi	23.3	36.2	40.5	108.8	104.2	112.9	107.9
山 东 Shandong	14.4	49.3	36.3	110.1	104.2	111.3	110.7
河 南 Henan	21.9	47.1	31.0	109.1	105.5	109.9	110.4
湖 北 Hubei	14.8	49.6	35.5	109.1	102.5	110.2	110.4
湖 南 Hunan	20.7	39.5	39.8	109.0	104.0	110.3	110.5
广 东 Guangdong	9.4	50.2	40.4	109.6	102.3	110.4	110.5
广 西 Guangxi	25.2	35.5	39.3	108.2	103.4	108.1	111.8
海 南 Hainan	37.0	20.4	42.7	108.9	109.7	108.7	108.3
重 庆 Chongqing	16.7	41.6	41.7	109.0	102.2	111.8	109.1
四 川 Sichuan	22.2	39.7	38.1	109.2	102.2	112.3	110.5
贵 州 Guizhou	25.3	38.7	36.0	108.8	101.1	111.0	112.6
云 南 Yunnan	21.7	42.5	35.8	106.5	103.9	104.3	110.9
西 藏 Tibet	27.0	23.2	49.8	112.8	103.1	117.6	116.6
陕 西 Shaanxi	15.6	44.3	40.2	109.1	102.5	109.9	111.0
甘 肃 Gansu	19.3	44.9	35.8	109.4	107.5	110.1	109.4
青 海 Qinghai	14.2	43.9	41.9	112.0	105.8	115.5	110.6
宁 夏 Ningxia	16.6	45.0	38.4	110.1	106.3	111.2	110.5
新 疆 Xinjiang	19.4	42.4	38.2	108.1	102.8	108.7	110.6

注:本表指数按可比价格计算。

a) The Indices are calculated at comparable prices.

1.11 各地区国内生产总值和指数
Gross Domestic Product and Its Indices by Region

地区	Region	国内生产总值(亿元) Gross Domestic Product (100 million yuan)				指数(上年=100) Indices (preceding year=100)			
		1998	1999	2000	2001	1998	1999	2000	2001
北京	Beijing	2011.31	2174.46	2478.76	2845.65	109.8	110.2	111.0	111.2
天津	Tianjin	1336.38	1450.06	1639.36	1840.1	109.3	110.0	110.8	112
河北	Hebei	4256.01	4569.19	5088.96	5577.78	110.7	109.1	109.5	108.7
山西	Shanxi	1486.08	1506.78	1643.81	1779.97	109.0	105.1	107.8	108.4
内蒙古	Inner Mongolia	1192.29	1268.20	1401.01	1545.79	109.6	107.8	109.7	109.6
辽宁	Liaoning	3881.73	4171.69	4669.06	5033.08	108.3	108.2	108.9	109.0
吉林	Jilin	1557.78	1669.56	1821.19	2032.48	109.0	108.1	109.2	109.3
黑龙江	Heilongjiang	2798.89	2897.41	3253.00	3561.00	108.3	107.5	108.2	109.3
上海	Shanghai	3688.20	4034.96	4551.15	4950.84	110.1	110.2	110.8	110.2
江苏	Jiangsu	7199.95	7697.82	8582.73	9511.91	111.0	110.1	110.6	110.2
浙江	Zhejiang	4987.50	5364.89	6036.34	6748.15	110.1	110.0	111.0	110.5
安徽	Anhui	2805.45	2908.59	3038.24	3290.13	108.5	108.1	108.3	108.6
福建	Fujian	3286.56	3550.24	3920.07	4253.68	111.4	110.0	109.5	109.0
江西	Jiangxi	1851.98	1962.98	2003.07	2175.68	108.2	107.8	108.0	108.8
山东	Shandong	7162.20	7662.10	8542.44	9438.31	110.8	110.1	110.5	110.1
河南	Henan	4356.60	4576.10	5137.66	5640.11	108.7	108.0	109.4	109.1
湖北	Hubei	3704.21	3857.99	4276.32	4662.28	110.3	108.3	109.3	109.1
湖南	Hunan	3118.09	3326.75	3691.88	3983.00	109.1	108.3	109.0	109.0
广东	Guangdong	7919.12	8464.31	9662.23	10647.71	110.2	109.5	110.8	109.6
广西	Guangxi	1903.04	1953.27	2050.14	2231.19	109.1	107.7	107.3	108.2
海南	Hainan	438.92	471.23	518.48	545.96	108.3	108.6	108.8	108.9
重庆	Chongqing	1429.26	1479.71	1589.34	1749.77	108.4	107.6	108.5	109.0
四川	Sichuan	3580.26	3711.61	4010.25	4421.76	109.1	105.6	109.0	109.2
贵州	Guizhou	841.88	911.86	993.53	1084.9	108.5	108.3	108.7	108.8
云南	Yunnan	1793.90	1855.74	1955.09	2074.71	108.0	107.2	107.1	106.5
西藏	Tibet	91.18	105.61	117.46	138.73	110.2	109.6	109.4	112.8
陕西	Shaanxi	1381.53	1487.61	1660.92	1844.27	109.1	108.4	109.0	109.1
甘肃	Gansu	869.75	931.98	983.36	1072.51	109.2	108.3	108.7	109.4
青海	Qinghai	220.16	238.39	263.59	300.95	109.0	108.2	109.0	112.0
宁夏	Ningxia	227.46	241.49	265.57	298.38	108.5	108.7	109.8	110.1
新疆	Xinjiang	1116.67	1168.55	1364.36	1485.48	107.3	107.1	108.2	108.1

注:本表绝对值按当年价格计算,指数按可比价格计算。

a) Absolute figures in this table are calculated at current prices while indices are calculated at comparable prices.

1.12 城镇居民家庭基本情况(2001 年)
Basic Conditions of Urban Households (2001)

项 目	Item	全国 Total in China	按收入等级分(Grouped by Percentile of Households) 最低收入户 Lowest Income Households	#困难户 #Difficult Households	低收入户 Low Income Households	中等偏下户 Lower Middle Income Households	中等收入户 Middle Income Households	中等偏上户 Upper Middle Income Households	高收入户 High Income Households	最高收入户 Highest Income Households
调查户数(户)	Number of Households Surveyed (household)	43840	4384	2192	4384	8768	8768	8768	4384	4384
比重(%)	Proportion (%)	100.0	10.0	5.0	10.0	20.0	20.0	20.0	10.0	10.0
平均每户家庭人口(人)	Average Household Size (person)	3.10	3.51	3.57	3.38	3.25	3.11	2.97	2.83	2.64
平均每户就业人口(人)	Average Number of Employees per Household (person)	1.65	1.54	1.52	1.62	1.66	1.67	1.70	1.66	1.60
平均每户就业面(%)	Percentage of Employed Persons per Household(%)	53.2	43.9	42.6	47.9	51.1	53.7	57.2	58.7	60.6
平均每一就业者负担人数(包括就业者本人)(人)	Number of Persons Supported by Each Employee (including the employee himself or herself) (person)	1.88	2.28	2.35	2.09	1.96	1.86	1.75	1.71	1.64
平均每人全部年收入(元)	Per Capita Annual Income (yuan)	6907.1	2834.7	2497.3	3888.1	4983.5	6406.2	8213.7	10441.6	15220.0
平均每人可支配收入(元)	Per Capita Disposable Income (yuan)	6859.6	2802.8	2464.8	3856.5	4946.6	6366.2	8164.2	10374.9	15114.9
平均每人消费性支出(元)	Per Capita Annual Living Expenditure (yuan)	5309.0	2691.0	2450.9	3452.3	4197.6	5131.6	6241.5	7495.1	9834.2

1.13 各地区居民消费价格指数和商品零售价格指数(2001年)
Consumer Price Indices and Retail Price Indices of Commodities by Region(2001)

(上年=100) (preceding year=100)

地区	Region	居民消费价格指数 Consumer Price Index			商品零售价格指数 Retail Price Index of commodities		
		全省(区、市) Province	城市 Urban Areas	农村 Rural Areas	全省(区、市) Province	城市 Urban Areas	农村 Rural Areas
北京	Beijing	103.1	103.1		98.8	98.8	
天津	Tianjin	101.2	101.2		98.6	98.6	
河北	Hebei	100.5	100.4	100.6	99.8	99.4	100.2
山西	Shanxi	99.8	99.5	100.4	99.0	98.6	99.5
内蒙古	Inner Mongolia	100.6	100.6	100.5	100.0	100.0	99.9
辽宁	Liaoning	100.0	99.9	100.2	99.4	99.2	100.4
吉林	Jilin	101.3	101.5	100.5	100.9	100.8	101.5
黑龙江	Heilongjiang	100.8	100.8	100.4	100.4	100.3	101.2
上海	Shanghai	100.0	100.0		98.6	98.6	
江苏	Jiangsu	100.8	100.1	101.5	98.9	98.6	99.3
浙江	Zhejiang	99.8	99.6	100.0	98.1	97.4	99.0
安徽	Anhui	100.5	100.0	101.3	99.6	98.5	100.6
福建	Fujian	98.7	98.3	99.3	98.0	97.6	98.4
江西	Jiangxi	99.5	99.8	99.2	98.4	98.3	98.4
山东	Shandong	101.8	101.1	102.4	100.0	99.5	100.7
河南	Henan	100.7	100.7	100.7	99.8	99.5	100.1
湖北	Hubei	100.3	100.4	99.8	97.4	97.0	98.0
湖南	Hunan	99.1	98.9	99.3	98.8	98.1	99.4
广东	Guangdong	99.3	99.2	99.6	98.7	98.6	98.9
广西	Guangxi	100.6	101.3	99.6	97.8	97.3	99.0
海南	Hainan	98.5	98.8	98.3	97.7	97.6	97.8
重庆	Chongqing	101.7	101.7		99.0	99.0	
四川	Sichuan	102.1	101.8	102.7	100.8	100.5	101.2
贵州	Guizhou	101.8	102.4	101.1	98.4	97.8	99.1
云南	Yunnan	99.1	98.1	100.6	98.4	98.0	98.7
西藏	Tibet	100.1	99.1	100.9	99.6	99.6	99.4
陕西	Shaanxi	101.0	100.1	102.9	99.1	98.9	99.6
甘肃	Gansu	104.0	103.0	105.5	99.6	99.2	100.5
青海	Qinghai	102.6	103.0	101.2	99.9	99.9	99.9
宁夏	Ningxia	101.6	101.3	102.2	100.0	100.3	99.6
新疆	Xinjiang	104.0	104.0	103.8	102.5	102.7	102.3

1.14 各地区全部国有及规模以上非国有工业企业单位数和工业总产值（2001年）
Number of All State-owned and Non-state-owned above Designated Size Industrial Enterprises and their Gross Output Value by Region (2001)

单位：亿元 (100 million yuan)

地区	Region	全部国有及规模以上非国有企业 All States-owned and Non-state-owned Enterprises above Designated Size			国有及国有控股企业 State-owned Enterprises		
		企业单位数（个） Number of Enterprises (unit)	总产值 Gross Output Value		企业单位数（个） Number of Enterprises (unit)	总产值 Gross Output Value	
			1990年不变价格 At 1990 Constant Prices	当年价格 At Current Prices		1990年不变价格 At 1990 Constant Prices	当年价格 At Current Prices
全国	**National Total**	**171256**	**86772.70**	**95448.98**	**46767**	**34466.50**	**42408.49**
北京	Beijing	4356	2918.66	2908.82	2173	1839.39	1893.83
天津	Tianjin	5561	2981.20	2940.40	1810	837.10	974.41
河北	Hebei	7696	3120.03	3766.85	2512	1421.19	1880.67
山西	Shanxi	3308	1066.81	1396.73	1695	692.02	954.25
内蒙古	Inner Mongolia	1379	597.52	830.32	681	426.98	633.25
辽宁	Liaoning	5847	3588.33	4480.32	2188	2073.42	2928.95
吉林	Jilin	2608	1681.88	1876.65	1392	1321.07	1505.03
黑龙江	Heilongjiang	2500	1338.68	2365.44	1328	961.50	1957.20
上海	Shanghai	9762	7133.87	7003.90	2067	3483.32	3409.72
江苏	Jiangsu	19684	10608.22	11747.83	2075	2812.32	3111.63
浙江	Zhejiang	18626	8377.02	7882.47	1122	979.89	1194.74
安徽	Anhui	3698	1638.29	1824.64	1013	871.55	1113.23
福建	Fujian	6583	2888.19	2945.02	1308	764.84	873.94
江西	Jiangxi	3283	861.60	1016.02	1981	638.00	768.53
山东	Shandong	12268	8051.12	9377.37	2403	2770.27	3645.14
河南	Henan	9720	2904.97	3843.18	2856	1532.87	2037.31
湖北	Hubei	6197	2913.25	3239.51	2498	1757.87	2038.47
湖南	Hunan	4961	1383.30	1811.22	2117	818.46	1135.60
广东	Guangdong	20721	14566.00	14035.35	2793	3156.34	3236.65
广西	Guangxi	3126	949.46	1059.23	1829	570.32	648.57
海南	Hainan	589	187.43	219.50	372	125.98	144.02
重庆	Chongqing	2054	1106.31	1072.83	726	649.50	654.61
四川	Sichuan	4572	2140.05	2304.51	1485	1194.45	1337.99
贵州	Guizhou	2054	591.02	696.63	1269	435.54	535.98
云南	Yunnan	2031	756.29	1157.40	1277	558.33	929.80
西藏	Tibet	378	8.76	17.88	229	5.95	12.37
陕西	Shaanxi	2440	1073.00	1338.20	1439	821.90	1038.37
甘肃	Gansu	3153	611.65	951.21	748	408.23	710.94
青海	Qinghai	391	113.99	194.16	288	93.85	169.46
宁夏	Ningxia	410	180.22	268.84	203	112.28	192.74
新疆	Xinjiang	1300	435.57	876.57	890	331.76	741.09

注：全部国有及规模以上非国有工业系指全部国有工业企业及年销售收入500万元以上非国有工业企业。

a) All state-owned and non-state-owned industrial enterprises above designated size refer to all state-owned industrial enterprises plus the non-state-owned industrial enterprises with an annual sales income of over 5 million yuan.

1.15 乡镇企业基本情况(2001 年)
Basic Status of Town and Township Enterprises(2001)

地 区	Region	乡镇企业单位数(个) Number of Town and Township Enterprises	乡镇集体企业 Number of Town and Township Collective-owned Enterprises	乡镇企业职工人数(人) Number of Staff and Workers in Town and Township Enterprises (person)	乡镇集体企业职工 Number of Staff and Workers in Town and Township Collective-owned Enterprises	乡镇企业增加值(万元) Value Added of Town and Township Enterprises (10,000 yuan)	乡镇集体企业增加值 Value Added of Town and Township Collective-owned Enterprises
全 国	**National Total**	**21155389**	**668786**	**130855754**	**33721812**	**293563886**	**91177562**
北 京	Beijing	133361	11268	1063923	654105	2514342	1579130
天 津	Tianjin	123158	7903	1234406	521207	4027266	1782133
河 北	Hebei	1033305	27546	8687045	1604598	22514236	4050345
山 西	Shanxi	351395	17720	3008219	956496	5232181	1747682
内蒙古	Inner Mongolia	902284	8392	4075406	337586	9969295	633779
辽 宁	Liaoning	1040673	14967	4553535	843198	16715814	2507372
吉 林	Jilin	741519	6769	2303311	282700	5673928	758367
黑龙江	Heilongjiang	252999	7063	1571018	280509	3335857	690821
上 海	Shanghai	96421	17509	2018565	1344967	7911433	5943825
江 苏	Jiangsu	938512	29988	9040412	2302957	27845047	10289801
浙 江	Zhejiang	1079775	41764	9295177	2846040	32679230	11120114
安 徽	Anhui	725864	26384	4900862	1207955	7375698	1852647
福 建	Fujian	813913	39971	5660210	1401670	15183965	4190469
江 西	Jiangxi	712353	17738	3095960	494567	4631233	746302
山 东	Shandong	2154025	38231	13453939	2967952	31586365	11935168
河 南	Henan	1209881	34892	9203036	2095935	17998910	4913767
湖 北	Hubei	968128	72392	6485795	2107662	12102601	4391319
湖 南	Hunan	1786875	66289	8048834	2018894	14451490	3229319
广 东	Guangdong	798269	88279	9553738	4869896	25384272	12326054
广 西	Guangxi	906731	10913	3662886	451527	4140572	533545
海 南	Hainan	43529	1334	292478	48014	433241	75070
重 庆	Chongqing	107315	7776	1562130	558766	2738142	851630
四 川	Sichuan	1464943	25240	6480707	1240193	9817302	1795497
贵 州	Guizhou	371235	9423	1460486	303707	2037075	539544
云 南	Yunnan	725804	6987	2876732	605806	3262119	743044
西 藏	Tibet	1248	869	23500	15515	25100	18403
陕 西	Shaanxi	902933	18313	3986369	653629	5690617	1086471
甘 肃	Gansu	236432	6945	1681667	466930	1989357	541815
青 海	Qinghai	55829	1034	243702	48810	190930	48967
宁 夏	Ningxia	141986	1255	507207	50264	439094	50186
新 疆	Xinjiang	334694	3635	824499	139757	807174	204776

注：本表数据来自农业部乡镇企业局。

a) The data in this table is from Town and Township Enterprise Bureau of Ministry of Agriculture.

1.16 各地区外商投资企业年末登记情况
Basic Indicators of Registered Foreign-Funded Enterprises by Region at the Year-end

地区	Region	企业数(户) Number of Registered Enterprises		投资总额(万美元) Total Investment (USD 10000)		注册资本(万美元) Registered Capital (USD 10000)		#外方 Capital Invested by Foreign Partner	
		2000	2001	2000	2001	2000	2001	2000	2001
全国	**National Total**	**203208**	**202306**	**82467505**	**87501079**	**48394975**	**50579271**	**33719912**	**35968275**
北京	Beijing	8495	8818	402578	4292458	2173754	2383016	1479646	1675025
天津	Tianjin	9942	9473	3308590	3415401	1850961	1905000	1425288	1474049
河北	Hebei	3812	3621	1400971	1478373	829018	856503	455564	503866
山西	Shanxi	959	827	482749	493493	255967	253299	129053	131172
内蒙古	Inner Mongolia	874	778	253634	221723	171773	153770	84084	79880
辽宁	Liaoning	13146	13158	6554253	6379712	3962628	4046472	2544774	2455014
吉林	Jilin	2747	2753	766098	809807	527717	552561	311979	329378
黑龙江	Heilongjiang	3318	2980	834390	765008	560605	521722	316062	300728
上海	Shanghai	15930	18160	9853971	11268843	5334470	6091326	3808408	4491466
江苏	Jiangsu	18060	19602	7500428	9200098	4065698	4795320	2916728	3632588
浙江	Zhejiang	10002	11194	2931301	3406369	1712191	1977359	1053944	1246729
安徽	Anhui	2216	2055	914400	920820	586788	583575	341328	352355
福建	Fujian	16013	15403	4708446	5125969	2758492	2916450	2303206	2487721
江西	Jiangxi	2246	2284	687577	737853	330088	352589	207078	231496
山东	Shandong	12389	13753	3895046	4251569	2309717	2521646	1384675	1560294
河南	Henan	3004	2401	1135854	1007256	733653	638693	424649	379871
湖北	Hubei	5123	4443	1666978	1414313	1034766	1010691	595372	603712
湖南	Hunan	2316	2080	730585	656701	433837	377039	265101	231301
广东	Guangdong	49865	47102	21651026	22182259	12808607	12589012	9674891	9659127
广西	Guangxi	2705	2436	1084956	1024551	626848	592898	409965	398969
海南	Hainan	7248	5940	2343595	2149622	1392553	1225974	1121131	1067551
重庆	Chongqing	1708	1502	660201	702362	441940	419398	282396	269048
四川	Sichuan	3539	3678	1010651	1093867	702808	751411	367479	402710
贵州	Guizhou	715	714	149349	159936	116635	119663	75936	78864
云南	Yunnan	1634	1632	481867	537740	310120	339834	186253	205524
西藏	Tibet	78	85	33547	34256	18825	19224	11973	12137
陕西	Shaanxi	2761	2971	832224	959563	507107	581040	319651	378159
甘肃	Gansu	826	882	256455	246359	181717	161031	98581	93173
青海	Qinghai	113	135	57724	64806	33199	36478	23533	27028
宁夏	Ningxia	408	435	94032	106244	69627	78896	39227	46230
新疆	Xinjiang	371	358	114341	111981	74880	71628	39674	39430
国家工商行政管理局	State Administration for Industry and Commercce	645	653	2047688	2281767	1477986	1655753	1022283	1123680

主要统计指标解释

企业(单位)登记注册类型 是以在工商行政管理机关登记注册的各类企业为划分对象,经工商行政管理部门对企业登记注册的类型为依据,将企业登记注册类型分为内资企业、港澳台商投资企业和外商投资企业三大类。内资企业包括国有企业、集体企业、股份合作企业、联营企业、有限责任公司、股份有限公司、私营企业和其他企业;港澳台商投资企业和外商投资企业分别包括合资经营企业、合作经营企业、独资经营企业和股份有限公司。对不在工商行政管理部门进行登记的行政机关、事业单位和社会团体,主要按其经费来源和管理方式进行划分。

国有企业 指企业全部资产归国家所有,并按《中华人民共和国企业法人登记管理条例》规定登记注册的非公司制的经济组织。不包括有限责任公司中的国有独资公司。

集体企业 指企业资产归集体所有,并按《中华人民共和国企业法人登记管理条例》规定登记注册的经济组织。

股份合作企业 指以合作制为基础,由企业职工共同出资入股,吸收一定比例的社会资产投资组建,实行自主经营,自负盈亏,共同劳动,民主管理,按劳分配与按股分红相结合的一种集体经济组织。

联营企业 指两个及两个以上相同或不同所有制性质的企业法人或事业单位法人,按自愿、平等、互利的原则,共同投资组成的经济组织。联营企业包括国有联营企业、集体联营企业、国有与集体联营企业和其他联营企业。

有限责任公司 指根据《中华人民共和国公司登记管理条例》规定登记注册,由两个以上,五十个以下的股东共同出资,每个股东以其所认缴的出资额对公司承担有限责任,公司以其全部资产对其债务承担责任的经济组织。有限责任公司包括国有独资公司以及其他有限责任公司。

股份有限公司 指根据《中华人民共和国公司登记管理条例》规定登记注册,其全部注册资本由等额股份构成并通过发行股票筹集资本,股东以其认购的股份对公司承担有限责任,公司以其全部资产对其债务承担责任的经济组织。

私营企业 指由自然人投资设立或由自然人控股,以雇佣劳动为基础的营利性经济组织。包括按照《公司法》、《合伙企业法》、《私营企业暂行条例》规定登记注册的私营有限责任公司、私营股份有限公司、私营合伙企业和私营独资企业。

其他企业 指上述企业之外的其他内资经济组织。

与港澳台商合资经营企业 指港澳台地区投资者与内地企业依照《中华人民共和国中外合资经营企业法》及有关法律的规定,按合同规定的比例投资设立、分享利润和分担风险的企业。

与港澳台商合作经营企业 指港澳台地区投资者与内地企业依照《中华人民共和国中外合作经营企业法》及有关法律的规定,依照合作合同的约定进行投资或提供条件设立、分配利润和分担风险的企业。

港澳台商独资经营企业 指依照《中华人民共和国外资企业法》及有关法律的规定,在内地由港澳台地区投资者全额投资设立的企业。

港澳台商投资股份有限公司 指根据国家有关规定,经外经贸部依法批准设立,其中港、澳、台商的股本占公司注册资本的比例达25%以上的股份有限公司。凡其中港、澳、台商的股本占公司注册资本的比例小于25%的,属于内资企业中的股份有限公司。

中外合资经营企业 指外国企业或外国人与中国内地企业依照《中华人民共和国中外合资经营企业法》及有关法律的规定,按合同规定的比例投资设立、分享利润和分担风险的企业。

中外合作经营企业 指外国企业或外国人与中国内地企业依照《中华人民共和国中外合作经营企业法》及有关法律的规定,依照合作合同的约定进行投资或提供条件设立、分配利润和分担风险的企业。

外资企业 指依照《中华人民共和国外资企业法》及有关法律的规定,在中国内地由外国投资者全额投资设立的企业。

外商投资股份有限公司 指根据国家有关规定,经外经贸部依法批准设立,其中外资的股本占公司注册资本的比例达25%。

以上的股份有限公司,凡其中外资股本占公司注册资本的比例小于25%的,属于内资企业中的股份有限公司。

行政机关、事业单位和社会团体 参照企业登记注册类型,主要按其经费来源和管理方式划分。具体规定如下:

(1)行政机关:包括国家机关和政党机关,原则上均列为"国有"。但有特殊规定的,如供销社等,则列为"集体"。

(2)事业单位:包括经国家机构编制部门和有关业务主管部门批准成立的各类事业单位,不包括实行企业管理的事业单位。事业单位的划分办法如下：

①由国家财政预算拨款或列入财政预算外资金管理以及经费主要来源于国有主管部门或国有上级单位的事业单位,列为"国有"。

②经费主要来源于集体单位的事业单位,列为"集体"。

③公民个人(或个人合伙)开办的事业单位,列为"私营"。

④上述以外的其他事业单位,如果其经费来源不明确,按管理方式进行归类。

(3)社会团体:包括经民政部门批准成立以及未纳入社会团体管理条例范围的工会、妇联等各类社会团体。社会团体的划分办法如下：

①未纳入民政部社会团体管理条例范围的工会、妇联、共青团、青联、工商联、科协、侨联等社会团体,国家拨款设立的基金会或基金管理组织以及经费主要来源于国有业务主管部门或国有上级单位的社会团体,列为"国有"。

②经费主要来源于集体单位的社会团体,列为"集体"。

③公民个人(或个人合伙)开办的社会团体,划为"私营"。

④上述以外的其他社会团体,如果其经费来源不明确,改按管理方式进行归类。

国内生产总值(GDP)　指一个国家(或地区)所有常住单位在一定时期内生产活动的最终成果。在实际核算中,国内生产总值有三种计算方法,即生产法、收入法和支出法。三种方法分别从不同的方面反映国内生产总值及其构成。

三次产业　是根据社会生产活动历史发展的顺序对产业结构的划分,产品直接取自自然界的部门称为第一产业,对初级产品进行再加工的部门称为第二产业,为生产和消费提供各种服务的部门称为第三产业。它是世界上较为通用的产业结构分类,但各国的划分不尽一致。

我国的三次产业划分是：

第一产业:农业(包括种植业、林业、牧业和渔业)。

第二产业:工业(包括采掘业、制造业、电力、煤气及水的生产和供应业)和建筑业。

第三产业:除第一、第二产业以外的其他各业。由于第三产业包括的行业多、范围广,根据我国的实际情况,第三产业可分为两大部分;一是流通部门,二是服务部门。

城镇居民家庭全部收入　指被调查城镇居民家庭全部的实际收入,包括经常或固定得到的收入和一次性收入。不包括周转性收入,如提取银行存款、向亲友借款、收回借出款以及其他各种暂收款。

城镇居民家庭可支配收入　指被调查的城镇居民家庭在支付个人所得税、记帐补贴、家庭副业生产支出后所余下的实际收入。

城镇居民家庭消费性支出　指被调查的城镇居民家庭用于日常生活的全部支出,包括购买商品支出和文化生活、服务等非商品性支出。不包括罚没、丢失款和缴纳的各种税款(如个人所得税、牌照税、房产税等),也不包括个体劳动者生产经营过程中发生的各项费用。

商品零售价格指数　是反映城乡商品零售价格变动趋势的一种经济指数。零售物价的调整变动直接影响到城乡居民的生活支出和国家的财政收入,影响居民购买力和市场供需平衡,影响消费与积累的比例。因此,计算零售价格指数,可以从一个侧面对上述经济活动进行观察和分析。

居民消费价格指数　是反映一定时期内城乡居民所购买的生活消费品价格和服务项目价格变动趋势和程度的相对数,是对城市居民消费价格指数和农村居民消费价格指数进行综合汇总计算的结果。利用居民消费价格指数,可以观察和分析消费品的零售价格和服务价格变动对城乡居民实际生活费支出的影响程度。

城市居民消费价格指数　是反映城市居民家庭所购买的生活消费品价格和服务项目价格变动趋势和程度的相对数。城市居民消费价格指数可以观察和分析消费品的零售价格和服务项目价格变动对职工货币工资的影响,作为研究职工生活和确定工资政策的依据。

Explanatory Notes on Main Statistical Indicators

Enterprises (Units) Registration Classification divides registered enterprises into three types: domestic funded enterprises, Hong Kong SAR, Macao SAR and Taiwan investment enterprises and foreign investment enterprises on the basis of enterprise registration in industrial and commercial administration agencies. Domestic funded enterprises include state-owned, collective, joint-stock cooperative and joint-owned enterprises, limited liability corporation, private enterprises and other enterprises; Hong Kong SAR, Macao SAR and Taiwan investment enterprises and foreign investment enterprises include respectively joint-venture enterprises, joint-owned enterprise, solely foreign funded enterprises and limited liability corporations. Administration agencies, institutions and social organizations, which are not registered in industrial and commercial administration agencies, are divided by their funding source and management method.

State-owned Enterprises refer to non-corporation economic organizations whose total assets are owned by the state and who have registered according to "Corporation Registration and Management Rules of the People's Republic of China", excluding corporations solely owned by the state in limited liability corporations.

Collective-owned Enterprises refers to economic organizations whose total assets are owned by the collective and who have registered according to "Corporation Registration and Management Rules of the People's Republic of China".

Joint-stock Cooperative Enterprises refers to the collective economic organizations established through buying shares of staff and workers and absorbing certain proportion of social assets investment on the basis of cooperation, being independent in management, assuming sole responsibility for profits and losses, and carrying out the principles of joint efforts, democratic management and distribution according to work and dividends on shares.

Joint-owned Enterprises refers to economic organizations funded by two or over two enterprise legal persons or institution legal person with the same or different type of ownerships under the principle of voluntary participation, equality and mutual benefits. Joint-owned enterprises include sate-owned, collective, state and collective joint-owned and other joint-owned enterprises.

Limited Liability Corporations refers to economic organizations who have registered according to "Corporation Registration and Management Rules of the People's Republic of China" and who are funded by shareholders above two and under 50. Each shareholder takes the limited liability according to his funding amount. The corporations take the liability of the debts with their total assets. Limited Liability Corporations include corporations solely owned by the state and other limited liability corporations.

Share Holding Corporations refers to economic organizations who have registered according to "Corporation Registration and Management Rules of the People's Republic of China" and whose total registered capitals are composed by equal shares and raised through issuing stocks. The shareholders take the limited liability according to their subscribing stocks. The corporations take the liabilities of the debts with their total assets.

Private Enterprises refers to profit-making economic organizations established and invested by natural person(s) or natural person(s) is the main share holder(s) on the basis of hiring laborers, including private limited liability corporations, private limited companies and private partnership enterprises and solely private funded enterprises registered according to "Corporation Law", "Partnership Corporation Law" and "Provisional Regulation on Private Enterprises"

Other Type of Enterprises refers to other domestic funded economic organizations excluding above-mentioned enterprises.

Joint-venture Enterprises with Hong Kong SAR, Macao SAR and Taiwan Investors refers to enterprises established through investment on proportions according the contract on the basis of sharing profits and risks by investors in Hong Kong SAR, Macao SAR and Taiwan and enterprises in mainland China according to "Joint-Venture Enterprises Law of the People's Republic of China" and relevant regulations.

Joint-owned Enterprises with Hong Kong SAR, Macao SAR and Taiwan Investors refers to enterprises invested and established according to the stipulations and conditions in the contract on the basis of sharing profits and risks by investors in Hong Kong SAR, Macao SAR and Taiwan and enterprises in mainland China according to "Joint-Venture Enterprises Law of the People's Republic of China".

Solely Hong Kong SAR, Macao SAR and Taiwan Invested Enterprises refers to enterprises fully funded by Hong Kong SAR, Macao SAR and Taiwan investors in mainland China according to "Joint-Venture Enterprises Law of the People's Republic of China" and relevant regulations.

Limited Companies with Hong Kong SAR, Macao SAR and Taiwan Investors refers to limited companies approved by Ministry of Foreign Trade and Economic Cooperation according to relevant state regulations with the shares of Hong Kong SAR, Macao SAR and Taiwan investors in total registered capitals over 25%. Those companies with the shares of Hong Kong SAR, Macao SAR and Taiwan investors in total registered capitals below 25% belong to limited companies of domestic funded enterprises.

Joint Venture Enterprises refers to enterprises invested and established by foreign enterprises or foreigners and domestic enterprises according to the investment proportion in the contract on the basis of sharing profits and risks to according to "Foreign Investment Enterprises Law of the People's Republic of China" and relevant regulations.

Chinese and Foreign Joint-owned Enterprises refers to enterprises invested or established according to the stipulation and conditions in the contract on the basis of sharing profits and risks according to "Foreign Investment Enterprises Law of the People's Republic of China" and relevant regulations.

Foreign Invested Enterprises refers to enterprises established by foreign investors with full investment in mainland China according to "Foreign Investment Enterprises Law of the People's Republic of China" and relevant regulations.

Foreign Invested Limited Companies refers to the limited companies approved by Ministry of Foreign Trade and Economic Cooperation according to relevant state regulations with the shares of foreign shares in total registered capitals over 25%. Those companies with the shares of foreign shares in total registered capitals below 25% belong to limited companies of domestic funded enterprises.

Administration Agencies, Institutions and Social Organizations are divided mainly by the funding source and management method according to enterprise registration type. The detail stipulations are as follows:

(1) administration agencies: include state and political party agencies and regarded as "state-owned" in principle. But there is exceptional, such as supply and marketing cooperative is regarded as "collective".

(2) institutions: include institutions of various kinds approved by state establishment departments and business competent departments, excluding institutions that carry out enterprise management methods. The division methods of institutions are as follows:

① institutions whose funds are appropriated by state financial budget or listed in the extrabudegtary capital management and whose main funding source is from state-owned competent departments or state-owned units at a higher level are regarded as "state-owned".

② Institutions with main funding source from collective units are regarded as "collective".

③ institutions established by individuals (or individual partnership) are regarded as "private".

④ other institutions beyond the above-mentioned types are classified according to management method, if the funding sources are not clear.

(3) Social organizations: include various kinds of social organizations such as trade unions and women federation approved by civil administration departments and who are not included in the range of social organization management regulation. The division method of social organizations is as follows:

① Social organizations such as Trade Unions, Women Federation, Youth League, Industrial and Commercial Federation, Science Association and Overseas Chinese Federation, state established foundations or fund management organizations and those whose funding source is mainly from state-owned competent departments or state-owned units at a higher level are listed as "state-owned".

② Social organizations with the funding source mainly from collective units are regarded as "collective".

③ Social organizations established by individuals (or individual partner) are classified "private".

④ Other social organizations beyond the above-mentioned types are classified by management method, if the funding source is not clear.

Gross Domestic Product (GDP) refers to the final result of production activities of all permanent units in a certain period of one country(or region). In the real accounting, there are three calculation methods of GDP: production method, income method and disbursement method. These three methods reflect GDP and its composition from different aspects.

Tri-industries refers to the division of industrial structures according the historical development order of social production activities. Primary industry refers to the sector that directly obtains products from nature; secondary industry refers to the sector that processes primary products; tertiary industry refers to the sector that provides services for production and consumption. It is an industrial structure classification commonly used in the world, but the division in different countries is different.

The division of tri-industries in China:

Primary Industry: Agriculture(including farming, forestry, animal husbandry and fishery).

Secondary Industry: Industries(including production and supply of mining and quarrying, manufacturing, electricity, gas and water) and construction.

Tertiary Industry: Other industries except primary and secondary industries. Since the tertiary industry covers multiple trades and wide range, according to the actual situation in China, tertiary industry can be divided into two parts: one is circulation sector and the other is service sector.

Total Income of Household in Cities and Towns refers to the total actual income of household being surveyed, including regular or fixed income and lump-sum income. Revolving income such as bank deposit withdrawal, money borrowed from relatives, money lent recalled and other types of temporary money collected are not included.

Disposable Income of Household in Cities and Towns refers to the left real income of household in cities and towns being surveyed after paying income tax, survey subsidies and household sideline production expenditures.

Consumption Expenditures of Household in Cities and Towns refers to the total expenditures of daily life of household in cities and towns being surveyed, including expenditure of purchasing commodities and non-commodity expenditures such as cultural life and services. Fines, money lost and taxes paid (income tax, license tax and house tax, etc.) and the expenses occurring during the production of individual laborers are not included.

Retail Price Index is an economic index reflecting the changing trend of commodity retail price in cities and towns. The adjustment and change of retail price directly influence the living expenditures of household in cities and towns and the state financial income, influence purchasing power of residents and the balance between market supply and demand and influence the proportion of consumption and accumulation. Therefore, the above economic activities can be observed and analyzed from one side with the calculation of retail price index.

Consumer Price Index is a relative number reflecting the changing trend and degree of consumer goods price purchased by residents in cities and counties and service price in a certain period. It is a synthesized, gathered and calculated result of consumer price index of urban residents and county residents. The consumer price index of residents can be used to observe and analyze the impact degree of the change of the retail price of consumer goods and service price on the real expenditures of the cost of living of urban and county residents.

Urban Consumer Price Index is a relative number reflecting the changing trend and degree of consumer goods price purchased by residents of urban household and service price. Urban consumer price index can be used to observe and analyze the impact of the change of retail price of consumer goods and services on the currency wages of staff and workers. It can also be used as the basis of studying the life of staff and workers and determining wage policy.

二、职工状况统计

Chapter 2　STATISTICS OF STAFF AND WORKERS STATE

简 要 说 明

本部分资料来源于国家统计局《中国统计年鉴—2002》，主要反映我国劳动经济方面的基本情况，包括31个省、自治区、直辖市的主要劳动统计数据。

就业人员、在岗职工人数及工资等资料，根据国家统计局《劳动综合统计报表制度》及《乡村社会经济调查方案》搜集汇总，由国家统计局人口和社会科技统计司整理提供。

私营企业及个体工商业从业人员，根据国家工商行政管理局的城乡私营企业基本情况统计表及城乡个体工商业基本情况统计表搜集汇总，由国家工商行政管理局提供。

职业介绍服务机构和劳动争议仲裁等情况，根据劳动和社会保障部的《培训、就业统计报表制度》和《劳动争议处理情况统计表》搜集汇总，由劳动和社会保障部提供。

Brief Explanation

The materials of this part are from "China Statistic Yearbook –2002" of State Statistic Bureau, main reflecting the basic status of the labor economic aspect of China, including the main labor statistic data of 31 provinces, autonomous regions and municipalities directly under Central Government.

Materials such as the employed, number of staff and workers on the post and wages are collected and gathered based on the "Labor Comprehensive Statistic Reporting System" and "Social and Economic Survey Scheme of Counties and Villages" of State Statistic Bureau provided by Department of Population and Social Science and Technological Statistics of State Statistic Bureau.

The status of private business and individual industrial and commercial employed people is collected and gathered according to the basic status reporting form of private business of cities and towns and the basic status report form of individual industries and businesses of State Industrial and Commercial Administration Bureau, which are provided by State Industrial and Commercial Administration Bureau.

The status of occupation introduction services and labor dispute arbitration is gathered and collected based on "Training and Employment Statistic Reporting System" and "Statistics of Labor Dispute Treatment" provided by Ministry of Labor and Social Security.

2.1 按三次产业分的年底就业人员数
Number of Employed Persons at the Year-end by Type of Industry

年 份 Year	经济活动人口（万人） Economically Active Population (10000 persons)	就业人员（万人） Total (10000 persons)	第一产业 Primary Industry	第二产业 Secondary Industry	第三产业 Tertiary Industry	构成（合计=100） Composition in Percentage 第一产业 Primary Industry	第二产业 Secondary Industry	第三产业 Tertiary Industry
1952	21106	20729	17317	1531	1881	83.5	7.4	9.1
1957	23971	23771	19309	2142	2320	81.2	9.0	9.8
1962		25910	21276	2059	2575	82.1	7.9	9.9
1965		28670	23396	2408	2866	81.6	8.4	10.0
1970		34432	27811	3518	3103	80.8	10.2	9.0
1975		38168	29456	5152	3560	77.2	13.5	9.3
1978	40682	40152	28318	6945	4890	70.5	17.3	12.2
1980	42903	42361	29122	7707	5532	68.7	18.2	13.1
1985	50112	49873	31130	10384	8359	62.4	20.8	16.8
1986	51546	51282	31254	11216	8811	60.9	21.9	17.2
1987	53060	52783	31663	11726	9395	60.0	22.2	17.8
1988	54630	54334	32249	12152	9936	59.3	22.4	18.3
1989	55707	55329	33225	11976	10129	60.1	21.6	18.3
1990	65323	64749	38914	13856	11979	60.1	21.4	18.5
1991	66091	65491	39098	14015	12378	59.7	21.4	18.9
1992	66782	66152	38699	14355	13098	58.5	21.7	19.8
1993	67468	66808	37680	14965	14163	56.4	22.4	21.2
1994	68132	67455	36628	15312	15515	54.3	22.7	23.0
1995	68855	68065	35530	15655	16880	52.2	23.0	24.8
1996	69765	68950	34820	16203	17927	50.5	23.5	26.0
1997	70800	69820	34840	16547	18432	49.9	23.7	26.4
1998	72087	70637	35177	16600	18860	49.8	23.5	26.7
1999	72791	71394	35768	16421	19205	50.1	23.0	26.9
2000	73992	72085	36043	16219	19823	50.0	22.5	27.5
2001	74432	73025	36513	16284	20228	50.0	22.3	27.7

2.2 各地区按三次产业分的年底就业人员数（2001 年）
Number of Employed Persons at the Year-end by Type of Industry and Region (2001)

地　区	Region	就业人员（万人）Number of Employed Persons (10 000 persons)				构成（合计=100）Composition in Percentage		
			第一产业 Primary Industry	第二产业 Secondary Industry	第三产业 Tertiary Industry	第一产业 Primary Industry	第二产业 Secondary Industry	第三产业 Tertiary Industry
全　国	**National Total**	**73025.0**	**36513.0**	**16284.0**	**20228.0**	**50.0**	**22.3**	**27.7**
北　京	Beijing	629.5	70.6	210.6	348.3	11.2	33.5	55.3
天　津	Tianjin	410.5	82.2	161.4	166.9	20.0	39.3	40.7
河　北	Hebei	3379.6	1675.4	859.1	845.1	49.6	25.4	25.0
山　西	Shanxi	1412.9	662.4	346.5	404.0	46.9	24.5	28.6
内蒙古	Inner Mongolia	1013.3	546.4	161.9	305.1	53.9	16.0	30.1
辽　宁	Liaoning	1833.4	681.7	461.3	690.4	37.2	25.2	37.7
吉　林	Jilin	1057.2	535.9	196.2	325.1	50.7	18.6	30.8
黑龙江	Heilongjiang	1631.0	808.3	338.7	484.0	49.6	20.8	29.7
上　海	Shanghai	692.4	86.6	288.7	317.1	12.5	41.7	45.8
江　苏	Jiangsu	3565.4	1474.6	1071.5	1019.3	41.4	30.1	28.6
浙　江	Zhejiang	2772.0	990.8	893.0	888.2	35.7	32.2	32.0
安　徽	Anhui	3389.7	1991.1	551.6	847.0	58.7	16.3	25.0
福　建	Fujian	1677.8	768.8	420.9	488.1	45.8	25.1	29.1
江　西	Jiangxi	1933.1	997.9	276.1	659.1	51.6	14.3	34.1
山　东	Shandong	4671.6	2444.2	1117.3	1110.1	52.3	23.9	23.8
河　南	Henan	5516.6	3482.5	997.3	1036.9	63.1	18.1	18.8
湖　北	Hubei	2452.5	1186.4	443.3	822.8	48.4	18.1	33.5
湖　南	Hunan	3438.8	2079.6	496.7	862.6	60.5	14.4	25.1
广　东	Guangdong	3962.9	1584.2	1083.6	1295.1	40.0	27.3	32.7
广　西	Guangxi	2543.4	1572.9	257.3	713.2	61.8	10.1	28.0
海　南	Hainan	339.7	204.9	32.8	102.0	60.3	9.7	30.0
重　庆	Chongqing	1624.0	887.9	249.4	486.7	54.7	15.4	30.0
四　川	Sichuan	4414.6	2595.8	645.7	1173.1	58.8	14.6	26.6
贵　州	Guizhou	2068.2	1373.8	193.6	500.9	66.4	9.4	24.2
云　南	Yunnan	2322.5	1710.5	207.9	404.1	73.6	9.0	17.4
西　藏	Tibet	124.6	89.5	8.1	27.0	71.8	6.5	21.7
陕　西	Shaanxi	1784.6	994.0	297.4	493.2	55.7	16.7	27.6
甘　肃	Gansu	1187.2	705.3	159.3	322.6	59.4	13.4	27.2
青　海	Qinghai	240.3	144.3	31.1	64.9	60.0	13.0	27.0
宁　夏	Ningxia	278.0	157.1	50.7	70.2	56.5	18.2	25.2
新　疆	Xinjiang	685.4	388.2	92.2	205.0	56.6	13.4	29.9

2.3 按城乡分的年底就业人员数
Number of Employed Persons at the Year-end by Residence in Urban and Rural Areas

单位：万人 (10 000 persons)

年 份 year	合计 Total	城 镇 Urban Area						
		小 计 Sub-total	#国有单位 State-owned Units	#集体单位 Collective-owned Units	#股份合作单位 Share Holding Units	#联营单位 Joint-owned Units	#有限责任公司 Limited Liability Corporati-ons	#股份有限公司 Share Holding Corporations
1952	20729	2486	1580	23				
1957	23771	3205	2451	650				
1965	28670	5136	3738	1227				
1970	34432	6312	4792	1424				
1975	38168	8222	6426	1772				
1978	40152	9514	7451	2048				
1980	42361	10525	8019	2425				
1985	49873	12808	8990	3324		38		
1987	52783	13783	9654	3488		50		
1988	54334	14267	9984	3527		63		
1989	55329	14390	10108	3502		82		
1990	64749	17041	10346	3549		96		
1991	65491	17465	10664	3628		49		
1992	66152	17861	10889	3621		56		
1993	66808	18262	10920	3393		66		164
1994	67455	18653	11214	3285		52		292
1995	68065	19040	11261	3147		53		317
1996	68950	19922	11244	3016		49		363
1997	69820	20781	11044	2883		43		468
1998	70637	21616	9058	1963	136	48	484	410
1999	71394	22412	8572	1712	144	46	603	420
2000	72085	23151	8102	1499	155	42	687	457
2001	73025	23940	7640	1291	153	45	841	483

2.3 续表
Continued

年 份 year	城 镇 Urban Area				乡 村 Rural Area			
	#私营企业 Private Enterprises	#港澳台商投资单位 Units with Funds from Hong Kong, Macao and Taiwan	#外商投资单位 Foreign Funded Economic Units	#个体 Self-employed Individuals	小 计 Sub-total	#乡镇企业 Township and Village Enterprises	#私营企业 Private Enterprises	#个体 Self-employed individuals
1952								
1957				104	20566			
1965				171	23534			
1970				96	28120			
1975				24	29946			
1978				15	30638	2827		
1980				81	31836	3000		
1985			6	450	37065	6979		
1987		1	20	569	39000	8805		
1988		2	29	659	40067	9545		
1989		4	43	648	40939	9367		
1990	57	4	62	614	47708	9265	113	1491
1991	68	69	96	692	48026	9609	116	1616
1992	98	83	138	740	48291	10625	134	1728
1993	186	155	133	930	18546	12345	187	2010
1994	332	211	195	1225	48802	12017	316	2551
1995	485	272	241	1560	49025	12862	471	3054
1996	620	265	275	1709	49028	13508	551	3308
1997	750	281	300	1919	19039	13050	600	3522
1998	973	294	293	2259	49021	12537	737	3855
1999	1053	306	306	2414	48982	12704	969	3827
2000	1268	310	332	2136	48934	12820	1139	2934
2001	1527	326	345	2131	49085	13086	1187	2629

2.4 分行业年底就业人员数
Number of Employed Persons at the Year-end by Sector

单位：万人 (10 000 persons)

年 份 year	合计 Total	农、林、牧、渔业 Farming, Forestry, Animal Husbandry and Fishery	采掘业 Mining and Quarrying	制造业 Manufacturing	电力、煤气及水的生产和供应业 Production and Supply of Electricity Gas and Water	建筑业 Construction	地质勘查业水利管理业 Geological Prospecting and Water Conservancy	交通运输仓储和邮电通信业 Transport, Storage, Post & Telecommunications
1978	40152	28318	652	5332	107	854	178	750
1980	42361	29122	697	5899	118	993	188	805
1985	49873	31130	795	7412	142	2035	197	1279
1987	52783	31663	819	8359	164	2384	200	1453
1988	54334	32249	832	8652	177	2491	204	1521
1989	55329	33225	842	8547	180	2407	199	1522
1990	64749	34117	882	8624	192	2424	197	1566
1991	65491	34956	905	8839	203	2482	199	1617
1992	66152	34795	898	9106	215	2660	202	1674
1993	66808	33966	932	9295	240	3050	144	1688
1994	67455	33386	915	9613	246	3188	139	1864
1995	68065	33018	932	9803	258	3322	135	1942
1996	68950	32910	902	9763	273	3408	129	2013
1997	69820	33095	868	9612	283	3449	129	2062
1998	70637	33232	721	8319	283	3327	116	2000
1999	71394	33493	667	8109	285	3412	111	2022
2000	72085	33355	597	8043	284	3552	110	2023
2001	73025	32974	561	8083	288	3669	105	2037

2.4 续表
Continued

年 份 year	批发零售贸易和餐饮业 Wholesale and Retail Trade & Catering Services	金融、保险业 Banking and Insurance	房地产业 Real Estate Trade	社会服务业 Social Services	卫生体育和社会福利业 Health Care, Sports & Social Welfare	教育、文化艺术和广播电影电视业 Education, Culture and Art, Radio, Film and Television	科学研究和综合技术服务业 Scientific Research and Polytechnical Services	国家机关、政党机关和社会团体 Government Agencies, Party Agencies and Social Organizations	其他 Others
1978	1140	76	31	179	363	1093	92	467	521
1980	1363	99	37	276	389	1147	113	527	588
1985	2306	138	36	401	467	1273	144	799	1319
1987	2576	170	39	501	496	1375	158	925	1502
1988	2743	194	42	534	508	1403	161	971	1655
1989	2770	205	43	550	518	1426	165	1022	1709
1990	2839	218	44	594	536	1457	173	1079	1798
1991	2998	234	48	604	553	1497	179	1136	1910
1992	3209	248	54	643	565	1520	183	1148	2313
1993	3459	270	66	543	416	1210	173	1030	3740
1994	3921	264	74	626	434	1436	178	1033	4155
1995	4292	276	80	703	444	1476	182	1042	4484
1996	4511	292	84	747	458	1513	183	1093	4563
1997	4795	308	87	810	471	1557	186	1093	4862
1998	4645	314	94	868	478	1573	178	1097	5118
1999	4751	328	96	923	482	1568	173	1102	4969
2000	4686	327	100	921	488	1565	174	1104	5643
2001	4737	336	107	976	493	1568	165	1101	5852

2.5 各地区分行业年底就业人员数(2001 年)
Number of Employed Persons at the Year-end by Sector and Region (2001)

单位：万人 (10 000 persons)

地区	Region	合计 Total	农、林、牧、渔业 Farming, Forestry, Animal Husbandry and Fishery	采掘业 Mining and Quarrying	制造业 Manufacturing	电力、煤气及水的生产和供应业 Production and Supply of Electricity Gas and Water	建筑业 Construction	地质勘查业水利管理业 Geological Prospecting and Water Conservancy	交通运输仓储和邮电通信业 Transport, Storage, Post & Telecommunications
全　国	**National Total**	**73025**	**32974**	**561**	**8083**	**288**	**3669**	**105**	**2037**
北　京	Beijing	629.5	70.6	2.5	130.3	4.0	73.8	1.4	32.5
天　津	Tianjin	410.5	82.2	7.5	126.4	3.5	24.0	1.1	25.7
河　北	Hebei	3379.6	1675.4	31.7	569.2	16.0	242.1	5.7	128.3
山　西	Shanxi	1412.9	662.4	52.0	210.7	11.1	72.7	3.3	78.6
内蒙古	Inner Mongolia	1013.3	546.4	26.9	86.7	8.8	39.4	3.2	41.0
辽　宁	Liaoning	1833.4	681.7	30.3	306.4	17.7	106.8	5.3	100.4
吉　林	Jilin	1057.2	535.9	28.4	115.2	8.1	44.6	2.6	45.4
黑龙江	Heilongjiang	1631.0	808.3	73.9	181.5	14.6	68.7	5.4	67.3
上　海	Shanghai	692.4	86.6	0.1	249.7	6.0	32.9	0.9	31.6
江　苏	Jiangsu	3565.4	1474.6	18.1	746.4	12.5	294.5	5.0	134.3
浙　江	Zhejiang	2772.0	990.8	2.2	717.8	8.9	164.0	1.7	98.1
安　徽	Anhui	3389.7	1991.1	28.4	299.7	8.2	215.2	4.3	98.0
福　建	Fujian	1677.8	768.8	5.1	303.0	7.4	105.4	1.3	54.6
江　西	Jiangxi	1933.1	997.9	13.5	175.6	9.4	77.7	3.2	45.5
山　东	Shandong	4671.6	2444.2	62.6	698.3	19.7	336.6	4.7	157.4
河　南	Henan	5516.6	3482.5	45.1	578.1	21.3	352.7	8.2	156.4
湖　北	Hubei	2452.5	1186.4	10.2	285.4	11.9	135.9	7.1	91.2
湖　南	Hunan	3438.8	2079.6	14.8	310.7	10.7	160.5	4.2	90.7
广　东	Guangdong	3962.9	1584.2	5.8	797.5	19.6	260.6	4.3	129.6
广　西	Guangxi	2543.4	1572.0	6.2	142.7	8.0	100.4	2.7	60.2
海　南	Hainan	339.7	204.9	1.9	15.9	2.1	12.9	0.6	12.2
重　庆	Chongqing	1624.0	887.9	8.6	126.3	5.9	108.6	1.1	36.8
四　川	Sichuan	4414.6	2595.8	20.1	325.7	15.3	284.7	5.9	87.7
贵　州	Guizhou	2068.2	1373.8	9.4	120.5	5.5	58.2	1.6	32.0
云　南	Yunnan	2322.5	1710.5	9.3	116.4	6.8	75.4	2.5	55.6
西　藏	Tibet	124.6	89.5	0.3	2.9	0.6	4.4	0.2	3.9
陕　西	Shaanxi	1784.6	994.0	19.1	168.2	8.1	101.9	6.4	63.6
甘　肃	Gansu	1187.2	705.3	9.4	86.6	6.6	56.8	4.4	32.7
青　海	Qinghai	240.3	144.3	1.9	16.3	1.4	11.5	2.0	8.9
宁　夏	Ningxia	278.0	157.1	5.1	25.1	2.3	18.2	1.1	11.9
新　疆	Xinjiang	685.4	388.2	10.9	47.6	5.4	28.2	3.4	24.9

2.5 续表
Continued

地　区	Region	批发零售贸易和餐饮业 Wholesale and Retail Trade & Catering Services	金融、保险业 Banking and Insurance	房地产业 Real Estate Trade	社会服务业 Social Services	卫生体育和社会福利业 Health Care, Sports & Social Welfare	教育、文化艺术和广播电影电视业 Education, Culture and Art, Radio, Film and Television	科学研究和综合技术服务业 Scientific Research and Polytech-nical Services	国家机关、政党机关和社会团体 Government Agencies, Party Agencies and Social Organizat-ions	其他 Others
全　国	**National Total**	**4737**	**336**	**107**	**976**	**493**	**1568**	**165**	**1101**	**5852**
北　京	Beijing	77.1	8.0	13.6	69.6	15.6	41.1	28.6	24.7	35.8
天　津	Tianjin	51.6	4.1	2.5	16.9	7.0	18.8	4.4	12.1	22.6
河　北	Hebei	249.7	16.5	2.5	33.2	21.7	86.7	4.6	64.4	231.8
山　西	Shanxi	116.2	10.4	1.3	18.4	13.8	48.5	4.0	41.7	67.8
内蒙古	Inner Mongolia	97.0	7.7	1.7	25.1	10.5	35.9	2.7	29.5	50.8
辽　宁	Liaoning	244.1	17.9	7.5	63.7	22.8	58.4	7.8	40.7	121.7
吉　林	Jilin	95.1	9.6	3.2	25.5	14.4	40.9	4.4	24.7	59.2
黑龙江	Heilongjiang	169.0	11.6	5.1	41.5	18.1	50.1	4.5	38.0	73.4
上　海	Shanghai	97.7	11.0	8.1	50.1	15.6	30.8	8.8	15.1	47.5
江　苏	Jiangsu	286.4	20.4	5.8	55.6	29.0	86.8	7.8	45.8	342.4
浙　江	Zhejiang	290.8	17.7	4.5	51.9	21.3	51.7	4.5	33.7	312.1
安　徽	Anhui	256.4	10.4	2.6	42.2	16.9	59.9	3.6	40.5	312.1
福　建	Fujian	133.3	11.0	3.2	26.1	11.6	46.4	3.0	28.7	168.9
江　西	Jiangxi	107.4	9.0	1.7	17.1	13.4	48.3	3.4	34.2	375.9
山　东	Shandong	345.2	24.0	4.6	49.6	34.3	111.6	6.0	79.0	293.6
河　南	Henan	322.2	20.6	3.7	39.1	31.1	111.5	7.2	82.6	254.2
湖　北	Hubei	199.0	13.4	3.5	43.9	25.7	72.2	6.9	51.7	308.1
湖　南	Hunan	205.3	14.0	3.2	34.9	22.9	69.3	4.7	58.0	355.3
广　东	Guangdong	407.0	27.7	11.2	81.5	34.5	93.7	6.7	67.4	431.6
广　西	Guangxi	134.1	8.2	1.9	25.0	14.8	59.3	3.4	34.2	369.4
海　南	Hainan	32.1	2.3	0.8	10.6	3.0	9.2	1.2	7.9	22.0
重　庆	Chongqing	87.5	6.2	2.1	16.6	8.8	32.0	5.1	18.0	272.6
四　川	Sichuan	234.5	16.7	2.8	36.3	26.2	83.9	8.8	57.8	612.6
贵　州	Guizhou	76.9	5.1	3.7	11.8	8.8	35.9	1.8	28.5	294.7
云　南	Yunnan	106.5	7.5	1.6	22.6	12.8	50.2	5.2	36.1	103.5
西　藏	Tibet	6.4	0.6		1.6	1.2	3.0	0.2	6.0	3.8
陕　西	Shaanxi	140.2	9.7	1.3	27.4	13.5	52.3	8.7	38.4	131.5
甘　肃	Gansu	65.4	5.5	1.6	11.9	7.7	30.4	2.8	23.3	136.9
青　海	Qinghai	18.2	1.6	0.1	4.2	2.4	6.6	0.7	6.2	13.8
宁　夏	Ningxia	20.7	2.0	0.5	4.3	2.6	8.2	0.8	6.2	11.7
新　疆	Xinjiang	63.7	5.6	1.9	18.0	10.9	33.7	2.6	25.8	14.8

2.6 分经济类型职工年底人数及构成 Number of Staff and Workers and Indices at the Year-end by Types of Ownership

单位:万人 (10 000 persons)

年份 Year	合计 Total	国有经济 State-owned	城镇集体经济 Urban Collective-owned	其他各种经济 Other Types of Ownership	构成(以合计为100) Index (Preceding year = 100)		
					国有经济 State-owned	城镇集体经济 Urban Collective-owned	其他各种经济 Other Types of Ownership
1952	1603	1580	23	- -	98.6	1.4	- -
1953	1856	1826	30	- -	98.4	1.6	- -
1954	2002	1881	121	- -	94.0	6.0	- -
1955	2162	1908	254	- -	88.3	11.7	- -
1956	2977	2423	554	- -	81.4	18.6	- -
1957	3101	2451	650	- -	79.0	21.0	- -
1958	5194	4532	662	- -	87.3	12.7	- -
1959	5275	4561	714	- -	86.5	13.5	- -
1960	5969	5044	925	- -	84.5	15.5	- -
1961	5171	4171	1000	- -	80.7	19.3	- -
1962	4321	3309	1012	- -	76.6	23.4	- -
1963	4372	3293	1079	- -	75.3	24.7	- -
1964	4601	3465	1136	- -	75.3	24.7	- -
1965	4965	3738	1227	- -	75.3	24.7	- -
1966	5198	3934	1264	- -	75.7	24.3	- -
1967	5305	4006	1299	- -	75.5	24.5	- -
1968	5504	4170	1334	- -	75.8	24.2	- -
1969	5714	4335	1379	- -	75.9	24.1	- -
1970	6216	4792	1424	- -	77.1	22.9	- -
1971	6787	5318	1469	- -	78.4	21.6	- -
1972	7134	5610	1524	- -	78.6	21.4	- -
1973	7337	5758	1579	- -	78.5	21.5	- -
1974	7651	6007	1644	- -	78.5	21.5	- -
1975	8198	6426	1772	- -	78.4	21.6	- -
1976	8673	6860	1813	- -	79.1	20.9	- -
1977	9112	7196	1916	- -	79.0	21.0	- -
1978	9499	7451	2048	- -	78.4	21.6	- -
1979	9967	7693	2274	- -	77.2	22.8	- -
1980	10444	8019	2425	- -	76.8	23.2	- -
1981	10940	8372	2568	- -	76.5	23.5	- -
1982	11281	8630	2651	- -	76.5	23.5	- -
1983	11515	8771	2744	- -	76.2	23.8	- -
1984	11890	8637	3216	37	72.6	27.0	0.3
1985	12358	8990	3324	44	72.7	26.9	0.4
1986	12809	9333	3421	55	72.9	26.7	0.4
1987	13214	9654	3488	72	73.1	26.4	0.5
1988	13608	9984	3527	97	73.4	25.9	0.7
1989	13742	10108	3502	132	73.5	25.5	1.0
1990	14059	10346	3549	164	73.6	25.2	1.2
1991	14508	10664	3628	216	73.5	25.0	1.5
1992	14792	10889	3621	282	73.6	24.5	1.9
1993	14849	10920	3393	536	73.5	22.9	3.6
1994	14849	10890	3211	747	73.3	21.6	5.1
1995	14908	10955	3076	877	73.5	20.6	5.9
1996	14845	10949	2954	942	73.8	19.9	6.3
1997	14668	10766	2817	1085	73.4	19.2	7.4
1998	12337	8809	1900	1628	71.4	15.4	13.2
1999	11773	8336	1651	1785	70.8	14.0	15.2
2000	11259	7878	1447	1934	70.0	12.9	17.1
2001	10792	7409	1241	2142	68.7	11.5	19.8

2.7 分行业年底职工人数
Number of Staff and Workers at the Year-end by Sector

单位：万人 (10 000 persons)

年份 Year	合计 Total	农、林、牧、渔业 Farming, Forestry, Animal Husbandry and Fishery	采掘业 Mining and Quarrying	制造业 Manufacturing	电力、煤气及水的生产和供应业 Production and Supply of Electricity Gas and Water	建筑业 Construction	地质勘查业水利管理业 Geological Prospecting and Water Conservancy	交通运输仓储和邮电通信业 Transport, Storage, Post & Telecommunications
1978	9499	830	652	3595	107	623	178	669
1979	9967	799	670	3754	112	682	185	699
1980	10444	788	697	3947	118	710	188	714
1981	10940	797	728	4130	125	730	188	741
1982	11281	797	747	4240	128	762	191	761
1983	11515	801	758	4316	131	798	193	771
1984	11890	787	767	4442	134	845	197	793
1985	12358	777	795	4620	142	900	197	823
1986	12809	784	809	4820	152	922	197	846
1987	13214	792	819	4988	164	946	200	860
1988	13608	789	832	5149	177	955	204	874
1989	13742	782	842	5206	180	900	199	874
1990	14059	780	882	5304	192	896	197	895
1991	14508	769	905	5443	203	940	199	916
1992	14792	758	898	5508	215	995	202	921
1993	14849	708	925	5469	232	1153	144	826
1994	14849	680	904	5434	244	1072	137	835
1995	14908	660	914	5439	257	1053	134	824
1996	14845	617	886	5293	272	1035	128	830
1997	14668	612	851	5083	282	1004	128	824
1998	12337	546	702	3769	281	846	115	701
1999	11773	519	650	3496	283	778	110	682
2000	11259	494	581	3240	282	744	109	659
2001	10792	458	544	3010	284	733	104	629

2.7 续表
Continued

单位：万人 (10 000 persons)

年 份 Year	批发和零售贸易、餐饮业 Wholesale and Retail Trade & Catering Services	金融、保险业 Finance and Insurance	房地产业 Real Estate Trade	社会服务业 Social Services	卫生体育和社会福利业 Health Care, Sporting and Social Welfare	教育、文化艺术和广播电影电视业 Education, Culture and Arts, Radio, Film and Television	科学研究和综合技术服务业 Scientific Research and Polytechnical Services	国家机关、政党机关和社会团体 Government Agencies, Party Agencies and Social Organizations	其他 Others
1978	1079	65	31	166	247	736	92	430	
1979	1161	75	34	191	269	769	100	468	
1980	1239	89	37	218	287	817	105	490	
1981	1337	97	38	239	302	857	111	520	
1982	1388	102	38	253	311	868	118	577	
1983	1424	106	37	268	322	878	121	591	
1984	1454	115	36	276	335	915	125	669	
1985	1518	126	36	271	342	962	131	718	
1986	1544	138	38	289	354	1008	137	770	
1987	1578	154	39	304	365	1059	142	805	
1988	1643	174	42	318	375	1091	144	843	
1989	1675	184	43	327	382	1117	147	885	
1990	1715	195	44	344	392	1143	152	929	
1991	1786	208	48	369	410	1181	156	974	
1992	1844	223	54	386	421	1212	159	996	
1993	1796	239	66	422	416	1205	166	1030	55
1994	1833	261	72	447	428	1249	174	1017	63
1995	1828	273	77	449	438	1291	178	1027	66
1996	1807	288	82	458	451	1345	176	1075	103
1997	1774	298	84	480	464	1403	179	1080	125
1998	1256	301	89	451	469	1451	168	1084	108
1999	1110	300	90	453	473	1480	165	1088	96
2000	977	294	93	457	476	1500	164	1091	99
2001	840	292	97	463	481	1512	154	1088	104

2.8 各地区分行业职工人数(2001 年)
Number of Staff and Workers by Region and by Sector(2001)

单位: 万人 (10 000 persons)

地区	Region	合计 Total	农、林、牧、渔业 Farming, Forestry, Animal Husbandry and Fishery	采掘业 Mining and Quarrying	制造业 Manufacturing	电力、煤气及水的生产和供应业 Production and Supply of Electricity Gas and Water	建筑业 Construction	地质勘查业水利管理业 Geological Prospecting and Water Conservancy	交通运输仓储和邮电通信业 Transport, Storage, Post & Telecommunications
全国	**National Total**	**10792**	**458**	**544**	**3010**	**284**	**733**	**104**	**629**
北京	Beijing	400.3	2.6	2.5	89.2	3.9	56.3	1.4	17.2
天津	Tianjin	184.0	1.1	7.1	74.9	3.5	10.8	1.1	12.5
河北	Hebei	519.2	9.5	30.5	141.2	14.8	31.8	5.7	28.2
山西	Shanxi	363.0	4.2	51.7	89.4	11.1	18.7	3.2	22.8
内蒙古	Inner Mongolia	251.0	24.9	25.8	48.3	8.8	12.6	3.2	18.0
辽宁	Liaoning	545.3	28.0	29.2	177.1	17.5	39.7	5.3	37.0
吉林	Jilin	313.3	17.1	27.7	79.5	8.0	18.9	2.6	24.0
黑龙江	Heilongjiang	510.9	46.7	73.5	116.6	14.4	36.5	5.2	32.6
上海	Shanghai	290.0	1.8	0.1	108.0	5.9	12.7	0.8	20.3
江苏	Jiangsu	625.8	21.1	17.9	229.4	12.4	26.6	5.0	38.4
浙江	Zhejiang	353.2	4.4	1.9	101.0	8.8	40.9	1.7	18.8
安徽	Anhui	372.0	13.0	28.0	94.6	8.2	24.0	4.2	19.8
福建	Fujian	314.3	7.4	4.7	127.9	7.3	22.1	1.2	14.0
江西	Jiangxi	279.3	18.6	12.5	67.2	9.2	14.6	3.2	17.0
山东	Shandong	770.5	8.7	62.4	272.9	19.7	31.9	4.7	33.1
河南	Henan	704.4	9.3	44.3	184.4	21.2	52.5	8.1	35.8
湖北	Hubei	501.6	38.1	9.2	146.8	11.8	24.5	7.0	32.3
湖南	Hunan	397.9	19.4	13.9	87.7	10.5	21.6	4.1	26.2
广东	Guangdong	724.6	16.3	5.2	240.6	19.5	54.0	4.3	43.4
广西	Guangxi	274.3	16.4	5.4	61.7	8.0	13.3	2.7	16.3
海南	Hainan	74.7	22.5	1.5	7.3	2.0	3.9	0.6	3.9
重庆	Chongqing	201.2	2.9	8.2	55.6	5.8	22.1	1.1	15.2
四川	Sichuan	486.7	12.2	19.0	122.0	15.2	49.4	5.8	23.9
贵州	Guizhou	189.2	4.7	8.9	42.8	5.4	16.7	1.5	9.2
云南	Yunnan	261.6	18.8	8.5	51.0	6.8	17.0	2.5	16.8
西藏	Tibet	16.0	0.5	0.2	0.6	0.5	1.0	0.2	1.4
陕西	Shaanxi	323.8	6.6	17.7	91.2	8.0	19.5	6.4	21.0
甘肃	Gansu	193.0	8.2	9.1	49.7	6.6	11.3	4.3	12.0
青海	Qinghai	43.5	2.3	1.8	7.1	1.4	3.5	2.0	3.5
宁夏	Ningxia	60.4	5.1	5.1	13.1	2.3	4.1	1.1	3.3
新疆	Xinjiang	247.0	66.0	10.4	30.9	5.4	20.1	3.4	10.8

2.8 续表
Continued

单位:万人 (10 000 Persons)

地区 Region	批发和零售贸易、餐饮业 Wholesale and Retail Trade & Catering Services	金融、保险业 Finance and Insurance	房地产业 Real Estate Trade	社会服务业 Social Services	卫生体育和社会福利业 Health Care, Sports & Social Welfare	教育、文化艺术和广播电影电视业 Education, Culture and Art, Radio, Film and Television	科学研究和综合技术服务业 Scientific Research and Polytechnical Services	国家机关、政党机关和社会团体 Government Agencies, Party Agencies and Social Organizations	其他 Others
全国总计 National Total	840	292	97	463	481	1512	154	1088	104
北京 Beijing	40.1	7.2	11.0	57.3	13.5	38.8	23.7	24.2	11.5
天津 Tianjin	13.1	3.7	2.3	9.9	6.8	18.2	4.2	11.6	3.1
河北 Hebei	44.2	14.7	2.5	17.5	21.5	84.5	4.5	64.2	4.0
山西 Shanxi	31.3	9.1	1.2	12.0	13.6	45.6	3.9	41.5	3.5
内蒙古 Inner Mongolia	12.3	7.1	1.6	7.3	10.4	35.3	2.7	29.4	3.4
辽宁 Liaoning	31.0	15.8	7.0	26.9	22.3	56.3	7.5	40.2	4.6
吉林 Jilin	23.8	8.8	3.1	13.4	14.3	40.5	4.4	24.5	2.6
黑龙江 Heilongjiang	37.7	10.6	4.7	19.0	17.9	49.3	4.3	37.7	4.1
上海 Shanghai	26.3	9.0	5.6	29.8	14.1	28.2	7.9	13.2	6.1
江苏 Jiangsu	59.0	15.7	5.5	24.0	28.1	85.2	7.5	44.7	5.3
浙江 Zhejiang	23.7	14.8	4.2	19.9	20.7	50.4	4.3	33.1	4.4
安徽 Anhui	35.7	8.8	2.5	12.9	16.4	58.8	3.6	39.8	1.7
福建 Fujian	16.5	9.0	2.9	10.6	11.4	45.5	2.9	28.4	2.4
江西 Jiangxi	21.8	8.2	1.7	6.7	13.2	46.3	3.3	33.9	1.9
山东 Shandong	61.1	19.1	4.4	23.3	33.7	104.7	5.8	78.7	6.4
河南 Henan	71.1	17.9	3.6	22.2	30.7	109.2	7.0	82.0	5.0
湖北 Hubei	43.1	12.6	3.4	18.8	25.3	67.4	6.8	51.2	3.2
湖南 Hunan	28.1	11.1	3.1	14.4	22.6	68.4	4.6	57.5	4.6
广东 Guangdong	60.3	25.5	11.0	38.2	33.9	90.6	6.5	67.0	8.4
广西 Guangxi	21.5	7.7	1.8	11.4	14.4	54.8	3.3	33.8	1.9
海南 Hainan	4.6	2.2	0.8	4.5	2.9	8.7	1.2	7.8	0.3
重庆 Chongqing	13.0	5.0	2.0	6.5	8.7	31.8	5.0	17.9	0.3
四川 Sichuan	31.6	13.6	2.7	15.1	25.5	82.3	8.6	57.2	2.4
贵州 Guizhou	14.2	4.8	2.1	4.9	8.4	34.3	1.7	27.9	1.6
云南 Yunnan	21.0	7.3	1.5	9.4	12.5	48.8	3.1	35.5	1.2
西藏 Tibet	0.7	0.6		0.6	1.0	2.8	0.2	5.5	0.1
陕西 Shaanxi	22.9	8.2	1.3	10.2	13.3	49.0	8.6	38.2	1.7
甘肃 Gansu	13.9	5.3	1.5	5.8	7.7	28.5	2.7	23.1	3.3
青海 Qinghai	2.2	1.5	0.1	1.7	2.3	6.5	0.7	6.1	0.8
宁夏 Ningxia	3.5	1.8	0.4	2.0	2.5	8.2	0.8	6.2	0.7
新疆 Xinjiang	10.3	5.0	1.8	7.2	10.8	33.4	2.5	25.7	3.4

2.9 分行业女职工人数
Number of Female Staff and Workers by Sector

单位：万人 (10 000 persons)

年 份 Year	合计 Total	农、林、牧、渔业 Farming, Forestry, Animal Husbandry and Fishery	采掘业 Mining and Quarrying	制造业 Manufacturing	电力、煤气及水的生产和供应业 Production and Supply of Electricity Gas and Water	建筑业 Construction	地质勘查业水利管理业 Geological Prospecting and Water Conservancy	交通运输仓储和邮电通信业 Transport, Storage, Post & Telecommunications
1978	3128	295	134	1416	41	138	29	127
1980	3698	285	158	1666	49	176	31	153
1983	4199	299	176	1860	54	194	34	170
1984	4325	293	181	1908	56	203	34	172
1985	4500	287	189	1998	58	204	33	175
1986	4688	289	198	2090	61	204	35	180
1987	4869	294	206	2174	63	205	36	183
1988	5036	293	213	2251	66	203	37	186
1989	5137	292	217	2287	67	199	36	187
1990	5294	292	223	2352	69	199	36	192
1991	5483	288	229	2417	70	205	35	199
1992	5586	280	231	2439	71	209	35	203
1993	5542	264	229	2418	71	204	35	209
1994	5646	254	226	2426	75	201	34	217
1995	5755	248	237	2458	81	204	33	218
1996	5745	232	231	2366	86	205	32	224
1997	5687	231	221	2263	90	201	32	227
1998	4678	204	180	1636	90	156	29	194
1999	4613	201	174	1542	92	151	29	197
2000	4411	195	153	1425	91	144	30	193
2001	4226	181	139	1318	92	137	28	184

2.9 续表
Continued

单位：万人 (10 000 persons)

年 份 Year	批发和零售贸易、餐饮业 Wholesale and Retail Trade & Catering Services	金融、保险业 Finance and Insurance	房地产业 Real Estate Trade	社会服务业 Social Services	卫生体育和社会福利业 Health Care, Sports & Social Welfare	教育、文化艺术和广播电影电视业 Education, Culture and Arts, Radio, Film and Television	科学研究和综合技术服务业 Scientific Research and Polytechnical Services	国家机关、政党机关和社会团体 Government Agencies, Party Agencies and Social Organizations	其他 Others
1978	385	16		85	116	251	29	65	
1980	496	26		118	141	284	36	79	
1983	612	34		147	165	306	41	106	
1984	633	38		150	172	317	44	124	
1985	678	42		141	177	335	46	136	
1986	699	47		149	184	354	48	149	
1987	722	52		156	192	378	49	158	
1988	756	61		165	198	391	50	166	
1989	777	66		171	203	406	51	179	
1990	807	70	14	166	210	422	52	191	
1991	845	76	16	175	221	445	54	207	
1992	874	83	17	182	227	465	55	215	
1993	799	92	22	191	226	476	56	233	20
1994	840	103	24	207	235	495	59	227	23
1995	847	109	26	209	244	522	60	232	25
1996	846	118	28	216	253	559	60	251	39
1997	830	123	29	224	261	591	61	252	51
1998	580	125	30	209	265	625	57	255	42
1999	528	140	33	211	274	681	57	266	37
2000	461	141	34	210	278	689	58	269	39
2001	394	150	36	210	283	705	54	274	41

注：1999 年以后为城镇单位女性从业人员，不含城镇私营个体从业人员。

a) The data in 1999 is number of female employed in urban units, uncluded number of employed persons in urban private enterprises and self-employed individuals.

2.10 工业分行业职工人数
Number of Industrial Staff and Workers by Industrial Branch

单位：万人 (10 000 persons)

项　目	Item	1997	1998	1999	2000	2001
全国总计	National Total	**6215**	**4753**	**4428**	**4102**	**3838**
按登记注册类型分	Grouped by Status of Registration					
国有	State-owned	4040	2721	2412	2096	1824
集体	Collective-owned	1327	802	673	563	464
其他	Others	847	1230	1343	1443	1550
按行业分	Grouped by Sector					
采掘业	Mining and Quarrying	**851**	**702**	**650**	**581**	**544**
煤炭采选业	Coal Mining and Processing	493	405	372	343	330
石油和天然气开采业	Petroleum and Natural Gas Extraction	116	109	100	80	73
黑色金属矿采选业	Ferrous Meals Mining and Dressing	20	16	16	15	14
有色金属矿采选业	Nonferrous Metals Mining and Dressing	54	40	37	35	32
非金属矿采选业	Nonmetal Minerals Mining and Dressing	54	43	38	33	29
其他矿采选业	Other Minerals Mining and Dressing	1	2	1	1	1
木材及竹材采运业	Logging and Transport of Timber and Bamboo	111	88	85	73	65
制造业	Manufacturing	**5082**	**3769**	**3496**	**3240**	**3010**
食品加工业	Food Processing	190	141	128	113	98
食品制造业	Food Production	114	77	72	67	62
饮料制造业	Beverage Production	123	94	89	84	75
烟草加工业	Tobacco Processing	33	30	29	27	25
纺织业	Textile Industry	596	393	353	327	301
服装及其他纤维制品制造	Garmrnts and Other Fiber Products	162	127	122	120	121
皮革毛皮羽绒及其制品业	Leather, Furs, Down and Related Products	85	62	57	58	55
木材加工及竹藤棕草制品业	Timber Processing, Bamboo, Cane, Palm Fiber and Straw Products	67	39	35	31	28
家具制造业	Furniture Manufacturing	30	19	18	16	15
造纸及纸制品业	Papermaking and Paper Products	124	84	75	66	61
印刷业记录媒介的复制	Printing and Record Medium Reproduction	90	69	64	58	51
文教体育用品制造业	Cultural, Educational and Sports Goods	35	30	29	28	26
石油加工及炼焦业	Petroleum Refining and Coking	74	67	63	61	56
化学原料及化学制品制造业	Raw Chemical Materials and Chemical Products	392	304	282	254	230
医药制造业	Medical and Pharmaceutical Products	101	86	83	83	82
化学纤维制造业	Chemical Fiber	50	40	34	33	30
橡胶制品业	Rubber Products	69	52	48	43	40
塑料制品业	Plastic Products	101	73	67	61	56
非金属矿物制品业	Nonmetal Mineral Products	387	284	263	240	219
黑色金属冶炼及压延加工业	Smelting and Pressing of Ferrous Metals	321	256	242	222	204
有色金属冶炼及压延加工业	Smeling and pressing of Nonferrous Metals	98	84	83	80	79
金属制品业	Metal Products	174	119	106	96	89
普通机械制造业	Ordinary Machinery	403	275	249	222	203
专用设备制造业	Special Purposes Equipment	274	197	179	163	145
交通运输设备制造业	Transport Equipment	346	279	269	244	232
电气机械及器材制造业	Electric Equipment and Machinery	227	170	158	145	137
电子及通信设备制造业	Electronic and Telecommunications	165	134	133	138	143
仪器仪表及文化办公用机械	Instruments, Meters, Cultural and Clerical Machinery	79	53	48	46	44
其他制造业	Other Manufacturing	115	86	77	76	67
电力煤气及水生产供应业	Production & Supply of Power, Gas & Water	**282**	**281**	**283**	**282**	**284**
电力蒸汽热水生产供应业	Producion & Supply of Power, Steam and Hot Water	220	218	219	218	219
煤气的生产和供应业	Production and Supply of Gas	19	19	19	19	19
自来水的生产和供应业	Production and Supply Tap Water	43	44	45	45	46

2.11 各地区私营企业年底就业人员数(2001 年)
Number of Employed Persons in Private Enterprises at the Year-end by Region (2001)

地　区 Region	合计 Total			城镇 Urban Areas		乡村 Rural Areas	
	户数（万户）Number of Enter-prises	就业人员（万人）Number of Employed Persons	#投资者 #Employers	就业人员（万人）Number of Employed Persons	#投资者 #Employers	就业人员（万人）Number of Employed Persons	#投资者 #Employers
全　国 National Total	**202.9**	**2713.9**	**460.8**	**1526.8**	**298.8**	**1187.1**	**162.1**
北　京 Beijing	12.4	8.8	1.1	4.1	0.6	4.7	0.5
天　津 Tianjin	4.0	46.4	9.8	35	7.8	11.4	2
河　北 Hebei	7.4	164.5	20.3	45.5	6.3	119.0	14
山　西 Shanxi	2.8	43.8	6.9	24.6	4.5	19.2	2.5
内蒙古 Inner Mongolia	3.0	45.5	8.5	30.4	5.9	15.1	2.6
辽　宁 Liaoning	8.4	157.7	16.9	110.6	13.5	47.2	3.4
吉　林 Jilin	3.2	36.1	6.8	29.7	5.8	6.4	1
黑龙江 Heilongjiang	4.2	60.2	9.8	47.7	8.5	12.5	1.3
上　海 Shanghai	17.6	197.9	36.8	88.3	18.2	109.5	18.5
江　苏 Jiangsu	22.5	291.3	51.1	139.6	28.2	151.7	22.9
浙　江 Zhejiang	20.9	347.1	51.8	133.4	23.5	213.7	28.2
安　徽 Anhui	5.6	78.5	13.5	46.5	8.9	32.0	4.6
福　建 Fujian	5.5	76.8	13.0	51.2	9.2	25.6	3.9
江　西 Jiangxi	2.9	57.2	9.2	34.4	6.1	22.8	3.1
山　东 Shandong	14.5	212.2	35.7	117.8	24.5	94.4	11.1
河　南 Henan	5.5	56.2	14.3	27.9	10.1	28.3	4.2
湖　北 Hubei	5.8	71.1	11.3	39.1	6.7	32.0	4.6
湖　南 Hunan	3.0	56.2	8.5	41.9	6.6	14.2	1.9
广　东 Guangdong	21.1	245.3	48.2	182.1	40.7	63.2	7.5
广　西 Guangxi	2.3	31.9	5.8	21	4.4	10.9	1.4
海　南 Hainan	2.1	20.5	5.5	18.4	5.1	2.1	0.4
重　庆 Chongqing	3.5	56.2	9.8	35.1	6.5	21.2	3.3
四　川 Sichuan	6.6	98.6	17.3	55.6	11.4	43.0	5.9
贵　州 Guizhou	2.2	28.3	6.3	17	4.1	11.3	2.2
云　南 Yunnan	2.9	45.8	8.2	32.4	6.9	13.4	1.3
西　藏 Tibet	0.1	1.6	0.2	1.5	0.2	0.1	
陕　西 Shaanxi	7.0	96.6	18.0	56.5	11.6	40.1	6.4
甘　肃 Gansu	2.0	26.7	5.0	19.4	4.0	7.2	1
青　海 Qinghai	0.7	14.0	1.7	9.1	1.3	4.9	0.5
宁　夏 Ningxia	0.9	12.7	2.6	7.8	1.9	4.9	0.8
新　疆 Xinjiang	2.2	28.1	6.8	23.2	5.8	4.9	1.0

2.12 各地区个体年底就业人员数(2001 年)
Number of Self-employed Individuals at the Year-end by Region (2001)

地区	Region	合计 Total 户数 (万户) Number of Households	合计 Total 就业人员 (万人) Number of Employed Individuals	城镇 Urban Areas 就业人员 (万人) Number of Employed Individuals	乡村 Rural Areas 就业人员 (万人) Number of Employed Individuals
全国	National Total	**2433**	**4760.3**	**2131.2**	**2629.1**
北京	Beijing	25.9	37.1	20.7	16.4
天津	Tianjin	19.3	26.5	14.1	12.4
河北	Hebei	157.6	401.8	87.0	314.7
山西	Shanxi	33.8	63.5	27.3	36.2
内蒙古	Inner Mongolia	83.5	169.9	96.2	73.7
辽宁	Liaoning	153.0	309.1	184.9	124.2
吉林	Jilin	65.5	103.3	70.0	33.3
黑龙江	Heilongjiang	108.6	239.1	129.3	109.8
上海	Shanghai	22.1	27.2	10.8	16.4
江苏	Jiangsu	160.5	300.9	93.2	207.7
浙江	Zhejiang	158.0	277.3	102.2	175.1
安徽	Anhui	149.3	339.6	139.6	200.0
福建	Fujian	45.8	94.9	47.7	47.2
江西	Jiangxi	57.6	138.0	59.2	78.8
山东	Shandong	136.5	278.0	110.8	167.3
河南	Henan	117.4	227.1	82.1	144.9
湖北	Hubei	100.6	241.2	116.4	124.8
湖南	Hunan	87.2	188.6	104.3	84.3
广东	Guangdong	167.0	334.8	184.9	149.8
广西	Guangxi	103.6	151.3	76.4	74.9
海南	Hainan	12.3	23.2	15.3	7.9
重庆	Chongqing	42.3	88.5	39.0	49.6
四川	Sichuan	123.8	176.0	79.7	96.3
贵州	Guizhou	39.4	57.9	30.3	27.6
云南	Yunnan	69.1	104.3	49.4	54.9
西藏	Tibet	4.5	6.9	5.1	1.8
陕西	Shaanxi	97.4	201.7	61.9	139.8
甘肃	Gansu	29.8	54.7	27.4	27.3
青海	Qinghai	10.6	19.0	12.5	6.5
宁夏	Ningxia	9.0	14.5	8.3	6.1
新疆	Xinjiang	41.9	64.3	45.2	19.1

2.13 职工工资总额及指数
Total Wages of Staff and Workers and Related Index

年 份 Year	工资总额（亿元） Total Wages (100 million yuan)				指数(上年=100) Index (Preceding year=100)			
	合计 Total	国有经济 State-owned	城镇集体经济 Urban Collective-owned	其他各种经济 Other Types of Ownership	合计 Total	国有经济 State-owned	城镇集体经济 Urban Collective-owned	其他各种经济 Other Types of Ownership
1952	68.3	67.5	0.8	--				
1953	90.0	88.9	1.1	--	131.8	131.7	137.5	--
1954	98.8	95.3	3.5	--	109.8	107.2	318.2	--
1955	108.8	100.3	8.5	--	110.1	105.2	242.9	--
1956	158.6	136.5	22.1	--	145.8	136.1	260.0	--
1957	190.8	156.4	34.4	--	120.3	114.6	155.7	--
1958	210.8	180.0	30.8	--	110.5	115.1	89.5	--
1959	263.1	233.5	29.6	--	124.8	129.7	96.1	--
1960	296.7	263.2	33.5	--	112.8	112.7	113.2	--
1961	280.7	244.1	36.6	--	94.6	92.7	109.3	--
1962	254.3	213.6	40.7	--	90.6	87.5	111.2	--
1963	249.9	211.1	38.8	--	98.3	98.8	95.3	--
1964	263.7	224.0	39.7	--	105.5	106.1	102.3	--
1965	282.3	235.3	47.0	--	107.1	105.0	118.4	--
1966	296.3	243.6	52.7	--	105.0	103.5	112.1	--
1967	308.3	250.0	58.3	--	104.0	102.6	110.6	--
1968	312.0	254.0	58.0	--	101.2	101.6	99.5	--
1969	322.6	263.0	59.6	--	103.4	103.5	102.8	--
1970	334.3	277.5	56.8	--	103.6	105.5	95.3	--
1971	364.0	302.0	62.0	--	108.9	108.8	109.2	--
1972	409.6	340.0	69.6	--	112.5	112.6	112.3	--
1973	429.1	353.3	75.8	--	104.8	103.9	108.9	--
1974	441.9	370.9	71.0	--	103.0	105.0	93.7	--
1975	463.5	386.1	77.4	--	104.9	104.1	109.0	--
1976	489.2	406.1	83.1	--	105.5	105.2	107.4	--
1977	514.8	425.7	89.1	--	105.2	104.8	107.2	--
1978	568.9	468.7	100.2	--	110.5	110.1	112.5	--
1979	646.7	529.5	117.2	--	113.7	113.0	117.0	--
1980	772.4	627.9	144.5	--	119.4	118.6	123.3	--
1981	820.0	660.4	159.6	--	106.2	105.2	110.4	--
1982	882.0	708.9	173.1	--	107.6	107.3	108.5	--
1983	934.6	748.1	186.5	--	106.0	105.5	107.7	--
1984	1133.4	875.8	254.0	3.6	121.3	117.1	136.2	--
1985	1383.0	1064.8	312.3	5.9	122.0	121.6	123.0	163.9
1986	1659.7	1288.5	362.8	8.4	120.0	121.0	116.2	142.4
1987	1881.1	1459.3	409.1	12.6	113.3	113.3	112.8	151.2
1988	2316.2	1807.1	487.6	21.5	123.1	123.8	119.2	169.3
1989	2618.5	2050.2	534.4	33.9	113.1	113.5	109.6	157.7
1990	2951.1	2324.1	581.0	46.0	112.7	113.4	108.7	135.7
1991	3323.9	2594.9	658.6	70.4	112.6	111.7	113.4	153.0
1992	3939.2	3090.4	743.2	105.6	118.5	119.1	112.8	150.0
1993	4916.2	3812.7	849.9	253.6	124.8	123.4	114.4	240.2
1994	6656.4	5177.4	1023.3	455.6	135.4	135.8	120.4	179.7
1995	8100.0	6080.2	1182.0	637.8	121.7	117.4	115.5	140.0
1996	9080.0	6792.7	1241.0	761.4	112.1	111.7	105.0	119.4
1997	9405.3	7211.0	1253.4	940.8	103.6	106.2	101.0	123.6
1998	9296.5	6812.5	1021.6	1462.4	100.2	95.8	83.1	156.9
1999	9875.5	7160.8	962.7	1752.0	106.2	105.1	94.2	119.8
2000	10656.2	7612.9	919.0	2124.3	107.9	106.3	95.5	121.3
2001	11830.9	8355.6	864.6	2610.7	111.0	109.8	94.1	122.9

2.14 各地区职工工资总额及指数(2001 年)
Total Wages of Staff and Workers and Related Index by Region (2001)

地区	Region	工资总额(亿元) Total Wages (100 million yuan)				指数(上年=100) Index (Preceding year=100)			
		合计 Total	国有经济 State-owned	城镇集体经济 Urban Collective-owned	其他各种经济 Other Types of Ownership	合计 Total	国有经济 State-owned	城镇集体经济 Urban Collective-owned	其他各种经济 Other Types of Ownership
全国	**National Total**	**11830.9**	**8355.6**	**864.6**	**2610.7**	**111.0**	**109.8**	**94.1**	**122.9**
北京	Beijing	777.3	477.8	44.8	254.7	117.1	109.2	104.8	138.6
天津	Tianjin	266.7	159.5	15.6	91.7	109.1	116.9	84.4	102.3
河北	Hebei	458.1	370.9	31.4	55.8	107.2	107.2	98.6	113.0
山西	Shanxi	294.1	230.5	22.2	41.5	114.8	114.7	110.4	118.0
内蒙古	Inner Mongolia	201.5	163.3	12.2	35.0	113.2	113.2	97.2	120.1
辽宁	Liaoning	563.8	401.7	48.3	113.8	107.4	104.9	89.9	128.7
吉林	Jilin	277.5	210.2	22.3	45.1	104.7	103.2	94.9	119.4
黑龙江	Heilongjiang	455.4	330.2	33.1	92.1	108.0	107.1	94.4	117.6
上海	Shanghai	649.2	371.3	31.9	246.0	110.5	104.6	93.1	124.0
江苏	Jiangsu	758.5	498.6	71.4	188.5	107.5	107.5	86.1	118.8
浙江	Zhejiang	578.7	346.1	46.3	186.3	118.0	120.0	83.7	126.9
安徽	Anhui	295.7	216.0	29.9	49.8	107.3	107.2	94.1	118.0
福建	Fujian	376.2	212.2	26.3	137.7	112.4	112.8	98.6	114.9
江西	Jiangxi	225.5	186.5	14.5	24.6	110.2	110.9	95.3	115.1
山东	Shandong	773.9	577.7	58.0	138.1	111.3	110.2	98.6	123.5
河南	Henan	553.4	381.9	75.7	95.8	111.6	112.9	114.0	105.4
湖北	Hubei	438.3	352.0	30.4	55.8	108.1	107.3	92.4	126.2
湖南	Hunan	382.1	315.8	26.6	39.6	106.7	104.2	83.3	171.7
广东	Guangdong	1146.1	663.8	82.7	399.6	110.4	109.8	90.1	116.8
广西	Guangxi	248.9	201.4	15.2	32.4	114.9	116.7	103.8	109.6
海南	Hainan	62.4	50.6	2.7	9.1	108.4	108.2	106.4	110.6
重庆	Chongqing	194.2	138.2	15.8	40.1	112.1	107.1	89.5	151.2
四川	Sichuan	490.3	382.5	39.0	68.8	112.2	112.9	96.2	119.3
贵州	Guizhou	169.6	138.1	9.7	21.8	117.4	118.6	95.2	121.5
云南	Yunnan	276.0	225.3	14.4	36.3	108.5	107.6	85.7	128.7
西藏	Tibet	29.5	28.3	0.5	0.7	127.2	127.4	110.2	134.4
陕西	Shaanxi	296.4	244.2	14.2	37.9	115.2	114.0	98.4	132.9
甘肃	Gansu	193.3	166.3	13.6	13.4	111.7	112.5	77.2	176.2
青海	Qinghai	57.4	51.7	2.3	3.3	115.3	111.5	102.9	293.7
宁夏	Ningxia	64.2	53.6	3.3	7.4	117.2	119.5	93.8	114.2
新疆	Xinjiang	267.7	209.2	10.6	47.9	114.2	104.2	84.3	226.8

注:1998 年及以后工资总额为在岗职工工资总额,1998 年及以后指数按可比口径计算(以下各表同)。

a) Data on total wages since 1998 refer to wages of fully employed staff and workers, and the index since 1998 was calculated on the basis of comparable coverage (Similarly in the following tables).

2.15 各地区职工平均工资及指数(2001 年)
Average Wage of Staff and Workers and Related Indices by Region (2001)

地区	Region	平均货币工资(元) Average Wage in Money Terms				指数(上年 = 100) Index (Preceding year = 100)			
		合计 Total	国有经济 State-owned	城镇集体经济 Urban Collective-owned	其他各种经济 Other Types of Ownership	合计 Total	国有经济 State-owned	城镇集体经济 Urban Collective-owned	其他各种经济 Other Types of Ownership
全　　国	National Total	**10870**	**11178**	**6867**	**12140**	**116.0**	**117.0**	**109.7**	**110.5**
北　　京	Beijing	19155	19776	11063	20594	117.2	120.4	110.6	108.8
天　　津	Tianjin	14308	15110	8345	14734	114.6	118.8	109.1	106.1
河　　北	Hebei	8730	9139	5746	8678	112.2	112.2	110.8	110.6
山　　西	Shanxi	8122	8618	4927	8351	117.4	118.9	117.5	107.3
内 蒙 古	Inner Mongolia	8250	8737	5525	7579	118.3	120.3	114.5	109.1
辽　　宁	Liaoning	10145	10609	6354	11258	115.1	115.1	111.1	110.4
吉　　林	Jilin	8771	9043	5765	9935	110.7	111.4	104.8	107.5
黑 龙 江	Heilongjiang	8910	8924	4917	12490	113.7	114.5	104.4	108.6
上　　海	Shanghai	21781	21961	13693	23277	117.5	116.4	113.9	117.8
江　　苏	Jiangsu	11842	12917	7543	11790	115.0	116.3	108.3	110.2
浙　　江	Zhejiang	16385	19514	12208	13508	125.3	134.9	117.4	112.8
安　　徽	Anhui	7908	8501	5106	8125	113.1	113.8	107.2	111.1
福　　建	Fujian	12013	13313	9098	11028	113.5	119.2	111.8	105.8
江　　西	Jiangxi	8026	8346	5149	8349	114.4	115.1	110.1	107.1
山　　东	Shandong	10008	11067	6235	8732	114.1	114.6	111.6	112.4
河　　南	Henan	7916	8573	5726	7889	114.2	115.0	116.5	109.4
湖　　北	Hubei	8619	9133	5677	8035	113.9	114.3	111.5	109.7
湖　　南	Hunan	9623	9991	6877	9380	118.4	118.9	114.7	107.8
广　　东	Guangdong	15682	16779	9040	16392	113.4	116.6	104.9	107.6
广　　西	Guangxi	9075	9209	6388	10156	118.6	120.2	114.4	109.6
海　　南	Hainan	8321	8102	6207	11091	112.3	113.4	104.9	107.2
重　　庆	Chongqing	9523	10035	6614	9503	118.7	119.6	113.7	114.0
四　　川	Sichuan	9934	10783	6575	8650	119.4	121.0	114.4	111.4
贵　　州	Guizhou	8991	9308	6218	8831	120.4	122.6	114.2	106.1
云　　南	Yunnan	10537	10880	7203	10407	114.1	115.5	102.4	108.8
西　　藏	Tibet	19144	20112	6236	13125	127.8	129.2	106.9	108.2
陕　　西	Shaanxi	9120	9440	5293	9625	116.9	117.4	107.6	114.4
甘　　肃	Gansu	9949	10442	6728	9041	116.2	117.1	98.9	124.7
青　　海	Qinghai	12906	14028	6101	8841	128.4	130.6	127.5	126.5
宁　　夏	Ningxia	10442	11112	7166	8464	121.6	124.7	109.6	106.6
新　　疆	Xinjiang	10278	10145	8197	11594	117.9	116.2	109.5	122.1

2.16 分行业职工平均工资
Average Wage of Staff and Workers by Sector

单位：元 (Yuan)

年 份 Year	合计 Total	农、林、牧、渔业 Farming, Forestry, Animal Husbandry and Fishery	采掘业 Mining and Quarrying	制造业 Manufact-uring	电力、煤气及水的生产和供应业 Production and Supply of Electricity Gas and Water	建筑业 Construc-tion	地质勘查业水利管理业 Geological Prospecting and Water Conservancy	交通运输仓储和邮电通信业 Transport, Storage, Post & Telecom-munications
1978	615	470	676	597	850	714	708	694
1980	762	616	854	752	1035	855	895	832
1983	826	691	880	789	1104	954	1016	895
1984	974	770	1066	955	1321	1154	1179	1082
1985	1148	878	1324	1112	1239	1362	1406	1275
1986	1329	1048	1569	1275	1497	1536	1604	1476
1987	1459	1143	1663	1418	1677	1684	1768	1621
1988	1747	1280	1964	1710	1971	1959	2025	1941
1989	1935	1389	2378	1900	2241	2166	2199	2197
1990	2140	1541	2718	2073	2656	2384	2465	2426
1991	2340	1652	2942	2289	2922	2649	2707	2686
1992	2711	1828	3209	2635	3392	3066	3222	3114
1993	3371	2042	3711	3348	4319	3779	3717	4273
1994	4538	2819	4679	4283	6155	4894	5450	5690
1995	5500	3522	5757	5169	7843	5785	5962	6948
1996	6210	4050	6482	5642	8816	6249	6581	7870
1997	6470	4311	6833	5933	9649	6655	7160	8600
1998	7479	4528	7242	7064	10478	7456	7951	9808
1999	8346	4832	7521	7794	11513	7982	8821	10991
2000	9371	5184	8340	8750	12830	8735	9622	12319
2001	10870	5741	9586	9774	14590	9484	10957	14167

2.16 续表
Continued

单位：元 (Yuan)

年 份 Year	批发和零售贸易、餐饮业 Wholesale and Retail Trade & Catering Services	金融、保险业 Finance and Insurance	房地产业 Real Estate Trade	社会服务业 Social Services	卫生体育和社会福利业 Health Care, Sports & Social Welfare	教育、文化艺术和广播电影电视业 Education, Culture and Arts, Radio, Film and Television	科学研究和综合技术服务业 Scientific Research and Polytechnical Services	国家机关、政党机关和社会团体 Government Agencies, Party Agencies and Social Organizations	其他 Others
1978	551	610	548	392	573	545	669	655	
1980	692	720	694	475	718	700	851	800	
1983	724	779	737	508	867	836	990	923	
1984	859	973	919	588	948	920	1072	989	
1985	1007	1154	1028	777	1124	1166	1272	1127	
1986	1148	1353	1216	980	1343	1330	1492	1356	
1987	1270	1458	1327	1085	1446	1409	1620	1468	
1988	1556	1739	1715	1719	1752	1747	1931	1707	
1989	1660	1867	1925	1926	1959	1883	2118	1874	
1990	1818	2097	2243	2170	2209	2117	2403	2113	
1991	1981	2255	2507	2431	2370	2243	2573	2275	
1992	2204	2829	3106	2844	2812	2715	3115	2768	
1993	2679	3740	4320	3588	3413	3278	3904	3505	3371
1994	3537	6712	6288	5026	5126	4923	6162	4962	5213
1995	4248	7376	7330	5982	5860	5435	6846	5526	6295
1996	4661	8406	8337	6778	6790	6144	8048	6340	7184
1997	4845	9734	9190	7553	7599	6759	9049	6981	6838
1998	5865	10633	10302	8333	8493	7474	10241	7773	8481
1999	6417	12046	11505	9263	9664	8510	11601	8978	10068
2000	7190	13478	12616	10339	10930	9482	13620	10043	11098
2001	8192	16277	14096	11869	12933	11452	16437	12142	12590

2.17 分地区职业介绍机构基本情况(2001 年)
Basic Conditions of Employment Services by Region (2001)

地区	Region	本年末职业介绍机构个数(个) Number of Labour Exchanges	本年登记求职人数(人) Total Registered Job-seekers This Year (person)	# 女性 Female	# 下岗职工 Laid-off Workers	# 失业人员 Unemployment	本年介绍成功人数(人) Number of Persons Actually Employed (person)	# 女性 Female	# 下岗职工 Laid-off Workers	# 失业人员 Unemployment
全国	**National Total**	**26793**	**24394902**	**9762808**	**3395497**	**6985401**	**12291064**	**5608437**	**1631420**	**3749132**
北京	Beijing	416	860000	413000	73000	149740	301000	148000	25550	97050
天津	Tianjin	168	1140000	500000	420000	260000	590000	230000	110000	150000
河北	Hebei	1295	1325455	486312	89121	105315	763937	401511	54655	49109
山西	Shanxi	1180	186962	83695	41947	78332	124342	54022	30911	51458
内蒙古	Inner Mongolia	639	299356	122438	62579	194121	167149	75953	32859	110279
辽宁	Liaoning	1425	1409413	694417	429925	607593	712985	368660	209762	352142
吉林	Jilin	795	439414	153509	123393	248782	301983	142696	72914	103377
黑龙江	Heilongjiang	951	328242	145315	134337	152785	179353	81076	74331	81315
上海	Shanghai	435	905955	280911	160070	311770	339822	169051	88600	178085
江苏	Jiangsu	1631	1043624	524812	107452	639451	585566	306527	69973	289751
浙江	Zhejiang	1762	2929949	1149273	107425	476371	1512160	554518	44615	223373
安徽	Anhui	1740	467923	214002	93347	143222	271244	114605	53861	89690
福建	Fujian	923	904672	417975	64000	219011	385988	205174	29846	136253
江西	Jiangxi	865	589337	279861	108705	162675	332826	174667	48343	104840
山东	Shandong	1240	1189644	660365	116090	396832	671654	354735	45734	200394
河南	Henan	1176	1202146	438695	194518	228107	561993	220922	90829	81419
湖北	Hubei	792	901392	342266	173311	371802	494343	210871	146265	221245
湖南	Hunan	788	870256	411203	206968	260913	271539	174755	105265	125802
广东	Guangdong	1369	3201598	631657	91702	588071	1200012	547150	43631	282898
广西	Guangxi	416	638998	335861	39908	185475	362299	186289	24987	114936
海南	Hainan	82	111953	60746	13312	28613	33970	20047	6962	8717
重庆	Chongqing	271	282187	132622	46676	140707	158834	81995	18926	72247
四川	Sichuan	1375	758818	365105	146604	300989	470975	221285	91258	161670
贵州	Guizhou	735	156795	71843	16209	79383	89065	41467	6893	43933
云南	Yunnan	1231	408178	184519	34647	130651	261859	116369	18220	81612
西藏	Tibet	7	557	266	30	128	236	35	30	176
陕西	Shaanxi	1639	699157	250819	116005	144508	391529	162743	47299	78768
甘肃	Gansu	609	336128	147095	96340	185269	177209	67968	33882	116901
青海	Qinghai	281	385602	89399	29378	51584	321290	63700	14001	34678
宁夏	Ningxia	221	143881	47601	4995	20133	80383	33755	2742	12846
新疆	Xinjiang	336	277310	127226	53503	123068	175519	77891	18276	94168

2.18 劳动争议仲裁委员会处理案件情况(2001 年)
Labour Disputes Accepted and Handled by Labour Dispute Arbitration Committees (2001)

项目	Item	合计 Total	国有企业 State-owned Enterprises	城镇集体企业 Urban Collective-owned Enterprises	乡村集体企业 Rarul Collective-owned Enterprises	外商投资及港澳台投资企业 Foreign Funded and HK, MC and TW Chinese Funded Enterprises
上期未结案件数(件)	Number of Cases Left Over from Last Period (case)	8739	2296	1654	205	1091
案件受理情况	Cases Accepted					
案件数(件)	Number of Cases(case)	154621	42873	25550	2432	20174
用人单位申诉案件数	Number of Cases Appealed by Units	7840	2315	1457	124	951
劳动者申诉案件数	Number of Cases Appealed by Labourers	146781	40337	24093	2308	19223
#集体争议案件数	Number of Collective Disputes	9847	3217	1735	139	1267
劳动者当事人数(人)	Number of Persons Involved (person)	467150	154641	34774	5229	23907
#集体争议劳动者当事人数	Number of Persons Involved in Collective Disputes	286680	110936	44702	3424	52727
争议原因(件)	Cause of the Disputes (case)					
劳动报酬	Labour Remuneration	45172	9638	7009	693	6227
保险福利	Social Insurance and Welfare	31158	9961	5718	525	3298
劳动保护	Labour Protecting	18171	3471	2903	350	2309
职业培训	Occupation Training	1254	330	89	76	376
变更劳动合同	Change the Labour Contract	4254	1777	1004	113	243
解除劳动合同	Relieve the Labour Contract	29038	9579	4715	293	4685
终止劳动合同	End the Labour Contract	10298	3383	1785	286	1161
其他	Others	15276	3344	2327	96	1875
本期结案件数(件)	Number of Cases Settled (case)	150279	39033	24046	2323	18088
按处理方式分	by Manners of Settlement					
仲裁调解	by Mediation	42933	11108	7103	964	4844
仲裁裁决	by Arbitration Lawsuit	72250	18923	11824	1086	8952
其他方式	Others	35096	9002	5119	273	4292
按处理结果分	by Result of Settlement					
用人单位胜诉	Won by Units	31544	6890	3809	345	3180
劳动者胜诉	Lawsuit Won by Labourers	71739	18751	11269	1464	8702
双方部分胜诉	Lawsuit Partly by Both Parties	46996	11013	8968	514	6206
本期未结案数(件)	Number of Cases Dissettled (case)	13081	2136	1158	314	3177
其他方式调解案件数(件)	Number of the Arbitrated Cases throught Other Forms (case)	63969	14108	9796	531	12339
用人单位调解(件)	Mediated Units (case)					
受理争议案件数	Number of Cases Accepled	6374	2725	595	255	104
调解成功案件数	Number of Cases Successful Mediated	5825	2611	535	209	93

2.18 续表
Continued

项目	Item	私营企业 Private Enterprises	联营及股份制企业 Joint Owned and Share-Holding Enterprises	个体工商户 Indivi-dual Economy	机关社团事业单位 State Organs and Institutions	其他 Others
上期未结案件数(件)	Number of Cases Left Over from Last Period (case)	1230	1372	223	424	244
案件受理情况	Cases Accepted					
案件数(件)	Number of Cases (case)	23925	26060	6420	4182	3005
用人单位申诉案件数	Number of Cases Appealed by Units	1025	1550	190	175	53
劳动者申诉案件数	Number of Cases Appealed by Labourers	22900	24521	6230	4007	3162
#集体争议案件数	Number of Collective Disputes	1274	1631	193	201	190
劳动者当事人数(人)	Number of Persons Involved (person)	63142	70878	11662	7100	95817
#集体争议劳动者当事人数	Number of Persons Involved in Collective Disputes	30896	38450	2710	2223	612
争议原因(件)	Cause of the Disputes (case)					
劳动报酬	Labour Remuneration	9104	7845	2440	922	1294
保险福利	Social Insurance and Welfare	4429	4443	942	990	852
劳动保护	Labour Protecting	4315	2971	1288	314	250
职业培训	Occupation Training	119	220	19	21	4
变更劳动合同	Change the Labour Contract	167	593	146	108	103
解除劳动合同	Relieve the Labour Contract	2390	4980	801	1006	589
终止劳动合同	End the Labour Contract	851	1636	192	384	620
其他	Others	2550	3372	592	437	683
本期结案件数(件)	Number of Cases Settled (case)	22475	22100	6013	3840	12361
按处理方式分	by Manners of Settlement					
仲裁调解	by Mediation	6757	6575	3072	1086	2424
仲裁裁决	by Arbitration Lawsuit	9557	10981	2360	1677	6890
其他方式	Others	6161	4544	1581	1077	3047
按处理结果分	by Result of Settlement					
用人单位胜诉	Won by Units	2340	4880	857	594	8649
劳动者胜诉	Lawsuit Won by Labourers	11837	9850	3106	1760	5000
双方部分胜诉	Lawsuit Partly by Both Parties	8298	7370	2050	1486	1091
本期未结案数(件)	Number of Cases Dissettled (case)	2680	1006	630	766	1214
其他方式调解案件数(件)	Number of the Arbitrated Cases throught Other Forms (case)	10461	10072	4883	1198	581
用人单位调解(件)	Mediated Units (case)					
受理争议案件数	Number of Cases Accepled	1589	991	63	29	23
调解成功案件数	Number of Cases Successful Mediated	1435	853	46	24	19

主要统计指标解释

经济活动人口 指在 16 岁以上，有劳动能力，参加或要求参加社会经济活动的人口；包括从业人员和失业人员。

就业人员 指从事一定社会劳动并取得劳动报酬或经营收入的人员，包括全部职工、再就业的离退休人员、私营业主、个体户主、私营和个体就业人员、乡镇企业就业人员、农村就业人员、其他就业人员（包括民办教师、宗教职业者、现役军人等）。这一指标反映了一定时期内全部劳动力资源的实际利用情况，是研究我国基本国情国力的重要指标。

各单位的就业人员 指在各级国家机关、政党机关、社会团体及企业、事业单位中工作，取得工资或其他形式的劳动报酬的全部人员。包括在岗职工、再就业的离退休人员、民办教师以及在各单位中工作的外方人员和港澳台方人员、兼职人员、借用的外单位人员和第二职业者。不包括离开本单位仍保留劳动关系的职工。各单位的就业人员反映了各单位实际参加生产或工作的全部劳动力。

职工 指在国有经济、城镇集体经济、联营经济、股份制经济、外商和港、澳、台投资经济、其他经济单位及其附属机构工作，并由其支付工资的各类人员，不包括返聘的离退休人员、民办教师、在国有经济单位工作的外方人员和港、澳、台人员（1998 年以后的数据均为在岗职工数据，其他相关指标如职工工资总额，职工平均工资等指标也从 1998 年按此口径进行了相应调整）。

在岗职工 指在本单位工作并由单位支付工资的人员以及有工作岗位，但由于学习、病伤产假等原因暂未工作，仍由单位支付工资的人员。

城镇私营和个体就业人员 城镇私营就业人员指在工商管理部门注册登记，其经营地址设在县城关镇（含城关镇）以上的私营企业就业人员；包括私营企业投资者和雇工。城镇个体就业人员指在工商管理部门注册登记，并持有城镇户口或在城镇长期居住，经批准从事个体工商经营的就业人员；包括个体经营者和在个体工商户劳动的家庭帮工和雇工。

职工工资总额 指各单位在一定时期内直接支付给本单位全部职工的劳动报酬总额。工资总额的计算原则应以直接支付给职工的全部劳动报酬为根据。各单位支付给职工的劳动报酬以及其他根据有关规定支付的工资，不论是计入成本的还是不计入成本的，不论是按国家规定列入计征奖金税项目的，还是未列入计征奖金税项目的，不论是以货币形式支付的还是以实物形式支付的，均包括在工资总额内。

职工平均工资 指企业、事业、机关单位的职工在一定时期内平均每人所得的货币工资额。它表明一定时期职工工资收入的高低程度，是反映职工工资水平的主要指标。计算公式为：

职工平均工资 = 报告期实际支付的全部职工工资总额/报告期全部职工平均人数

职工平均工资指数 指报告期职工平均工资与基期职工平均工资的比率，是反映不同时期职工货币工资水平变动情况的相对数。计算公式为：

职工平均工资指数 = 报告期职工平均工资/基期职工平均工资

受理劳动争议案件数 指劳动争议仲裁委员会根据国家有关规定，对劳动争议当事人的申请予以审查，符合受理条件而正式立案、准备处理的劳动争议案件数。

Explanatory Notes on Main Statistical Indictors

Economically Active Population refers to population above 16 who have labor ability and have participated or requested to participate in social economic activities, including the employed and unemployed.

The Employed comprises persons engaged in certain social labor work and get paid, or persons who get income from business, including all staff and workers, re-employed retired and resigned staff, private-owned business owners, individual business owners, employed persons of private and individual business, employed persons of village and town enterprises, employed persons of countryside and other employed persons(Including teachers hired by local people, religious professionals and active armies). This indicator reflects the actual utility situation of all labor resources in a certain period, which is an important indicator for the basic national situation research.

The Employed of Each Unit includes all people working at state agencies, party and government organizations of various levels, social organizations, enterprises and institutions, who get wages or salaries or other kind of labor payment, including staff and workers on the post, re-employed retired and resigned people, local hired teachers, foreigners and people from Hong Kong, Macao and Taiwan working at each unit, part-time staff, staff from other units and secondary occupational staff, excluding those who have left the unit but whose labor relationship are still remained. The employed of each unit reflect the total laborers that actually participate in production and work of each unit.

Staff and Workers refers to those who work and get paid at state-owned, collective-owned, joint-owned, joint-stock, foreign and Hong Kong, Macao and Taiwan invested, other economic units and their attached institutions, excluding re-employed retired and resigned people, local hired teachers, foreigners and people from Hong Kong, Macao and Taiwan who are working at state-owned units (data after 1998 is that of staff and workers on the post. Other relevant indicators, such as total amount of wages of staff and workers and average wages of staff and workers are adjusted correspondingly since 1998).

Staff and Workers on the Post refers to those who are working at the unit and get paid by the unit, as well as those who have posts and get paid by the unit, but are not working due to studying, sick, injury or baby-bearing leave.

Private Business and Individual Employed People of Cities and Towns refers to the employed people of private enterprises registered in industrial and commercial departments whose business location in the towns that county governments are located, including private investors and employee. The individual employed people refers to those who have residence permit of cities and towns or live in cities and towns for a long period and who are engaged in approved individual industrial and commercial business, including individual business people and employee and helpers working at their homes.

Total Amount of Wages of Staff and Workers refers to the total direct labor payment to all staff and workers of each unit in a certain period. The principle of calculation is based on all the direct labor payment to staff and workers. The labor payment and other wages paid according to relevant regulations to staff and workers of each unit, no matter whether they has been calculated as cost or not, whether they are listed as tax item according to national regulations, or whether they are paid in the form of currency or materials, should all be included in the total amount of wages.

Average Wages of Staff and Workers refers to the average amount of currency wages of each person of staff and workers of enterprises, institutions and agencies in a certain period. It reflects the wage income of staff and workers in a certain period and is a main indicator of wage level of staff and workers. The calculation formula is as follows:

Average Wages of Staff and Workers = Total Amount of Wages of all Staff and Workers Paid in Report Period/Average Number of all Staff and Workers in Report Period

Average Wages Index of Staff and Workers refers to the ratio of the average wages of staff and workers in the report period and the average wages of staff and workers in base period, which is a relative number reflecting the change of currency wage level of staff and workers in different period. The formula is as follows:

Average Wages Index of Staff and Workers = Average Wages of Staff and Workers in Report Period/Average Wages of Staff and Workers in Base Period

Number of Labor Dispute Cases Accepted refers to the number of labor dispute cases that are put on record and to be treated after examining the labor dispute applications of the party by Labor Dispute Arbitration Committee according to relevant national regulations.

三、各省、自治区、直辖市工会工作统计

Chapter 3 STATISTICS OF TRADE UNIONS WORK IN EACH PROVINCE, AUTONOMOUS REGION AND MUNICIPALITY DIRECTLY UNDER THE CENTRAL GOVERNMENT

简 要 说 明

本部分各数据资料均来源于中华全国总工会，主要反映了我国工会组织建设和重点工作的基本情况。包括全国 31 个省、自治区、直辖市及中共中央直属机关工会联合会、中央国家机关工会联合会的统计数据。

工会组织建设和重点工作基本情况的数据资料，根据中华全国总工会的 2001 年《已建工会基层单位职工和会员数调查表》、《工会重点工作情况调查表》搜集汇总，由全国总工会政策研究室提供。

有关职工劳福事业基本情况的统计数据，根据中华全国总工会的《职工劳动福利事业基本情况表》搜集整理，由全国总工会事业发展部提供。

国家机关机构改革后，划归中央企业工委管理的单位中，因工会关系尚未理顺，部分在京中央企业未列入统计范围之内。

Brief Explanation

The data of this part is originated from All China Federation of Trade Unions, mainly reflecting the basic status of the construction and key obligations of trade union organizations, including the statistic data of 31 provinces, autonomous regions, municipalities directly under Central Government as well as trade union federations of agencies affiliated to the Central Committee of the Communist Party of China and trade union federations of state agencies.

The data materials of the basic status of the construction and key obligations of trade union organizations are gathered and collected based on "Questionnaire of the Number of Staff and Workers and Trade Union Members of Grass-root Units with Trade Unions" and "Questionnaire of Key Work of Trade Unions" provided by Department of Policy Research of All China Federation of Trade Unions in 2001.

The statistic data of the basic status of staff and workers labor welfare undertakings is gathered and collected based on the "Questionnaire of the Basic Status of Staff and Workers Labor Welfare Undertakings" of All China Fede ration of Trade Unions provided by Department of Undertakings Development of All China Federation of Trade Unions.

After the reform of state agencies, some central enterprises in Beijing managed by CCCPC Enterprises Trade Union Work Committee are not included in the statistic scope because the trade union relationship has not been rationalized.

3.1 各地区基层工会组织数(2001 年 1 季度末)
Number of Grass-root Trade Union Organizations by Rigion(End of the first quarter, 2001)

地区	Region	总计(个) Total	内资企业 Domestic Funded Enterprises					
			国有企业 State-owned Enterprises	集体企业 Collective-owned Enterprises	股份合作制企业 Share Holding Enterprises	联营企业 Joint-owned Enterprises	有限责任公司 Limited-Liability Corporations	股份有限公司 Share Holding Corporations
全　国	National Total	**911913**	**136916**	**73284**	**21197**	**1755**	**21871**	**15429**
北　京	Beijing	12160	3096	1247	248	37	408	276
天　津	Tianjin	15029	2966	2588	1337	86	1350	170
河　北	Hebei	56708	6798	5106	677	60	734	399
山　西	Shanxi	22910	4838	2606	405	18	391	452
内蒙古	Inner Mongolia	19048	3022	653	310	22	521	280
辽　宁	Liaoning	42179	7008	4955	1069	55	452	325
吉　林	Jilin	13920	3621	1387	238	12	368	274
黑龙江	Heilongjiang	24756	7719	2646	638	17	434	331
上　海	Shanghai	52798	3961	3768	948	342	1443	621
江　苏	Jiangsu	53987	6215	4380	1538	110	1577	813
浙　江	Zhejiang	65176	3066	1975	5188	191	3221	1869
安　徽	Anhui	29877	4621	2499	416	28	435	695
福　建	Fujian	34853	4516	2446	241	76	262	392
江　西	Jiangxi	20000	4817	2049	209	18	352	149
山　东	Shandong	54946	8349	5016	1766	74	2009	1265
河　南	Henan	36197	7579	4278	609	12	583	449
湖　北	Hubei	54581	7352	3621	830	95	1229	1423
湖　南	Hunan	42424	7490	3468	378	33	353	344
广　东	Guangdong	76002	9361	5261	787	304	1466	1583
广　西	Guangxi	27032	3574	1754	190	10	288	134
海　南	Hainan	5243	1608	481	33	26	52	48
重　庆	Chongqing	15424	1725	1342	316	14	473	262
四　川	Sichuan	45787	5236	2821	734	43	1192	1678
贵　州	Guizhou	15745	3325	1195	72	12	277	174
云　南	Yunnan	19915	3295	2105	765	14	401	234
西　藏	Tibet	2398	611	55	12	1	4	7
陕　西	Shaanxi	18845	4461	1654	291	11	469	217
甘　肃	Gansu	10750	1923	903	319	7	368	234
青　海	Qinghai	5141	894	209	187	6	133	105
宁　夏	Ningxia	4079	757	224	81	6	228	67
新　疆	Xingjiang	13016	3055	583	364	15	396	158
国家机关	Government Agencies	789	41	9	1	0	2	0
中直机关	Agencies Directly under CCCPC	198	16	0	0	0	0	1

3.1 续表
Continued

地 区	Region	内资企业 Domestic Funded Enterprises		港澳台商投资企业 HongKong, Macao and Taiwan Funded Enterprises	外商投资企业 Foreign Funded Enterprises	乡镇企业 Town and Township Enterprises	事业单位 Institutions	机关 Government Agencies	其他 Others
		私营企业 Private Enterprises	其他企业 Other Units						
全 国	**National Total**	**187842**	**7244**	**20437**	**23185**	**86796**	**192421**	**110443**	**13093**
北 京	Beijing	448	7	176	243	1572	3253	715	434
天 津	Tianjin	1093	67	174	425	1497	2610	570	96
河 北	Hebei	17460	353	295	946	9778	7893	5164	1045
山 西	Shanxi	2410	43	60	238	2499	5196	3520	234
内蒙古	Inner Mongolia	2214	27	96	77	899	6381	4302	244
辽 宁	Liaoning	9319	503	272	1856	2288	9129	4107	841
吉 林	Jilin	916	84	45	198	410	4787	1216	364
黑龙江	Heilongjiang	587	102	100	127	495	7342	4058	160
上 海	Shanghai	27530	134	857	3863	2686	5176	957	512
江 苏	Jiangsu	5876	190	896	1883	13737	10566	4429	1777
浙 江	Zhejiang	25204	766	920	3673	1026	10396	6388	1293
安 徽	Anhui	6130	60	67	256	4379	5846	3972	473
福 建	Fujian	6754	476	2502	1397	3889	7009	4190	703
江 西	Jiangxi	2255	192	126	379	1849	3747	3596	262
山 东	Shandong	15599	479	566	1568	2927	10221	5107	0
河 南	Henan	3314	166	152	237	3461	9221	5669	467
湖 北	Hubei	14813	570	234	573	6559	11259	5113	910
湖 南	Hunan	5830	353	300	350	6251	9956	6819	499
广 东	Guangdong	18249	1878	11489	4362	2502	10418	7390	952
广 西	Guangxi	8911	209	806	80	3791	3128	4019	138
海 南	Hainan	117	20	41	34	95	1614	1058	16
重 庆	Chongqing	2395	79	47	111	1209	4786	2587	78
四 川	Sichuan	6935	195	101	156	4589	12473	8566	1068
贵 州	Guizhou	405	24	18	23	256	5077	4845	42
云 南	Yunnan	465	13	31	32	6678	5795	87	0
西 藏	Tibet	16	0	0	0	21	680	784	207
陕 西	Shaanxi	437	65	38	42	634	7268	3176	82
甘 肃	Gansu	220	143	11	11	358	3436	2783	34
青 海	Qinghai	145	14	2	7	118	1840	1471	10
宁 夏	Ningxia	490	11	8	10	193	1143	816	45
新 疆	Xingjiang	1305	21	7	27	150	4005	2835	95
国家机关	Government Agencies	0	0	0	1	0	646	77	12
中直机关	Agencies Directly under CCCPC	0	0	0	0	0	124	57	0

3.2 各地区建有工会组织的基层单位职工人数(2001 年 1 季度末)
Number of Staff and Workers of Grass-root Units with Trade Union Organizations by Region(End of the first quarter,2001)

地区	Region	总计(人) Total (person)	内资企业 Domestic Funded Enterprises					
			国有企业 State-owned Enterprises	集体企业 Collective-owned Enterprises	股份合作制企业 Share Holding Enterprises	联营企业 Joint-owned Enterprises	有限责任公司 Limited-Liability Corporations	股份有限公司 Share Holding Corporations
全　国	National Total	**116320475**	**44648756**	**9008297**	**2720009**	**262874**	**5986156**	**5552015**
北　京	Beijing	2424445	1194494	131739	31688	7850	69838	116641
天　津	Tianjin	2425198	1085506	340275	57246	10598	160217	76762
河　北	Hebei	6010110	2067795	497470	92718	12798	322915	214612
山　西	Shanxi	3998652	2065287	263627	61513	558	220289	158324
内蒙古	Inner Mongolia	2860023	1062283	67852	41500	2363	262160	135097
辽　宁	Liaoning	8236630	3710656	1121209	352594	14245	331867	245913
吉　林	Jilin	3112526	1616240	245314	52804	4224	150747	185053
黑龙江	Heilongjiang	5213731	3348105	326324	93939	2423	188352	217661
上　海	Shanghai	4236509	1393443	311288	76876	22885	190173	331559
江　苏	Jiangsu	6935770	2041108	633974	208188	31214	484779	348206
浙　江	Zhejiang	5666602	805138	252952	346697	24488	267371	282315
安　徽	Anhui	3616596	1463878	399566	65734	4619	179091	281160
福　建	Fujian	3203543	771201	238742	25887	9434	52514	118264
江　西	Jiangxi	2732148	1224543	201445	28716	3430	169670	53909
山　东	Shandong	8632731	2823586	881343	361652	33789	598835	600184
河　南	Henan	6729899	2917372	573919	124395	2209	442817	272023
湖　北	Hubei	5677785	2286142	485947	98316	10336	303697	388657
湖　南	Hunan	4886149	2109279	462737	71343	6491	124630	139856
广　东	Guangdong	7640330	1709400	409649	141053	35507	262072	319076
广　西	Guangxi	2823595	949593	128917	30471	6704	103530	83210
海　南	Hainan	763884	462007	33730	11519	3320	8072	15606
重　庆	Chongqing	1875004	743819	199010	37688	883	114868	100158
四　川	Sichuan	4698378	1642252	255278	87418	2565	229986	454039
贵　州	Guizhou	1627758	657434	63927	10065	1006	140524	60788
云　南	Yunnan	2320025	849370	139541	65514	1102	148020	105131
西　藏	Tibet	164574	35514	1654	1425	46	169	2844
陕　西	Shaanxi	2967912	1516017	150304	42223	1206	144416	99030
甘　肃	Gansu	1426838	645391	81156	31127	1182	92673	43715
青　海	Qinghai	490711	180927	14182	16596	985	41395	17070
宁　夏	Ningxia	587612	205563	24875	9349	1629	108312	25591
新　疆	Xingjiang	2117281	1049495	69874	43743	2785	71675	59310
国家机关	Government Agencies	175315	10672	477	12	0	482	0
中直机关	Agencies Directly under CCCPC	42211	5246	0	0	0	0	251

3.2 续表
Continued

地区	Region	内资企业 Domestic Funded Enterprises		港澳台商投资企业 HongKong, Macao and Taiwan Funded Enterprises	外商投资企业 Foreign Funded Enterprises	乡镇企业 Town and Township Enterprises	事业单位 Institutions	机关 Government Agencies	其他 Others
		私营企业 Private Enterprises	其他企业 Other Units						
全　国	**National Total**	**7306616**	**507916**	**3120817**	**3215591**	**6417702**	**19191202**	**6975041**	**1407483**
北　京	Beijing	17953	231	27956	99214	115607	432124	97910	81200
天　津	Tianjin	68866	21035	50958	131341	20800	297276	93993	10325
河　北	Hebei	655198	18918	38635	131231	538005	922527	376932	120356
山　西	Shanxi	177814	2660	9078	27567	190573	549229	251236	20897
内蒙古	Inner Mongolia	157451	8217	23212	16835	124221	536430	267692	154710
辽　宁	Liaoning	384995	48909	63311	275545	276086	988144	314120	109036
吉　林	Jilin	78483	15942	8977	52889	30457	515233	90843	65320
黑龙江	Heilongjiang	36302	15841	10069	19185	32836	652440	262534	7720
上　海	Shanghai	252081	6603	152582	499580	285137	562448	125720	26134
江　苏	Jiangsu	250711	23977	123654	218654	1234460	914832	297360	124653
浙　江	Zhejiang	1928000	63251	113760	178209	120364	767329	322519	194209
安　徽	Anhui	160119	9900	13607	52018	205752	582143	174806	24203
福　建	Fujian	327119	30593	359769	172665	223223	594943	259501	19688
江　西	Jiangxi	120439	13430	5756	40820	136190	481670	201480	50650
山　东	Shandong	603886	53111	96776	340907	409476	1354447	474739	0
河　南	Henan	168799	9884	27940	34121	264702	1303258	520883	67577
湖　北	Hubei	359631	46393	20490	71473	352785	962122	266373	25423
湖　南	Hunan	166569	13906	24677	43782	260064	1019855	404665	38295
广　东	Guangdong	564180	49569	1774144	687497	173329	1057455	416150	41249
广　西	Guangxi	258566	8442	116486	9802	365986	573973	185631	2284
海　南	Hainan	6544	1922	8407	5932	6499	142921	55593	1812
重　庆	Chongqing	63167	7386	15309	13917	73060	371533	122715	11491
四　川	Sichuan	273292	12625	10946	41043	206552	918255	405495	158632
贵　州	Guizhou	22009	1724	2452	8475	16549	398313	242197	2295
云　南	Yunnan	31174	1430	5860	5377	600402	356490	10614	0
西　藏	Tibet	419	0	0	0	1304	53950	54381	12868
陕　西	Shaanxi	36613	8636	6886	14342	53660	706059	172628	15892
甘　肃	Gansu	10987	7274	2376	1538	29288	295340	181387	3404
青　海	Qinghai	19137	1568	520	274	15595	121901	60218	343
宁　夏	Ningxia	25164	1424	3669	1251	13784	117980	44442	4579
新　疆	Xingjiang	80948	3115	2555	19596	40956	486628	174805	11796
国家机关	Government Agencies	0	0	0	511	0	131218	31501	442
中直机关	Agencies Directly under CCCPC	0	0	0	0	0	22736	13978	0

3.3 各地区工会会员人数(2001 年 1 季度末)
Number of Trade Unions Members by Region(End of the first quarter,2001)

地　区	Region	总计(人) Total (person)	内资企业 Domestic Funded Enterprises					
			国有企业 State-owned Enterprises	集体企业 Collective-owned Enterprises	股份合作制企业 Share Holding Enterprises	联营企业 Joint-owned Enterprises	有限责任公司 Limited-Liability Corporations	股份有限公司 Share Holding Corporations
全　国	National Total	**105034073**	**41999095**	**8008769**	**2272911**	**221074**	**5468778**	**5013355**
北　京	Beijing	2286865	1157393	121684	28725	7434	63537	105343
天　津	Tianjin	2326931	1074748	297041	51757	9711	152774	70469
河　北	Hebei	5613196	1973417	455071	83182	12328	303810	198979
山　西	Shanxi	3564501	1878437	234675	55380	482	204760	141363
内蒙古	Inner Mongolia	2686471	1002294	61907	36998	2329	248511	125285
辽　宁	Liaoning	7731553	3491669	1098611	306202	9069	326668	223071
吉　林	Jilin	2839451	1520271	197692	47179	4211	134736	139394
黑龙江	Heilongjiang	4899047	3157810	289657	85167	2346	167702	210424
上　海	Shanghai	3767317	1333120	285228	69035	18027	167816	310315
江　苏	Jiangsu	6323153	1936510	573849	182810	29655	457552	328579
浙　江	Zhejiang	4493615	770241	199931	185465	16781	189403	253703
安　徽	Anhui	3260551	1361055	341475	56655	4054	174437	241371
福　建	Fujian	2766770	738080	213678	22349	7727	47449	110419
江　西	Jiangxi	2433971	1079422	174318	24392	2868	157511	50801
山　东	Shandong	7867138	2658869	773190	306462	31454	536626	534748
河　南	Henan	6077981	2693648	472038	106259	1896	411922	239750
湖　北	Hubei	5223946	2101008	402957	86645	9049	282272	340906
湖　南	Hunan	4604193	2019719	429437	67446	5923	115522	134755
广　东	Guangdong	6106903	1609340	353337	120373	26207	232007	270784
广　西	Guangxi	2181237	833173	115666	28845	6427	97974	74603
海　南	Hainan	673802	406546	27378	8823	2945	6986	13333
重　庆	Chongqing	1749900	710765	183063	34475	541	105553	92411
四　川	Sichuan	4433767	1579521	234352	81113	2281	198154	416511
贵　州	Guizhou	1532875	617693	56795	8972	771	135174	58487
云　南	Yunnan	2161532	815573	126335	59332	864	137177	98677
西　藏	Tibet	136118	33879	1211	1177	27	124	2238
陕　西	Shaanxi	2773868	1421974	130548	36081	917	130185	90553
甘　肃	Gansu	1334107	608491	66518	27461	982	82488	41324
青　海	Qinghai	443298	169750	12083	14896	660	36823	15924
宁　夏	Ningxia	540507	185766	14671	7686	1392	105274	24305
新　疆	Xingjiang	1987996	1043290	63896	41557	1716	57381	54279
国家机关	Government Agencies	170826	10384	477	12	0	470	0
中直机关	Agencies Directly under CCCPC	40687	5239	0	0	0	0	251

3.3 续表
Continued

地区	Region	内资企业 Domestic Funded Enterprises		港澳台商投资企业 HongKong, Macao and Taiwan Funded Enterprises	外商投资企业 Foreign Funded Enterprises	乡镇企业 Town and Township Enterprises	事业单位 Institutions	机关 Government Agencies	其他 Others
		私营企业 Private Enterprises	其他企业 Other Units						
全国	**National Total**	**5824505**	**401713**	**2058776**	**2602888**	**5182123**	**18148400**	**6586013**	**1245673**
北京	Beijing	15219	231	25374	88395	93061	420840	90307	69322
天津	Tianjin	62140	19914	48624	127128	20300	292146	91339	8840
河北	Hebei	586035	16909	36419	118374	472768	890889	353515	111500
山西	Shanxi	142209	2391	8058	23411	152207	477349	226214	17565
内蒙古	Inner Mongolia	146248	8200	20435	14177	115691	512736	254145	137515
辽宁	Liaoning	356352	46477	57345	246518	218061	962800	290543	98167
吉林	Jilin	60602	14903	8165	44584	27348	491914	85302	63150
黑龙江	Heilongjiang	31711	13794	8981	16715	27349	624698	255043	7650
上海	Shanghai	199734	5023	23438	450082	253054	529352	103512	19581
江苏	Jiangsu	192542	20913	105377	195127	1035749	870871	291735	101884
浙江	Zhejiang	1364300	35800	79160	130427	79318	736914	315415	136757
安徽	Anhui	129831	6797	12200	47356	161666	542464	160118	21072
福建	Fujian	239217	17586	248372	110393	169612	571281	252278	18329
江西	Jiangxi	114332	12410	5066	36670	123324	430227	173489	49141
山东	Shandong	529043	41334	88634	290213	347002	1278548	451015	0
河南	Henan	148181	5234	24062	30763	247019	1169686	471119	56404
湖北	Hubei	373998	33791	17393	62471	296251	895833	251740	69632
湖南	Hunan	149754	13203	22607	38852	201835	979926	391152	34062
广东	Guangdong	383005	38096	1098642	440130	127433	989428	387957	30164
广西	Guangxi	133435	8351	70070	6002	92487	536073	175964	2167
海南	Hainan	6423	1445	6749	5299	5230	128936	52096	1613
重庆	Chongqing	53190	6416	12518	14003	58596	351100	118582	8687
四川	Sichuan	238507	11344	10004	35224	189167	891508	401926	144155
贵州	Guizhou	18839	1426	1903	6747	14388	381478	228041	2161
云南	Yunnan	23066	1024	4774	4829	552532	329633	7716	0
西藏	Tibet	200	0	0	0	787	36518	52034	7923
陕西	Shaanxi	29453	8094	6219	13584	46041	678962	168850	12407
甘肃	Gansu	8692	5640	2168	1389	22177	294135	169557	3085
青海	Qinghai	12577	1308	487	194	6837	113144	58282	333
宁夏	Ningxia	21947	1152	3142	1043	11638	114827	43643	4021
新疆	Xingjiang	53723	2507	2390	2290	13195	475730	168098	7944
国家机关	Government Agencies	0	0	0	498	0	127136	31407	442
中直机关	Agencies Directly under CCCPC	0	0	0	0	0	21318	13879	0

3.4 各地区工会重点工作情况(2001 年 1 季度末)

Status of the Major Work of Trade Unions by Region(End of the first quarter,2001)

地区	Region	建立职工(代表)大会制度的企业单位(个) Number of Enterprises with Staff and Workers' Congress System	非公有制企业单位 Nonpublic-owned Enterprises	实行业务招待费使用情况向职工(代表)大会报告的公有制企业单位(个) Number of Enterprises Reporting Business Entertainment Expenses to Staff and Workers' Congress	职工(代表)大会开展民主评议企业领导干部工作的公有制企业单位(个) Number of Enterprises Conducting Democratic Assessment on Leaders and Cadres	实行厂务公开的企业单位(个) Number of Enterprises Promoting Business Affairs Open System	非公有制企业单位 Nonpublic-owned Enterprises	实施群众性经济技术创新工程的企业单位(个) Number of Enterprises Promoting Mass Economic and Technologic Innovation Project
全国	National Total	**269587**	**39969**	**199060**	**201044**	**228225**	**23689**	**218435**
北京	Beijing	5117	307	4404	4281	4835	244	2634
天津	Tianjin	6497	1448	4998	6302	6497	1448	10577
河北	Hebei	14575	1122	12084	11886	17259	3485	15976
山西	Shanxi	8836	126	6850	7433	7599	0	7748
内蒙古	Inner Mongolia	4040	425	3325	3413	3339	543	4271
辽宁	Liaoning	14193	1715	7070	7626	12707	507	12730
吉林	Jilin	5586	886	5084	5350	5185	1653	3700
黑龙江	Heilongjiang	12554	984	9537	10033	11120	1067	4650
上海	Shanghai	11920	837	9062	9274	8484	0	5746
江苏	Jiangsu	17684	4222	13402	13388	15030	1567	21533
浙江	Zhejiang	10573	2891	6583	6322	5476	368	12560
安徽	Anhui	6470	0	5705	7966	6780	0	6843
福建	Fujian	8733	913	6244	5506	6169	74	8057
江西	Jiangxi	8532	2295	5819	5193	5806	1010	4848
山东	Shandong	23547	5902	15015	15023	16073	2508	19320
河南	Henan	12738	2254	11052	10968	11927	1077	13021
湖北	Hubei	16227	1677	12705	12698	15068	859	13721
湖南	Hunan	13416	1350	9485	9233	9996	0	6178
广东	Guangdong	19765	5584	11437	10983	15517	4893	23471
广西	Guangxi	4853	705	3912	3904	4225	0	369
海南	Hainan	1560	81	1125	1115	1571	64	767
重庆	Chongqing	3758	710	2751	2429	3034	387	2318
四川	Sichuan	11484	1658	8916	8990	9370	794	6495
贵州	Guizhou	4759	726	4608	4471	4516	726	2396
云南	Yunnan	5743	0	4781	4526	5424	0	2220
西藏	Tibet	561	2	299	255	16	2	10
陕西	Shaanxi	6401	587	4627	4589	6088	261	2043
甘肃	Gansu	3186	0	2735	2704	3478	0	1510
青海	Qinghai	1263	133	1164	947	993	125	181
宁夏	Ningxia	1154	429	990	968	998	27	389
新疆	Xingjiang	3826	0	3244	3233	3623	0	2151
国家机关	Government Agencies	28	0	34	22	16	0	2
中直机关	Agencies Directly under CCCPC	8	0	13	13	6	0	0

3.4 续表
Continued

地区	Region	建立平等协商、集体合同制度的企业单位(个) Number of Enterprises with Equal Consultation System and Collective Contracts	新建企业单位 Newly-established Enterprises	签订集体合同的企业单位(个) Number of Enterprises Signing Collecive Contracts	新建企业单位 Newly-established Enterprises	建立职工董事制度的公有制企业单位(个) Number of Public-owned Enterprises establishing Staff and Workers in Board of Directors System	国有独资及国有控股公司 Solely State Invested Corporations and State-owned Holding Companies	建立职工监事制度的公有制企业单位(个) Number of Public-owned Enterprises establishing Staff and Workers in Board of Directors System	国有独资及国有控股公司 Solely State Invested Corporations and State-owned Holding Companies	建立职工董事、职工监事向职代会报告工作、接受群众监督制度的公有制企业单位(个) Number of public-owned enterprises establishing the system in which directors from staff and workers are answerable to staff and workers congress and supervised by mass
全国	**National Total**	**378612**	**134902**	**395478**	**145567**	**32430**	**7824**	**30305**	**7894**	**21848**
北京	Beijing	4991	376	3604	323	179	124	186	145	179
天津	Tianjin	7492	0	7206	0	371	12	188	2	450
河北	Hebei	33940	20612	34718	21368	2208	367	2101	366	1003
山西	Shanxi	10882	2059	10882	2510	1031	301	560	217	131
内蒙古	Inner Mongolia	4236	605	4295	497	316	85	239	83	297
辽宁	Liaoning	17142	583	17142	347	240	77	310	100	218
吉林	Jilin	5280	753	5280	753	897	214	833	216	852
黑龙江	Heilongjiang	1068	337	10506	408	2352	152	865	154	1086
上海	Shanghai	10393	9012	21660	15216	36	36	28	5	0
江苏	Jiangsu	34789	5166	34934	5278	960	350	1124	350	611
浙江	Zhejiang	58896	53834	58896	53854	2108	243	2161	243	2108
安徽	Anhui	8899	0	11166	4057	664	0	708	0	0
福建	Fujian	18267	1915	18131	1917	445	209	540	257	288
江西	Jiangxi	9871	3345	8087	2989	589	295	527	271	543
山东	Shandong	33805	20633	32307	20064	3728	598	4177	610	3759
河南	Henan	16180	2180	15820	2856	2128	233	2105	228	863
湖北	Hubei	23835	9672	23378	9672	3206	625	3213	661	679
湖南	Hunan	9086	1291	11124	1291	1118	239	1163	239	1118
广东	Guangdong	26310	93	24921	79	2665	1849	2694	1856	2413
广西	Guangxi	5218	0	5218	0	183	104	194	124	0
海南	Hainan	1399	0	1324	0	168	8	151	7	91
重庆	Chongqing	3285	77	2731	76	639	131	545	131	518
四川	Sichuan	8768	1413	8915	1154	1882	698	2039	784	1804
贵州	Guizhou	5220	0	5220	0	350	294	341	294	303
云南	Yunnan	4979	0	4297	0	807	219	865	219	865
西藏	Tibet	560	15	560	15	9	6	6	5	2
陕西	Shaanxi	5464	0	4713	0	305	153	792	133	815
甘肃	Gansu	2829	454	2533	382	513	147	482	145	296
青海	Qinghai	1030	217	985	247	1252	48	264	46	204
宁夏	Ningxia	1356	260	1277	214	427	7	210	3	352
新疆	Xingjiang	3139	0	3645	0	652	0	694	0	0
国家机关	Government Agencies	3	0	3	0	2	0	0	0	0
中直机关	Agencies Directly under CCCPC	0	0	0	0	0	0	0	0	0

3.5 各地区基层工会组织数(2001 年 2 季度末)
Number of Grass-root Trade Union Organizations by Rigion(End of the second quarter,2001)

地区	Region	总计(个) Total	内资企业 Domestic Funded Enterprises					
			国有企业 State-owned Enterprises	集体企业 Collective-owned Enterprises	股份合作制企业 Share Holding Enterprises	联营企业 Joint-owned Enterprises	有限责任公司 Limited-Liability Corporations	股份有限公司 Share Holding Corporations
全　国	**National Total**	**1032772**	**132981**	**69944**	**22156**	**1807**	**20828**	**16233**
北　京	Beijing	14570	3083	1313	328	38	610	394
天　津	Tianjin	16431	2481	1879	568	58	265	171
河　北	Hebei	58448	6702	5316	661	69	717	370
山　西	Shanxi	23030	4841	2605	436	18	475	507
内蒙古	Inner Mongolia	20716	3046	672	357	22	598	314
辽　宁	Liaoning	45575	6981	4993	1127	51	430	317
吉　林	Jilin	18360	3753	1400	241	10	355	225
黑龙江	Heilongjiang	24979	7412	2700	617	16	453	335
上　海	Shanghai	64946	3961	3768	948	342	1443	621
江　苏	Jiangsu	58677	5542	4247	3079	119	1368	836
浙　江	Zhejiang	65176	3066	1975	5188	191	3221	1869
安　徽	Anhui	29877	4621	2499	416	28	435	695
福　建	Fujian	42517	4455	2549	264	75	258	429
江　西	Jiangxi	19967	4196	1544	209	18	352	149
山　东	Shandong	64948	7961	4818	1774	74	2205	1714
河　南	Henan	39186	7559	4582	643	20	598	473
湖　北	Hubei	94366	7367	3312	692	99	1132	1502
湖　南	Hunan	57540	6396	3233	379	40	927	781
广　东	Guangdong	86649	9731	4616	814	299	952	994
广　西	Guangxi	24894	3111	1665	348	12	295	143
海　南	Hainan	5835	1567	480	35	78	49	53
重　庆	Chongqing	16531	1668	1242	307	15	472	275
四　川	Sichuan	47916	5141	2805	752	43	1247	1721
贵　州	Guizhou	15446	3328	119	73	12	206	176
云　南	Yunnan	19915	3295	2105	765	14	401	234
西　藏	Tibet	2398	611	55	12	1	4	7
陕　西	Shaanxi	19339	4484	1874	296	15	460	206
甘　肃	Gansu	12148	2146	800	308	8	302	253
青　海	Qinghai	5071	877	185	237	5	129	88
宁　夏	Ningxia	5341	690	141	140	5	156	118
新　疆	Xingjiang	10993	2852	443	141	12	311	262
国家机关	Government Agencies	789	41	9	1	0	2	0
中直机关	Agencies Directly under CCCPC	198	16	0	0	0	0	1

3.5 续表
Continued

地区	Region	内资企业 Domestic Funded Enterprises		港澳台商投资企业 HongKong, Macao and Taiwan Funded Enterprises	外商投资企业 Foreign Funded Enterprises	乡镇企业 Town and Township Enterprises	事业单位 Institutions	机关 Government Agencies	其他 Others
		私营企业 Private Enterprises	其他企业 Other Units						
全国	**National Total**	**286346**	**8857**	**22582**	**27686**	**100947**	**196620**	**110007**	**15778**
北京	Beijing	1324	68	205	293	2517	3285	727	385
天津	Tianjin	3306	472	414	1151	1589	2620	777	680
河北	Hebei	19344	634	287	957	9389	7886	5168	948
山西	Shanxi	2451	43	67	239	2421	5180	3520	227
内蒙古	Inner Mongolia	3035	168	97	79	1122	6485	4451	270
辽宁	Liaoning	11479	1112	338	2093	2360	9114	4206	974
吉林	Jilin	4151	65	29	384	653	4973	1297	824
黑龙江	Heilongjiang	913	104	100	133	567	7458	4019	152
上海	Shanghai	39470	134	857	3865	2892	5176	957	512
江苏	Jiangsu	13673	218	1291	2224	9499	10515	4317	1749
浙江	Zhejiang	25204	766	920	3673	1026	10396	6388	1293
安徽	Anhui	6130	60	67	256	4379	5846	3972	473
福建	Fujian	10736	509	2834	1866	5970	7166	4293	1113
江西	Jiangxi	3093	192	126	427	2056	3747	3596	262
山东	Shandong	23313	479	703	2289	4015	10412	5191	0
河南	Henan	5164	318	142	240	3603	9442	5860	542
湖北	Hubei	45551	621	738	749	12521	12840	5573	1669
湖南	Hunan	14398	701	345	670	12929	9354	6612	775
广东	Guangdong	28889	1369	12629	4877	3056	10623	7012	788
广西	Guangxi	7911	240	62	721	2368	4622	3071	325
海南	Hainan	480	61	45	41	124	1710	1070	42
重庆	Chongqing	3267	86	59	101	1562	4628	2709	140
四川	Sichuan	7756	211	101	157	4958	13297	8617	1110
贵州	Guizhou	944	29	18	23	538	5083	4854	43
云南	Yunnan	465	13	31	32	6678	5795	87	0
西藏	Tibet	16	0	0	0	21	680	784	207
陕西	Shaanxi	511	77	19	39	668	7138	3452	100
甘肃	Gansu	931	44	33	33	1073	3453	2675	89
青海	Qinghai	177	14	2	8	123	1805	1411	10
宁夏	Ningxia	1637	38	11	29	89	1360	920	7
新疆	Xingjiang	627	11	12	36	181	3761	2287	57
国家机关	Government Agencies	0	0	0	1	0	646	77	12
中直机关	Agencies Directly under CCCPC	0	0	0	0	0	124	57	0

3.6 各地区建有工会组织的基层单位职工人数(2001 年 2 季度末)
Number of Staff and Workers of Grass-root Units with Trade Union Organizations by Region(End of the second quarter,2001)

地区	Region	总计(人) Total (person)	内资企业 Domestic Funded Enterprises					
			国有企业 State-owned Enterprises	集体企业 Collective-owned Enterprises	股份合作制企业 Share Holding Enterprises	联营企业 Joint-owned Enterprises	有限责任公司 Limited-Liability Corporations	股份有限公司 Share Holding Corporations
全国	**National Total**	**118689180**	**43692361**	**8726760**	**2735083**	**270932**	**6143994**	**5835993**
北京	Beijing	2435306	1177866	130777	31607	8275	71418	120760
天津	Tianjin	2349373	970795	248973	44659	12751	130745	72791
河北	Hebei	6078254	2126171	522350	93930	9622	310819	179354
山西	Shanxi	3998935	2064106	263582	61700	548	220357	159109
内蒙古	Inner Mongolia	3000521	1064480	70521	46587	2363	277084	146096
辽宁	Liaoning	8285167	3702224	1119666	356757	13586	332703	245949
吉林	Jilin	3275658	1634650	245307	53130	1115	145478	184403
黑龙江	Heilongjiang	4998254	3033273	327954	90633	2225	260438	251973
上海	Shanghai	4286293	1393443	311288	76876	22885	190173	331559
江苏	Jiangsu	6995494	1891952	547007	228216	31877	487078	387972
浙江	Zhejiang	5666602	805138	252952	346697	24488	267371	282315
安徽	Anhui	3616596	1463878	399566	65734	4619	179091	281160
福建	Fujian	3438779	764678	244770	26801	9480	51128	116602
江西	Jiangxi	2732983	1168652	172536	28716	3430	169670	53909
山东	Shandong	9083722	2689354	837307	363254	33789	632831	724233
河南	Henan	6903143	2910637	588192	131195	2815	444256	273261
湖北	Hubei	6697282	2206776	486367	84418	10356	303741	417887
湖南	Hunan	5155990	1811443	461963	86237	14982	315680	221741
广东	Guangdong	7801947	1670247	372341	136330	31362	237887	268312
广西	Guangxi	2125151	777777	128585	32289	6918	108082	94688
海南	Hainan	773189	454873	33404	11597	4950	7476	15803
重庆	Chongqing	1971183	737439	181292	36171	4788	112932	101455
四川	Sichuan	4744928	1620396	249460	87459	2565	244380	462037
贵州	Guizhou	1663488	651735	63351	10245	1002	138631	60945
云南	Yunnan	2320025	849370	139541	65514	1102	148020	105131
西藏	Tibet	164574	35514	1654	1425	46	169	2844
陕西	Shaanxi	3034154	1620023	159753	38548	2963	131175	90625
甘肃	Gansu	1701075	821269	92326	36574	891	67170	65336
青海	Qinghai	487447	163879	11932	28445	847	36406	16022
宁夏	Ningxia	570516	189130	13163	17981	802	54652	51146
新疆	Xingjiang	2115625	1205275	48403	15346	3490	66471	50324
国家机关	Government Agencies	175315	10672	477	12	0	482	0
中直机关	Agencies Directly under CCCPC	42211	5246	0	0	0	0	251

3.6 续表
Continued

地区	Region	内资企业 Domestic Funded Enterprises		港澳台商投资企业 HongKong, Macao and Taiwan Funded Enterprises	外商投资企业 Foreign Funded Enterprises	乡镇企业 Town and Township Enterprises	事业单位 Institutions	机关 Government Agencies	其他 Others
		私营企业 Private Enterprises	其他企业 Other Units						
全　　国	National Total	**9523213**	**597146**	**3132854**	**3657754**	**6679466**	**19080341**	**6978885**	**1634398**
北　　京	Beijing	23409	1054	28098	102337	123588	433568	101517	81032
天　　津	Tianjin	93511	35980	41780	135109	110286	316824	77341	57828
河　　北	Hebei	744981	21243	40950	130469	513107	903068	371649	110541
山　　西	Shanxi	178671	2676	9217	27612	189958	549426	251095	20878
内 蒙 古	Inner Mongolia	196462	39322	23502	17186	141358	545947	274118	155495
辽　　宁	Liaoning	423822	46496	64792	279801	276694	985766	314639	122272
吉　　林	Jilin	97579	12512	5029	78901	60990	532578	93040	130946
黑 龙 江	Heilongjiang	42228	16002	10069	18823	28566	650159	258101	7810
上　　海	Shanghai	322123	6603	152582	504063	260396	562448	125720	26134
江　　苏	Jiangsu	521907	36171	153896	326962	1061613	905748	294354	120741
浙　　江	Zhejiang	1928000	63251	113760	178209	120364	767329	322519	194209
安　　徽	Anhui	160119	9900	13607	52018	205752	582143	174806	24203
福　　建	Fujian	475042	37523	379719	201217	245314	602959	259944	23602
江　　西	Jiangxi	174643	13430	5756	52528	155913	481670	201480	50650
山　　东	Shandong	826766	58257	122732	448204	512808	1362450	471737	0
河　　南	Henan	238961	19012	27212	35022	312191	1314823	533283	72283
湖　　北	Hubei	1059804	46891	81775	94244	527419	1010162	281303	86139
湖　　南	Hunan	307388	27018	29556	76030	409792	942217	402008	49935
广　　东	Guangdong	836677	40562	1758060	733351	201974	1044389	421825	48630
广　　西	Guangxi	170829	7841	7567	62512	82689	455013	176471	13890
海　　南	Hainan	17024	2616	8654	7001	7962	143684	55967	2178
重　　庆	Chongqing	78759	8911	16124	18891	106697	417530	138780	11414
四　　川	Sichuan	296406	23129	10946	41166	216623	912902	404508	172951
贵　　州	Guizhou	30976	2964	2452	8475	49307	398613	242454	2338
云　　南	Yunnan	31174	1430	5860	5377	600402	356490	10614	0
西　　藏	Tibet	419	0	0	0	1304	53950	54381	12868
陕　　西	Shaanxi	36452	7773	5862	15050	48906	664404	197935	14685
甘　　肃	Gansu	31348	3280	2600	2427	66274	335809	164206	11565
青　　海	Qinghai	27995	596	520	253	16759	125173	58277	343
宁　　夏	Ningxia	41166	2546	5717	2012	6017	142050	43843	291
新　　疆	Xingjiang	108572	2157	4460	1993	18443	427095	155491	8105
国家机关	Government Agencies	0	0	0	511	0	131218	31501	442
中直机关	Agencies Directly under CCCPC	0	0	0	0	0	22736	13978	0

3.7 各地区工会会员人数(2001 年 2 季度末)
Number of Trade Unions Members by Region(End of the second quarter,2001)

地区	Region	总计(人) Total (person)	内资企业 Domestic Funded Enterprises					
			国有企业 State-owned Enterprises	集体企业 Collective-owned Enterprises	股份合作制企业 Share Holding Enterprises	联营企业 Joint-owned Enterprises	有限责任公司 Limited-Liability Corporations	股份有限公司 Share Holding Corporations
全国	**National Total**	**107727137**	**41006858**	**7808179**	**2287958**	**225818**	**5628087**	**5263188**
北京	Beijing	2297629	1140302	120842	29292	7879	65374	109245
天津	Tianjin	2240077	938508	236510	38708	10943	123906	72167
河北	Hebei	5660895	2001046	473687	84320	9136	292037	164515
山西	Shanxi	3564927	1877256	234630	55551	472	204794	142134
内蒙古	Inner Mongolia	2849035	1016310	67633	41520	2329	267383	137966
辽宁	Liaoning	7777759	3485091	1099582	310303	8476	327504	223317
吉林	Jilin	3021969	1537412	197637	47505	1106	129887	138879
黑龙江	Heilongjiang	4655140	2838550	292999	82024	2178	234781	213890
上海	Shanghai	3829796	1333120	285228	69035	18027	167816	310315
江苏	Jiangsu	6372438	1787366	487072	202793	30315	459850	368333
浙江	Zhejiang	4493615	770241	199931	185465	16781	189403	253703
安徽	Anhui	3260551	1361055	341475	56655	4054	174437	241371
福建	Fujian	3045071	722223	218864	22877	7664	45597	108425
江西	Jiangxi	2412793	1030155	149302	24392	2868	157511	50801
山东	Shandong	8239241	2533629	742650	306011	31454	575473	647183
河南	Henan	6318171	2751193	513394	112012	2471	413355	241438
湖北	Hubei	6241442	2060144	403149	76825	9151	287466	380457
湖南	Hunan	4866297	1708459	420636	79107	11869	293087	200268
广东	Guangdong	6329781	1541401	312106	116121	22397	192077	224954
广西	Guangxi	1954989	710612	110385	29540	6793	101536	90631
海南	Hainan	682030	400093	27279	8901	4357	6517	13507
重庆	Chongqing	1781900	704501	167294	32983	3467	104084	93531
四川	Sichuan	4455654	1555288	228701	83138	2281	213474	424062
贵州	Guizhou	1569950	613116	56447	8972	767	133932	58427
云南	Yunnan	2161532	815573	126335	59332	864	137177	98677
西藏	Tibet	136118	33879	1211	1177	27	124	2238
陕西	Shaanxi	2826272	1519713	141848	32948	2619	118450	83548
甘肃	Gansu	1569552	781259	84396	34166	728	60840	58266
青海	Qinghai	430894	153510	10437	25518	636	33616	14455
宁夏	Ningxia	538588	173583	12208	16045	752	52781	49351
新疆	Xingjiang	1931518	1096647	43834	14710	2957	63348	46883
国家机关	Government Agencies	170826	10384	477	12	0	470	0
中直机关	Agencies Directly under CCCPC	40687	5239	0	0	0	0	251

3.7 续表
Continued

地 区	Region	内资企业 Domestic Funded Enterprises		港澳台商投资企业 HongKong, Macao and Taiwan Funded Enterprises	外商投资企业 Foreign Funded Enterprises	乡镇企业 Town and Township Enterprises	事业单位 Institutions	机关 Government Agencies	其他 Others
		私营企业 Private Enterprises	其他企业 Other Units						
全 国	**National Total**	**8054561**	**486714**	**2257956**	**3056014**	**5684135**	**17979201**	**6567173**	**1421295**
北 京	Beijing	21160	951	25477	91144	100925	422334	93908	68796
天 津	Tianjin	82789	30219	38027	123149	104198	311886	76272	52795
河 北	Hebei	673816	19563	38236	119902	457700	873352	348332	105253
山 西	Shanxi	143006	2402	8157	23432	151928	477546	226073	17546
内蒙古	Inner Mongolia	184326	38233	21729	14528	132341	524032	261332	139373
辽 宁	Liaoning	391526	44054	59207	248437	218645	960714	291062	109841
吉 林	Jilin	93862	11808	4321	75992	58748	509094	87291	128427
黑龙江	Heilongjiang	37568	14537	9373	18747	24936	625597	252216	7744
上 海	Shanghai	277667	5023	23438	452448	235234	529352	103512	19581
江 苏	Jiangsu	452432	33027	135525	302953	864262	861791	288734	97985
浙 江	Zhejiang	1364300	35800	79160	130427	79318	736914	315415	136757
安 徽	Anhui	129831	6797	12200	47356	161666	542464	160118	21072
福 建	Fujian	418556	24202	264153	157410	201082	578924	252760	22334
江 西	Jiangxi	147518	12410	5066	45623	134290	430227	173489	49141
山 东	Shandong	707028	47123	110249	390218	416119	1298084	434020	0
河 南	Henan	231622	12941	23534	31664	253496	1185145	483797	62109
湖 北	Hubei	1077489	36633	68202	79749	465993	951677	265195	79312
湖 南	Hunan	289951	25182	27345	71567	394758	907022	389639	47407
广 东	Guangdong	613792	30197	1243439	487021	140190	980588	387794	37704
广 西	Guangxi	150525	8047	7410	57541	72854	428498	169529	11088
海 南	Hainan	15885	2114	6962	6368	6217	129382	52513	1935
重 庆	Chongqing	66572	7941	12917	12444	86618	346299	134762	8487
四 川	Sichuan	256787	19475	10004	34866	201945	879791	387621	158221
贵 州	Guizhou	27094	2623	1903	6747	47062	381819	228837	2204
云 南	Yunnan	23066	1024	4774	4829	552532	329633	7716	0
西 藏	Tibet	200	0	0	0	787	36518	52034	7923
陕 西	Shaanxi	31572	7341	5629	14593	39404	628474	188922	11211
甘 肃	Gansu	25384	3002	2141	2251	51317	300320	154814	10668
青 海	Qinghai	15741	473	487	119	7425	111990	56154	333
宁 夏	Ningxia	39243	2101	4778	2090	5436	133873	46056	291
新 疆	Xingjiang	64253	1471	4113	1901	16709	417407	151970	5315
国家机关	Government Agencies	0	0	0	498	0	127136	31407	442
中直机关	Agencies Directly under CCCPC	0	0	0	0	0	21318	13879	0

3.8 各地区工会重点工作情况(2001年2季度末)
Status of the Major Work of Trade Unions by Region(End of the second quarter,2001)

地区	Region	建立职工(代表)大会制度的企业单位(个) Number of Enterprises with Staff and Workers' Congress System	非公有制企业单位 Nonpublic-owned Enterprises	实行业务招待费使用情况向职工(代表)大会报告的公有制企业单位(个) Number of Enterprises Reporting Business Entertainment Expenses to Staff and Workers' Congress	职工(代表)大会开展民主评议企业领导干部工作的公有制企业单位(个) Number of Enterprises Conducting Democratic Assessment on Leaders and Cadres	实行厂务公开的企业单位(个) Number of Enterprises Promoting Business Affairs Open System	非公有制企业单位 Nonpublic-owned Enterprises	实施群众性经济技术创新工程的企业单位(个) Number of Enterprises Promoting Mass Economic and Technologic Innovation Project
全国	**National Total**	**280589**	**43657**	**201598**	**199808**	**222785**	**19922**	**215312**
北京	Beijing	5117	307	4404	4881	4835	244	2634
天津	Tianjin	6751	1396	3677	3625	4286	709	5587
河北	Hebei	15137	1746	12120	11836	13015	3229	14598
山西	Shanxi	8847	0	7101	7437	7658	0	8632
内蒙古	Inner Mongolia	4227	468	3552	3532	3585	557	4174
辽宁	Liaoning	14193	1715	7070	7626	12707	507	12730
吉林	Jilin	8675	1067	5132	4864	7128	651	3990
黑龙江	Heilongjiang	11997	1243	9348	10015	10556	1109	4832
上海	Shanghai	10082	491	8168	8293	9358	156	5746
江苏	Jiangsu	18724	5174	13299	12987	9886	1289	23687
浙江	Zhejiang	10573	2891	6583	6322	5476	368	12560
安徽	Anhui	6470	0	5705	7966	6780	0	6843
福建	Fujian	9098	1038	6359	5646	6367	84	8219
江西	Jiangxi	8796	808	5907	5443	5308	791	4745
山东	Shandong	21885	4449	15240	15310	16718	2666	19890
河南	Henan	14813	2354	11991	12327	14099	1232	13043
湖北	Hubei	23245	9141	14104	13274	15536	1432	14104
湖南	Hunan	13019	1585	9703	9116	9376	558	5743
广东	Guangdong	16083	2292	12789	12039	13166	1342	21311
广西	Guangxi	5971	566	4195	4195	5438	375	1119
海南	Hainan	1769	51	1125	1115	1610	40	767
重庆	Chongqing	3912	784	2538	2399	3192	476	2482
四川	Sichuan	11537	1654	8769	8734	9145	856	6644
贵州	Guizhou	4628	349	3833	3626	4124	155	2462
云南	Yunnan	7017	408	6168	4860	8311	41	2220
西藏	Tibet	561	2	299	255	16	2	10
陕西	Shaanxi	6970	665	4041	4100	6657	669	2148
甘肃	Gansu	3557	160	3150	3157	3488	125	2001
青海	Qinghai	1459	126	1101	807	910	98	332
宁夏	Ningxia	1465	561	735	699	841	45	692
新疆	Xingjiang	3975	166	3345	3287	3191	116	1365
国家机关	Government Agencies	28	0	34	22	16	0	2
中直机关	Agencies Directly under CCCPC	8	0	13	13	6	0	0

3.8 续表
Continued

地区	Region	建立平等协商、集体合同制度的企业单位（个） Number of Enterprises with Equal Consultation System and Collective Contracts	新建企业单位 Newly-established Enterprises	签订集体合同的企业单位（个） Number of Enterprises Signing Collective Contracts	新建企业单位 Newly-established Enterprises	建立职工董事制度的公有制企业单位（个） Number of Public-owned Enterprises establishing Staff and Workers in Board of Directors System	国有独资及国有控股公司 Solely State Invested Corporations and State-owned Holding Companies	建立职工监事制度的公有制企业单位（个） Number of Public-owned Enterprises establishing Staff and Workers in Board of Directors System	国有独资及国有控股公司 Solely State Invested Corporations and State-owned Holding Companies	建立职工董事、职工监事向职代会报告工作、接受群众监督制度的公有制企业单位（个） Number of public-owned enterprises establishing the system in which directors from staff and workers are answerable to staff and workers congress and supervised by mass
全　国	National Total	**410221**	**175043**	**410574**	**181554**	**29165**	**7532**	**29276**	**7684**	**24485**
北　京	Beijing	4991	376	3604	323	179	124	186	145	179
天　津	Tianjin	9170	5345	5241	2406	471	190	432	151	495
河　北	Hebei	37892	26186	31678	26030	2128	355	1892	357	1365
山　西	Shanxi	11603	3101	10914	2709	1067	293	579	235	158
内蒙古	Inner Mongolia	4609	973	4509	752	317	124	290	112	325
辽　宁	Liaoning	17142	583	17142	347	240	77	310	100	218
吉　林	Jilin	6450	1513	6345	1487	637	174	571	163	559
黑龙江	Heilongjiang	10179	357	10562	432	865	124	834	118	1219
上　海	Shanghai	10393	9012	21660	15216	36	36	28	5	0
江　苏	Jiangsu	39601	14909	38051	14529	950	511	1112	562	699
浙　江	Zhejiang	58896	53834	59989	55778	2108	243	2161	243	2108
安　徽	Anhui	8899	0	11166	4057	664	0	708	0	0
福　建	Fujian	20759	3499	20515	3192	489	184	554	213	320
江　西	Jiangxi	10071	3345	8387	2989	589	295	527	271	543
山　东	Shandong	30923	16156	29223	15725	4226	761	4852	827	4365
河　南	Henan	16229	3586	17276	3736	1769	234	1785	229	1430
湖　北	Hubei	31852	17748	36956	17748	2379	774	2274	822	2242
湖　南	Hunan	11389	2478	13549	2459	974	214	899	208	641
广　东	Guangdong	25649	6860	22167	6729	2785	960	2795	915	2120
广　西	Guangxi	5046	957	5240	905	314	111	340	206	228
海　南	Hainan	1448	61	1438	79	168	7	151	7	55
重　庆	Chongqing	3521	118	2848	106	604	134	597	134	532
四　川	Sichuan	8866	1694	9141	1605	1860	702	2025	791	1804
贵　州	Guizhou	4751	455	4720	462	205	103	193	75	121
云　南	Yunnan	4979	0	4297	0	807	219	865	219	865
西　藏	Tibet	560	15	560	15	9	6	6	5	2
陕　西	Shaanxi	5919	608	5404	580	401	113	403	111	350
甘　肃	Gansu	2720	222	2333	214	849	205	775	188	534
青　海	Qinghai	993	215	934	264	295	51	286	47	170
宁　夏	Ningxia	1699	666	1603	530	279	74	263	72	344
新　疆	Xingjiang	3019	171	3119	150	499	134	583	153	494
国家机关	Government Agencies	3	0	3	0	2	0	0	0	0
中直机关	Agencies Directly under CCCPC	0	0	0	0	0	0	0	0	0

3.9 各地区基层工会组织数(2001 年 3 季度末)
Number of Grass-root Trade Union Organizations by Rigion(End of the third quarter,2001)

地区	Region	总计(个) Total	内资企业 Domestic Funded Enterprises					
			国有企业 State-owned Enterprises	集体企业 Collective-owned Enterprises	股份合作制企业 Share Holding Enterprises	联营企业 Joint-owned Enterprises	有限责任公司 Limited-Liability Corporations	股份有限公司 Share Holding Corporations
全国	**National Total**	**1357928**	**132326**	**67196**	**21938**	**2880**	**21232**	**15704**
北京	Beijing	31144	3085	1314	314	39	791	408
天津	Tianjin	21381	2464	1989	569	58	291	181
河北	Hebei	62026	6662	5331	650	69	731	367
山西	Shanxi	26498	4830	2601	436	18	475	507
内蒙古	Inner Mongolia	21804	2960	713	348	19	549	306
辽宁	Liaoning	61639	6984	4996	1120	51	421	314
吉林	Jilin	19543	3722	1396	244	10	359	229
黑龙江	Heilongjiang	24856	7177	2668	649	26	475	377
上海	Shanghai	72710	3367	3203	948	342	1443	621
江苏	Jiangsu	72457	5265	4030	3065	118	1422	857
浙江	Zhejiang	73923	3066	1975	5188	191	3281	1956
安徽	Anhui	40082	4627	2393	398	1049	601	937
福建	Fujian	63860	4061	2434	284	73	241	415
江西	Jiangxi	28532	4196	1544	209	18	352	149
山东	Shandong	96065	7961	4831	2051	102	2206	1723
河南	Henan	44539	7333	3781	660	24	647	528
湖北	Hubei	111309	6502	2514	809	95	1337	1890
湖南	Hunan	79856	5678	2827	379	40	927	783
广东	Guangdong	160809	9556	4506	822	289	959	998
广西	Guangxi	33976	5595	1801	244	12	336	147
海南	Hainan	6807	1572	496	31	126	59	57
重庆	Chongqing	20410	1463	996	301	13	452	279
四川	Sichuan	75455	5217	2233	353	33	1008	419
贵州	Guizhou	19855	3342	1205	70	9	199	172
云南	Yunnan	21417	3295	2105	765	14	401	234
西藏	Tibet	2704	611	55	12	1	4	7
陕西	Shaanxi	26715	4540	1664	140	10	305	220
甘肃	Gansu	12605	2225	799	308	8	302	232
青海	Qinghai	5329	876	174	271	5	139	62
宁夏	Ningxia	6265	660	140	142	5	161	118
新疆	Xingjiang	12370	3377	473	157	13	356	210
国家机关	Government Agencies	789	41	9	1	0	2	0
中直机关	Agencies Directly under CCCPC	198	16	0	0	0	0	1

3.9 续表
Continued

地区	Region	内资企业 Domestic Funded Enterprises		港澳台商投资企业 HongKong, Macao and Taiwan Funded Enterprises	外商投资企业 Foreign Funded Enterprises	乡镇企业 Town and Township Enterprises	事业单位 Institutions	机关 Government Agencies	其他 Others
		私营企业 Private Enterprises	其他企业 Other Units						
全国	**National Total**	**541620**	**10062**	**30650**	**41864**	**200591**	**108196**	**20770**	**142899**
北京	Beijing	12884	233	693	1620	3269	731	400	5363
天津	Tianjin	5100	470	424	1960	2617	787	686	3785
河北	Hebei	22700	656	285	909	7883	5187	943	9653
山西	Shanxi	4593	23	87	239	5174	3520	227	3768
内蒙古	Inner Mongolia	3685	174	98	93	6595	4631	310	1323
辽宁	Liaoning	26082	1102	0	3285	9087	4223	974	3000
吉林	Jilin	6242	66	29	435	4994	1309	0	508
黑龙江	Heilongjiang	1336	113	98	128	7111	3983	153	562
上海	Shanghai	48138	134	857	3887	5176	957	512	3125
江苏	Jiangsu	26968	626	1396	2513	10318	4298	1783	9798
浙江	Zhejiang	31498	766	920	3783	10396	6388	1293	3222
安徽	Anhui	12710	125	72	355	5997	3997	497	6324
福建	Fujian	27029	403	3186	4140	7049	4252	1006	9287
江西	Jiangxi	8217	192	126	1324	3747	3596	262	4600
山东	Shandong	48839	495	940	5079	10445	5174	12	6207
河南	Henan	8896	276	411	493	9828	5502	754	5406
湖北	Hubei	56294	642	901	799	16234	5671	5601	12020
湖南	Hunan	25545	593	501	695	10054	7337	2152	22345
广东	Guangdong	93749	1878	18628	7984	10532	7053	780	3075
广西	Guangxi	11009	329	95	848	5580	3587	593	3800
海南	Hainan	1273	71	55	66	1732	1068	42	159
重庆	Chongqing	5936	89	65	133	4657	2471	227	3328
四川	Sichuan	34474	18	443	396	11378	5286	1008	13189
贵州	Guizhou	3667	120	19	90	5173	4879	78	832
云南	Yunnan	5132	13	86	128	5795	87	0	3362
西藏	Tibet	52	224	0	0	680	784	207	67
陕西	Shaanxi	4925	71	129	383	7701	3627	4	2996
甘肃	Gansu	981	90	79	51	3460	2677	89	1304
青海	Qinghai	316	14	2	7	1824	1460	10	169
宁夏	Ningxia	2578	38	11	30	1365	920	7	90
新疆	Xingjiang	772	18	14	10	3970	2620	148	232
国家机关	Government Agencies	0	0	0	1	646	77	12	0
中直机关	Agencies Directly under CCCPC	0	0	0	0	124	57	0	0

3.10 各地区建有工会组织的基层单位职工人数(2001 年 3 季度末)

Number of Staff and Workers of Grass-root Units with Trade Union Organizations by Region(End of the third quarter,2001)

地区	Region	总计(人) Total (person)	内资企业 Domestic Funded Enterprises					
			国有企业 State-owned Enterprises	集体企业 Collective-owned Enterprises	股份合作制企业 Share Holding Enterprises	联营企业 Joint-owned Enterprises	有限责任公司 Limited-Liability Corporations	股份有限公司 Share Holding Corporations
全国	National Total	**128890696**	**42964492**	**8169110**	**2680709**	**264561**	**6116974**	**5487107**
北京	Beijing	2796552	1174421	130249	30856	8299	73152	121425
天津	Tianjin	2551246	966625	244695	44644	12751	125362	75466
河北	Hebei	6135855	2113859	521921	91710	9581	311490	175287
山西	Shanxi	4129087	2062135	263207	61592	511	220446	157301
内蒙古	Inner Mongolia	3097142	1022080	82684	46080	2159	283284	152262
辽宁	Liaoning	8632940	3729681	1128772	350898	13586	326473	241469
吉林	Jilin	3302781	1613233	245062	53374	1115	157361	184567
黑龙江	Heilongjiang	5095537	2967206	319593	93253	1978	260660	216099
上海	Shanghai	4359744	1323771	295724	76876	22885	190173	331559
江苏	Jiangsu	7045980	1412277	402404	179365	18100	381462	276108
浙江	Zhejiang	7137007	805138	252952	346697	24488	267371	282315
安徽	Anhui	4264532	1413205	379463	60886	11767	177510	285683
福建	Fujian	3889830	659549	189628	26354	9119	70956	108560
江西	Jiangxi	2810662	1168652	172536	28716	3430	169670	53909
山东	Shandong	10341793	2680497	859670	393073	35755	649953	738035
河南	Henan	7398045	2760612	429536	138888	5370	367345	283107
湖北	Hubei	7289420	2099602	392949	83101	9489	297426	401539
湖南	Hunan	5816788	1806679	451639	86239	14982	315680	230412
广东	Guangdong	8349707	1614740	361811	136785	31285	237515	267235
广西	Guangxi	2615977	931965	134830	35565	6918	116369	79062
海南	Hainan	787179	454759	33779	11472	6534	7749	17130
重庆	Chongqing	1891749	695752	140343	35373	788	111969	101159
四川	Sichuan	6212263	1962505	279203	53152	3513	351504	289018
贵州	Guizhou	1784296	649237	61621	8961	591	139172	60334
云南	Yunnan	2486842	849370	139541	65514	1102	148020	105131
西藏	Tibet	170903	35514	1654	1425	46	169	2844
陕西	Shaanxi	3308279	1609432	86543	42925	2596	130846	87617
甘肃	Gansu	1766824	828550	91953	36470	891	67117	61455
青海	Qinghai	486579	170564	11854	26621	847	35649	14602
宁夏	Ningxia	594237	185100	13150	18031	802	54792	51146
新疆	Xingjiang	2123394	1181864	49667	15801	3283	69847	35020
国家机关	Government Agencies	175315	10672	477	12	0	482	0
中直机关	Agencies Directly under CCCPC	42211	5246	0	0	0	0	251

3.10 续表
Continued

地区	Region	内资企业 Domestic Funded Enterprises 私营企业 Private Enterprises	内资企业 Domestic Funded Enterprises 其他企业 Other Units	港澳台商投资企业 HongKong, Macao and Taiwan Funded Enterprises	外商投资企业 Foreign Funded Enterprises	乡镇企业 Town and Township Enterprises	事业单位 Institutions	机关 Government Agencies	其他 Others
全国	**National Total**	**18162080**	**605699**	**3539571**	**4965243**	**18542510**	**6849544**	**1648359**	**8894737**
北京	Beijing	206719	3330	63650	148517	432178	103926	80682	219148
天津	Tianjin	113676	34402	41654	209088	313377	77392	57996	234118
河北	Hebei	821184	21805	40719	128631	905495	372209	110286	511678
山西	Shanxi	211869	2081	13379	30135	549099	250934	21120	285278
内蒙古	Inner Mongolia	266857	41010	24704	24669	549682	287178	159850	154643
辽宁	Liaoning	778253	26496	0	377323	983878	315994	122272	237845
吉林	Jilin	267822	12574	5029	80501	534235	93514	0	54394
黑龙江	Heilongjiang	193014	17514	9945	39779	624482	265366	7782	78866
上海	Shanghai	437877	6603	152582	553896	562448	125720	26134	253496
江苏	Jiangsu	2036229	8497	212833	500848	305484	106001	16390	1189982
浙江	Zhejiang	3046391	63251	113760	325198	767329	322519	194209	325389
安徽	Anhui	502597	11330	13420	207905	605239	174681	33292	387554
福建	Fujian	776390	29487	412793	331558	603157	257227	28963	386089
江西	Jiangxi	247361	13430	5756	54444	481670	201480	50650	158958
山东	Shandong	1459399	58392	150919	718286	1394256	490215	1021	712322
河南	Henan	741962	21553	177279	35800	1184490	486757	110828	654518
湖北	Hubei	1490967	98291	83731	117015	1042199	282132	226342	664637
湖南	Hunan	583533	32619	66669	60816	976688	416673	123573	650586
广东	Guangdong	1390493	41306	1795047	769306	1014848	413493	38619	237224
广西	Guangxi	253791	13990	6177	84721	555468	205310	24212	167599
海南	Hainan	25586	3241	8678	7487	143807	56029	2332	8596
重庆	Chongqing	126480	8979	16289	23232	358727	118702	9119	144837
四川	Sichuan	965111	4941	70454	61140	986143	429841	163370	592368
贵州	Guizhou	108240	4916	2471	13425	398775	242794	3757	90002
云南	Yunnan	580267	1430	13611	20417	356490	10614	0	195335
西藏	Tibet	2573	2240	0	0	53950	54381	12868	3239
陕西	Shaanxi	262591	7183	11787	27322	666380	201673	148	171236
甘肃	Gansu	53464	9006	14681	8998	336019	164339	11565	82316
青海	Qinghai	23187	596	520	254	124791	59814	343	16937
宁夏	Ningxia	68569	2546	5717	2040	142170	43843	291	6040
新疆	Xingjiang	119628	2660	5317	1981	435602	173314	9903	19507
国家机关	Government Agencies	0	0	0	511	131218	31501	442	0
中直机关	Agencies Directly under CCCPC	0	0	0	0	22736	13978	0	0

3.11 各地区工会会员人数(2001 年 3 季度末)
Number of Trade Unions Members by Region(End of the third quarter,2001)

地区	Region	总计(人) Total (person)	内资企业 Domestic Funded Enterprises					
			国有企业 State-owned Enterprises	集体企业 Collective-owned Enterprises	股份合作制企业 Share Holding Enterprises	联营企业 Joint-owned Enterprises	有限责任公司 Limited-Liability Corporations	股份有限公司 Share Holding Corporations
全国	National Total	**118482901**	**40317515**	**7257754**	**2211870**	**219324**	**5514995**	**4909163**
北京	Beijing	2595697	1136711	118875	28817	7916	67046	109738
天津	Tianjin	2420327	931003	235859	38680	10943	119425	74804
河北	Hebei	5718214	1980623	473170	82137	9136	293616	166605
山西	Shanxi	3737766	1875290	234260	55475	451	204924	140863
内蒙古	Inner Mongolia	2952506	979860	78758	41887	2138	274569	144123
辽宁	Liaoning	8239855	3512609	1108632	304451	8476	321288	218837
吉林	Jilin	3053271	1522819	197469	47747	1106	140572	139044
黑龙江	Heilongjiang	4748387	2736558	288523	84627	1806	230714	210950
上海	Shanghai	3884540	1266464	270967	69035	18027	167816	310315
江苏	Jiangsu	6432717	1333337	331417	139752	15718	303907	221201
浙江	Zhejiang	6200706	770241	199931	185465	16781	189403	253703
安徽	Anhui	4004428	1317402	327365	54006	10285	171365	239689
福建	Fujian	3553435	629948	167329	22758	7352	66443	101167
江西	Jiangxi	2505031	1030155	149302	24392	2868	157511	50801
山东	Shandong	9475471	2535445	752809	328981	33448	577421	647659
河南	Henan	6754807	2652729	361881	120833	4894	323449	250598
湖北	Hubei	6608221	1930505	319326	76737	8651	278343	370978
湖南	Hunan	5493401	1689721	413773	79107	11869	293087	208812
广东	Guangdong	7197454	1485504	297817	116506	23083	193549	224765
广西	Guangxi	2427024	858343	116138	33684	6793	106578	75992
海南	Hainan	693517	399352	27573	8776	5572	6790	14730
重庆	Chongqing	1734308	665205	126038	32181	467	103278	93253
四川	Sichuan	6379716	1864140	241033	47613	2856	320509	248552
贵州	Guizhou	1687255	612956	54796	7680	553	133664	58074
云南	Yunnan	1970684	815573	126335	59332	864	137177	98677
西藏	Tibet	142447	33879	1211	1177	27	124	2238
陕西	Shaanxi	3074746	1505062	84481	30002	2368	118081	80990
甘肃	Gansu	1625462	788589	84053	34088	728	60792	54920
青海	Qinghai	438381	160352	11037	24614	636	34571	13524
宁夏	Ningxia	553084	170503	12195	16095	752	52911	49351
新疆	Xingjiang	1968530	1111014	44924	15223	2760	65602	33959
国家机关	Government Agencies	170826	10384	477	12	0	470	0
中直机关	Agencies Directly under CCCPC	40687	5239	0	0	0	0	251

3.11 续表
Continued

地区	Region	内资企业 Domestic Funded Enterprises		港澳台商投资企业 HongKong, Macao and Taiwan Funded Enterprises	外商投资企业 Foreign Funded Enterprises	乡镇企业 Town and Township Enterprises	事业单位 Institutions	机关 Government Agencies	其他 Others
		私营企业 Private Enterprises	其他企业 Other Units						
全国	**National Total**	**16134939**	**505525**	**2898514**	**4462849**	**17401078**	**6531406**	**1985113**	**8132856**
北京	Beijing	165791	3235	56009	130689	421271	96165	70281	183153
天津	Tianjin	93269	28741	38233	195854	307471	75928	52963	217154
河北	Hebei	731256	20125	41350	129650	877000	344602	104998	463946
山西	Shanxi	194012	1832	12351	28720	477319	225968	17762	268539
内蒙古	Inner Mongolia	251585	39921	22931	21804	531468	274572	143822	145068
辽宁	Liaoning	722183	44054	0	355264	959722	291309	169841	223189
吉林	Jilin	261341	11868	4321	77517	509867	87479	0	52121
黑龙江	Heilongjiang	182741	15948	9842	39368	603065	259622	7583	77040
上海	Shanghai	378749	5023	23438	493881	529352	103512	19581	228380
江苏	Jiangsu	1918515	5745	198442	483733	269687	98376	12417	1100470
浙江	Zhejiang	2707580	35800	79160	273000	736914	315415	136757	300556
安徽	Anhui	468609	7843	12414	203232	560236	232529	27105	372348
福建	Fujian	716252	17347	339244	283322	580580	249912	26892	344889
江西	Jiangxi	232452	12410	5066	48711	430227	173489	49141	138506
山东	Shandong	1343232	48662	143581	648217	1301628	434597	964	678827
河南	Henan	684395	15405	155515	32441	1060455	481335	100810	510067
湖北	Hubei	1324302	61339	73683	108721	981254	268351	181712	624319
湖南	Hunan	570094	30707	62176	57560	924590	405213	120690	626002
广东	Guangdong	1146238	30856	1473823	631638	951547	379159	27736	215233
广西	Guangxi	213039	26166	14787	74604	528757	195225	21724	155194
海南	Hainan	23382	2709	6899	6783	129484	52575	2072	6820
重庆	Chongqing	101013	8008	13069	16345	334036	115059	5889	120467
四川	Sichuan	965111	4475	69087	59119	915161	416420	653900	571740
贵州	Guizhou	98294	5324	1915	12428	382532	228470	3616	86953
云南	Yunnan	208990	1024	8577	12864	329633	7716	0	163922
西藏	Tibet	2354	2240	0	0	36518	52034	7923	2722
陕西	Shaanxi	246426	6316	11055	25655	615831	192689	148	155642
甘肃	Gansu	41895	7856	11496	7045	300315	154923	10668	68094
青海	Qinghai	14205	473	487	183	112068	57694	333	8204
宁夏	Ningxia	56501	2101	4778	2118	133973	46056	291	5459
新疆	Xingjiang	71133	1972	4785	1885	420663	169726	7052	17832
国家机关	Government Agencies	0	0	0	498	127136	31407	442	0
中直机关	Agencies Directly under CCCPC	0	0	0	0	21318	13879	0	0

3.12 各地区工会重点工作情况（2001 年 3 季度末）
Status of the Major Work of Trade Unions by Region（End of the third quarter，2001）

地区	Region	建立职工（代表）大会制度的企业单位（个）Number of Enterprises with Staff and Workers' Congress System	非公有制企业单位 Nonpublic-owned Enterprises	实行业务招待费使用情况向职工（代表）大会报告的公有制企业单位（个）Number of Enterprises Reporting Business Entertainment Expenses to Staff and Workers' Congress	职工（代表）大会开展民主评议企业领导干部工作的公有制企业单位（个）Number of Enterprises Conducting Democratic Assessment on Leaders and Cadres	实行厂务公开的企业单位（个）Number of Enterprises Promoting Business Affairs Open System	非公有制企业单位 Nonpublic-owned Enterprises	实施群众性经济技术创新工程的企业单位（个）Number of Enterprises Promoting Mass Economic and Technologic Innovation Project
全　国	**National Total**	**280575**	**44542**	**200191**	**196592**	**230324**	**22710**	**232354**
北　京	Beijing	5117	307	4404	4281	4835	244	2634
天　津	Tianjin	6887	1467	3734	3600	4358	868	5567
河　北	Hebei	15591	1839	12196	11837	13185	3978	14640
山　西	Shanxi	8847	0	7106	7437	7658	0	8661
内蒙古	Inner Mongolia	4337	513	3696	3702	3642	576	4357
辽　宁	Liaoning	14193	1715	7070	7626	12707	507	12730
吉　林	Jilin	9410	2451	5110	4791	7991	1052	3728
黑龙江	Heilongjiang	11534	1139	9022	9554	10209	901	4877
上　海	Shanghai	18724	5174	13299	12987	9886	1289	23687
江　苏	Jiangsu	10573	2891	6583	6322	5476	368	12560
浙　江	Zhejiang	6470	0	5705	7966	12715	283	6843
安　徽	Anhui	8881	1495	6441	5361	6401	133	9892
福　建	Fujian	9313	1325	5907	5443	5596	779	4745
江　西	Jiangxi	23094	5520	15766	15210	17557	3334	21708
山　东	Shandong	14826	2405	12001	12420	14199	1395	13143
河　南	Henan	18520	5373	11125	10937	14559	1675	13636
湖　北	Hubei	13156	1523	9694	9032	9768	724	5341
湖　南	Hunan	16278	2242	13027	12288	13375	1350	22871
广　东	Guangdong	5892	1022	4450	4154	5130	427	1092
广　西	Guangxi	1769	51	1125	1115	1610	40	767
海　南	Hainan	4032	933	2555	2206	3059	494	2870
重　庆	Chongqing	11442	1688	8698	8655	9322	890	9217
四　川	Sichuan	4684	383	3781	3647	4047	169	2486
贵　州	Guizhou	7017	408	6168	4860	8311	41	2220
云　南	Yunnan	589	50	299	265	139	40	10
西　藏	Tibet	7041	673	4053	4112	6728	357	2152
陕　西	Shaanxi	3696	159	3297	3236	3576	125	2187
甘　肃	Gansu	1454	134	1150	851	919	122	332
青　海	Qinghai	3750	264	2885	2689	2953	219	1366
宁　夏	Ningxia	8	0	13	13	6	0	0
新　疆	Xingjiang	11957	837	9062	9274	9550	285	15341
国家机关	Government Agencies	1465	561	735	699	841	45	692
中直机关	Agencies Directly under CCCPC	28	0	34	22	16	0	2

3.12 续表
Continued

地区	Region	建立平等协商、集体合同制度的企业单位(个) Number of Enterprises with Equal Consultation System and Collective Contracts	新建企业单位 Newly-established Enterprises	签订集体合同的企业单位(个) Number of Enterprises Signing Collecive Contracts	新建企业单位 Newly-established Enterprises	建立职工董事制度的公有制企业单位(个) Number of Public-owned Enterprises establishing Staff and Workers in Board of Directors System	国有独资及国有控股公司 Solely State Invested Corporations and State-owned Holding Companies	建立职工监事制度的公有制企业单位(个) Number of Public-owned Enterprises establishing Staff and Workers in Board of Directors System	国有独资及国有控股公司 Solely State Invested Corporations and State-owned Holding Companies	建立职工董事、职工监事向职代会报告工作、接受群众监督制度的公有制企业单位(个) Number of public-owned enterprises establishing the system in which directors from staff and workers are answerable to staff and workers congress and supervised by mass
全国	**National Total**	**464228**	**213437**	**454654**	**213131**	**32006**	**8981**	**30544**	**9135**	**23435**
北京	Beijing	4991	376	3604	323	179	124	186	145	179
天津	Tianjin	9168	5475	5494	3153	452	197	439	152	482
河北	Hebei	38308	25072	30011	24797	1211	363	1177	369	1386
山西	Shanxi	11604	2242	10914	2590	1067	293	679	235	158
内蒙古	Inner Mongolia	4878	874	4722	859	343	142	318	134	286
辽宁	Liaoning	17142	583	17142	347	240	77	310	100	218
吉林	Jilin	7084	2071	6379	1567	2817	173	727	163	572
黑龙江	Heilongjiang	9714	420	10165	544	863	124	836	126	1235
上海	Shanghai	39601	14909	38051	14529	950	511	1112	578	699
江苏	Jiangsu	50199	31241	51699	35627	1726	476	1895	581	2108
浙江	Zhejiang	11166	4057	11166	4057	834	834	878	878	0
安徽	Anhui	25094	4168	24058	3670	512	195	577	216	319
福建	Fujian	10696	3970	9299	2813	589	295	527	271	543
江西	Jiangxi	36361	22878	34936	22251	4242	767	4883	837	3934
山东	Shandong	17039	4937	18658	5537	1796	235	1780	230	1457
河南	Henan	46655	38470	53829	38516	2762	828	2701	808	818
湖北	Hubei	12374	3519	15138	4134	1165	262	1095	256	700
湖南	Hunan	31851	11283	31036	11196	2847	991	2853	925	2585
广东	Guangdong	12687	8322	12362	8166	440	193	473	240	400
广西	Guangxi	1448	61	1607	79	168	7	151	7	55
海南	Hainan	3493	713	3174	713	668	108	559	106	644
重庆	Chongqing	8952	1870	9276	1801	1852	687	2024	687	1825
四川	Sichuan	4738	521	4692	518	227	111	187	78	167
贵州	Guizhou	4979	0	4297	0	807	219	865	219	865
云南	Yunnan	560	15	560	15	9	6	6	5	2
西藏	Tibet	6025	927	5497	1010	406	104	404	102	355
陕西	Shaanxi	2816	287	2406	235	852	205	780	188	535
甘肃	Gansu	992	215	938	268	295	51	286	47	208
青海	Qinghai	2811	286	2838	277	384	125	446	141	356
宁夏	Ningxia	0	0	0	0	0	0	0	0	0
新疆	Xingjiang	29100	23009	29100	23009	1022	204	1127	239	0
国家机关	Government Agencies	1699	666	1603	530	279	74	263	72	344
中直机关	Agencies Directly under CCCPC	3	0	3	0	2	0	0	0	0

3.13 各地区基层工会组织数（2001 年底）
Number of Grass-root Trade Union Organizations by Rigion(End of the year,2001)

地 区	Region	总计（个）Total	内资企业 Domestic Funded Enterprises					
			国有企业 State-owned Enterprises	集体企业 Collective-owned Enterprises	股份合作制企业 Share Holding Enterprises	联营企业 Joint-owned Enterprises	有限责任公司 Limited-Liability Corporations	股份有限公司 Share Holding Corporations
全 国	**National Total**	**1537970**	**127457**	**61778**	**21584**	**3149**	**21141**	**15954**
北 京	Beijing	32844	2932	1286	332	38	521	431
天 津	Tianjin	22361	2449	2011	572	59	294	173
河 北	Hebei	64657	6130	4562	854	59	845	575
山 西	Shanxi	25677	4830	2594	430	18	484	525
内蒙古	Inner Mongolia	23166	2880	573	312	6	510	313
辽 宁	Liaoning	64659	6791	5047	956	125	349	388
吉 林	Jilin	21046	3721	1376	246	10	360	231
黑龙江	Heilongjiang	24608	6414	2266	700	20	549	357
上 海	Shanghai	85439	3582	2129	953	242	1419	755
江 苏	Jiangsu	95255	4185	2926	1657	99	1305	851
浙 江	Zhejiang	84341	1662	1035	6072	426	3125	1582
安 徽	Anhui	47560	5318	2398	394	1071	448	762
福 建	Fujian	68999	3958	2282	279	76	210	415
江 西	Jiangxi	38447	4281	1596	164	26	296	165
山 东	Shandong	101634	7568	4563	2088	104	2206	1825
河 南	Henan	48551	7410	3903	669	24	663	531
湖 北	Hubei	111309	6091	2514	809	95	1337	1890
湖 南	Hunan	85036	5356	2491	379	70	974	805
广 东	Guangdong	223699	9532	4962	916	293	963	1035
广 西	Guangxi	35735	5656	1673	231	12	496	160
海 南	Hainan	7469	1588	498	34	171	60	57
重 庆	Chongqing	26956	1466	844	229	4	484	344
四 川	Sichuan	75455	5217	2233	353	33	1194	233
贵 州	Guizhou	19855	3342	1205	70	9	199	172
云 南	Yunnan	20589	3319	2105	765	14	401	234
西 藏	Tibet	2704	611	55	12	1	4	7
陕 西	Shaanxi	33626	4560	1602	119	11	325	221
甘 肃	Gansu	14675	1957	700	316	8	283	155
青 海	Qinghai	5566	851	160	276	5	139	50
宁 夏	Ningxia	6830	669	134	142	5	161	125
新 疆	Xingjiang	18219	3067	46	255	15	533	582
国家机关	Government Agencies	805	48	9	0	0	4	4
中直机关	Agencies Directly under CCCPC	198	16	0	0	0	0	1

3.13 续表
Continued

地 区	Region	内资企业 Domestic Funded Enterprises		港澳台商投资企业 HongKong, Macao and Taiwan Funded Enterprises	外商投资企业 Foreign Funded Enterprises	乡镇企业 Town and Township Enterprises	事业单位 Institutions	机关 Government Agencies	其他 Others
		私营企业 Private Enterprises	其他企业 Other Units						
全 国	**National Total**	**704502**	**11630**	**31993**	**40171**	**162440**	**202818**	**110396**	**22957**
北 京	Beijing	14113	734	678	1585	5459	3353	767	615
天 津	Tianjin	5875	483	433	1984	3621	2574	797	1036
河 北	Hebei	26001	594	268	1022	9083	8051	5738	875
山 西	Shanxi	4443	23	54	239	3108	5179	3520	230
内蒙古	Inner Mongolia	5064	184	100	75	1258	6480	5035	376
辽 宁	Liaoning	29424	946	0	3821	3169	8990	4203	450
吉 林	Jilin	7493	44	28	425	804	4994	1314	0
黑龙江	Heilongjiang	1621	553	79	131	579	7240	3943	156
上 海	Shanghai	62638	112	1090	1698	3632	5046	922	1221
江 苏	Jiangsu	46377	710	1348	3401	16441	9646	4158	2151
浙 江	Zhejiang	46253	814	1182	1569	3626	9613	5747	1635
安 徽	Anhui	19202	153	97	420	6844	5834	4025	594
福 建	Fujian	30795	384	3130	4346	10515	7017	4373	1219
江 西	Jiangxi	15205	305	144	1315	6040	5294	3464	152
山 东	Shandong	54175	474	1487	4531	6964	10313	5295	41
河 南	Henan	10733	403	411	494	5705	11064	5716	825
湖 北	Hubei	56705	642	901	799	12020	16234	5671	5601
湖 南	Hunan	27884	691	503	704	24424	10736	7429	2590
广 东	Guangdong	153980	1490	19024	9370	3669	10604	7084	777
广 西	Guangxi	11544	920	98	784	4191	5818	3801	351
海 南	Hainan	1820	84	58	66	173	1735	1064	61
重 庆	Chongqing	11745	93	57	213	4308	4518	2432	219
四 川	Sichuan	34474	18	443	396	13189	11378	5286	1008
贵 州	Guizhou	3667	120	19	90	832	5173	4879	78
云 南	Yunnan	1545	13	111	131	6069	5795	87	0
西 藏	Tibet	52	224	0	0	67	680	784	207
陕 西	Shaanxi	10034	64	148	441	3841	7725	4531	4
甘 肃	Gansu	2428	154	69	44	2079	3511	2855	116
青 海	Qinghai	546	13	2	5	177	1839	1493	10
宁 夏	Ningxia	3132	38	11	31	90	1365	920	7
新 疆	Xingjiang	5534	150	20	39	463	4274	2907	334
国家机关	Government Agencies	0	0	0	2	0	621	99	18
中直机关	Agencies Directly under CCCPC	0	0	0	0	0	124	57	0

3.14 各地区建有工会组织的基层单位职工人数(2001 年底)
Number of Staff and Workers of Grass-root Units with Trade Union Organizations by Region(End of the year,2001)

地区	Region	总计(人) Total (person)	内资企业 Domestic Funded Enterprises					
			国有企业 State-owned Enterprises	集体企业 Collective-owned Enterprises	股份合作制企业 Share Holding Enterprises	联营企业 Joint-owned Enterprises	有限责任公司 Limited-Liability Corporations	股份有限公司 Share Holding Corporations
全国	**National Total**	**129970372**	**41426491**	**7466298**	**2830175**	**290563**	**6119627**	**5145696**
北京	Beijing	2713424	1083885	112918	43748	7394	66237	136696
天津	Tianjin	2517074	950947	238007	47806	12776	125367	74035
河北	Hebei	5924456	2036529	437951	113524	9173	255124	204279
山西	Shanxi	4094640	2060030	262935	61215	511	220425	158143
内蒙古	Inner Mongolia	3356157	1009253	76610	45549	1859	274047	171350
辽宁	Liaoning	8519622	3636597	1129752	327080	17666	273993	235769
吉林	Jilin	3418409	1613153	244646	53494	1115	157991	184697
黑龙江	Heilongjiang	5000597	2910665	275901	98678	1673	257320	120411
上海	Shanghai	4139788	1285071	232182	76184	20482	198185	320999
江苏	Jiangsu	7102244	1060427	254597	101230	9175	260143	201431
浙江	Zhejiang	6559002	405338	107953	565100	63622	363981	231637
安徽	Anhui	4293292	1619741	335171	58830	11880	145331	242563
福建	Fujian	4033018	636018	184889	26433	9470	68760	106174
江西	Jiangxi	2888944	1030124	144469	23256	3638	147585	60528
山东	Shandong	10323969	2494287	781223	397116	36526	640719	740895
河南	Henan	7578351	2739336	446197	141879	5370	367043	283082
湖北	Hubei	7289420	2097752	392949	83101	9489	297426	401539
湖南	Hunan	5892078	1664400	419712	78088	11158	403854	207568
广东	Guangdong	9369726	1623847	393344	140425	31009	229476	273574
广西	Guangxi	2961717	996172	164776	36945	6918	137357	91151
海南	Hainan	797781	452187	33785	11789	7312	7871	17108
重庆	Chongqing	1711908	506240	108847	35491	675	102205	94358
四川	Sichuan	6212263	1962505	279203	53152	3513	451054	189468
贵州	Guizhou	1784296	649237	61621	8961	591	139172	60334
云南	Yunnan	2369002	887005	139541	65514	1102	148020	105131
西藏	Tibet	170903	35514	1654	1425	46	169	2844
陕西	Shaanxi	3530890	1588039	62729	37137	2602	125202	88655
甘肃	Gansu	1777590	791333	72254	33899	743	61138	41865
青海	Qinghai	466861	157814	10263	26174	320	38297	9419
宁夏	Ningxia	606763	185660	13075	18031	802	54792	51596
新疆	Xingjiang	2348447	1237781	46630	18921	1953	99639	37563
国家机关	Government Agencies	175529	14358	514	0	0	1704	583
中直机关	Agencies Directly under CCCPC	42211	5246	0	0	0	0	251

3.14 续表
Continued

地区	Region	内资企业 Domestic Funded Enterprises 私营企业 Private Enterprises	内资企业 Domestic Funded Enterprises 其他企业 Other Units	港澳台商投资企业 HongKong, Macao and Taiwan Funded Enterprises	外商投资企业 Foreign Funded Enterprises	乡镇企业 Town and Township Enterprises	事业单位 Institutions	机关 Government Agencies	其他 Others
全国	**National Total**	**20042808**	**726994**	**3942856**	**4876560**	**10156719**	**18301717**	**6937568**	**1706300**
北京	Beijing	221280	16149	64614	151299	222312	426326	102059	58507
天津	Tianjin	129202	39106	29937	213584	230278	288747	75676	61606
河北	Hebei	877769	36768	37886	146408	466792	879965	374601	47687
山西	Shanxi	221155	2187	8103	30135	248459	549196	250971	21175
内蒙古	Inner Mongolia	430882	48243	25580	23849	178561	562070	315178	193126
辽宁	Liaoning	867000	25264	0	391030	256400	966757	313996	78318
吉林	Jilin	387593	8732	4829	68131	66193	534235	93600	0
黑龙江	Heilongjiang	267630	32990	18303	42708	85022	630946	252585	5765
上海	Shanghai	553907	5349	154917	310457	323788	532473	102873	22921
江苏	Jiangsu	2287560	9607	247610	671084	1519405	261548	92473	125954
浙江	Zhejiang	2956078	76421	139156	170626	360540	629707	283311	205532
安徽	Anhui	518564	11773	132512	90000	401669	531413	161266	32579
福建	Fujian	929456	27256	395757	361060	408242	588612	248012	42879
江西	Jiangxi	479330	9209	6501	57146	244600	477685	190078	14795
山东	Shandong	1594112	55808	221749	692374	807834	1367058	486067	8201
河南	Henan	835278	22437	177279	29141	682530	1231363	502744	114672
湖北	Hubei	1492817	98291	83731	117015	664637	1042199	282132	226342
湖南	Hunan	627910	32699	67892	61481	700162	1062468	419139	135547
广东	Guangdong	1915700	43590	1977840	974160	257536	1032608	430573	46044
广西	Guangxi	289168	65049	4299	107833	208520	600154	225534	27841
海南	Hainan	33140	4481	8762	7487	8802	144076	54945	6036
重庆	Chongqing	189804	7415	13516	23080	172747	337664	116049	3817
四川	Sichuan	965111	4941	70454	61140	592368	986143	429841	163370
贵州	Guizhou	108240	4916	2471	13425	90002	398775	242794	3757
云南	Yunnan	44174	1430	9910	11677	588394	356490	10614	0
西藏	Tibet	2573	2240	0	0	3239	53950	54381	12868
陕西	Shaanxi	480820	7010	12594	33706	213906	643806	234536	148
甘肃	Gansu	99566	13263	14403	9803	110530	345142	171850	11801
青海	Qinghai	24897	629	122	194	16033	120657	61699	343
宁夏	Ningxia	80065	2546	5717	2135	6040	142170	43843	291
新疆	Xingjiang	132027	11195	6412	2895	21178	433806	265579	32868
国家机关	Government Agencies	0	0	0	1497	0	120772	34591	1510
中直机关	Agencies Directly under CCCPC	0	0	0	0	0	22736	13978	0

3.15 各地区工会会员人数(2001 年底)
Number of Trade Unions Members by Region(End of the year,2001)

地区	Region	总计(人) Total (person)	内资企业 Domestic Funded Enterprises					
			国有企业 State-owned Enterprises	集体企业 Collective-owned Enterprises	股份合作制企业 Share Holding Enterprises	联营企业 Joint-owned Enterprises	有限责任公司 Limited-Liability Corporations	股份有限公司 Share Holding Corporations
全国	**National Total**	**121523232**	**39164935**	**6675070**	**2569042**	**257748**	**5662403**	**4670440**
北京	Beijing	2546001	1045899	102898	41727	6947	61564	127943
天津	Tianjin	2429767	918242	228827	41843	10965	119892	73346
河北	Hebei	5602720	1932359	398483	105636	8836	247217	187354
山西	Shanxi	3694099	1873219	234061	55124	451	204870	141350
内蒙古	Inner Mongolia	3238077	982976	73656	40929	1740	264864	164124
辽宁	Liaoning	8214740	3419549	1109612	294725	12476	278136	210769
吉林	Jilin	3181310	1522739	197346	47857	1106	141192	152985
黑龙江	Heilongjiang	4652083	2686060	246102	92482	1501	225670	112862
上海	Shanghai	3858998	1239745	219568	70048	18867	188112	296299
江苏	Jiangsu	6500400	1055643	210706	88864	8317	236213	193379
浙江	Zhejiang	6505682	462562	116933	547778	61501	355633	223751
安徽	Anhui	3987619	1519658	293736	52591	10603	136770	209502
福建	Fujian	3717661	605258	168032	23012	7742	64239	99217
江西	Jiangxi	2737624	984663	132868	21772	3483	139686	56338
山东	Shandong	9453875	2345236	657241	333457	33578	566574	643137
河南	Henan	7000986	2668327	377018	121844	4894	324395	250572
湖北	Hubei	6608221	1921753	319326	76737	8651	278343	370978
湖南	Hunan	5630192	1583564	383414	73432	10548	383198	194497
广东	Guangdong	8182137	1480778	318700	118028	22146	187006	236630
广西	Guangxi	2790070	922995	144283	35034	6793	128019	84953
海南	Hainan	697458	397241	27527	9069	6113	6842	14741
重庆	Chongqing	1575334	474775	99008	33254	474	93034	87050
四川	Sichuan	6379716	1864140	241033	47613	2856	409775	159286
贵州	Guizhou	1687255	612956	54796	7680	553	133664	58074
云南	Yunnan	2209168	853268	126335	59332	864	137177	98677
西藏	Tibet	142447	33879	1211	1177	27	124	2238
陕西	Shaanxi	3302576	1493447	61224	35725	2206	117535	83075
甘肃	Gansu	1634425	742359	65926	33568	580	55728	42100
青海	Qinghai	429413	148335	9856	24883	248	36685	8896
宁夏	Ningxia	565610	171063	12120	16095	752	52911	49801
新疆	Xingjiang	2153089	1183044	42650	17726	1930	85707	35846
国家机关	Government Agencies	173792	13964	574	0	0	1628	419
中直机关	Agencies Directly under CCCPC	40687	5239	0	0	0	0	251

3.15 续表
Continued

地　区	Region	内资企业 Domestic Funded Enterprises		港澳台商投资企业 HongKong, Macao and Taiwan Funded Enterprises	外商投资企业 Foreign Funded Enterprises	乡镇企业 Town and Township Enterprises	事业单位 Institutions	机关 Government Agencies	其他 Others
		私营企业 Private Enterprises	其他企业 Other Units						
全　国	**National Total**	**18659140**	**638507**	**3425050**	**4365247**	**9141262**	**17444709**	**6588728**	**2260951**
北　京	Beijing	197316	14782	60000	135247	193781	414266	95476	48155
天　津	Tianjin	110809	33445	37615	200039	218742	303693	75414	56895
河　北	Hebei	836436	25677	38032	131985	433360	856090	358905	42350
山　西	Shanxi	203757	1902	7043	28720	222477	477360	225987	17778
内蒙古	Inner Mongolia	407373	46779	23713	21030	169077	546268	304447	191101
辽　宁	Liaoning	841900	42951	0	363890	233400	950001	290414	166917
吉　林	Jilin	379598	8198	4217	64094	64546	509867	87565	0
黑龙江	Heilongjiang	256900	30187	17638	41157	83383	606165	246554	5422
上　海	Shanghai	499061	4805	131357	274644	283763	515666	99229	17834
江　苏	Jiangsu	2065935	6117	184205	595607	1381548	258268	92493	123105
浙　江	Zhejiang	2868635	88990	115221	161721	200763	680916	310028	311250
安　徽	Anhui	504687	8707	136646	80000	384557	487961	135477	26724
福　建	Fujian	860395	13400	351870	314638	363848	568327	242051	35632
江　西	Jiangxi	465233	8646	6066	56099	221700	448580	180440	12050
山　东	Shandong	1517983	46802	203333	625637	756921	1285019	431225	7732
河　南	Henan	762959	17080	155515	36735	561361	1112954	499608	107724
湖　北	Hubei	1333054	61339	73683	108721	624319	981254	268351	181712
湖　南	Hunan	615130	31364	63671	57898	675769	1014799	410484	132424
广　东	Guangdong	1674300	34305	1672119	823581	180367	1002380	395346	36451
广　西	Guangxi	295704	57751	13030	90197	199555	571875	213978	25903
海　南	Hainan	28341	3854	6968	6783	7010	129631	50921	2417
重　庆	Chongqing	162662	6940	11288	18576	149682	322427	112631	3533
四　川	Sichuan	965111	4475	69087	59119	571740	915161	416420	653900
贵　州	Guizhou	98294	5324	1915	12428	86953	382532	228470	3616
云　南	Yunnan	35785	1024	7684	11048	540625	329633	7716	0
西　藏	Tibet	2354	2240	0	0	2722	36518	52034	7923
陕　西	Shaanxi	430805	6159	11428	31385	189677	614193	225569	148
甘　肃	Gansu	72117	13879	10877	7901	100721	314262	163878	10529
青　海	Qinghai	20614	530	77	129	7871	112300	58656	333
宁　夏	Ningxia	67997	2101	4778	2213	5459	133973	46056	291
新　疆	Xingjiang	77895	8754	5974	2657	25565	420790	214875	29676
国家机关	Government Agencies	0	0	0	1368	0	120262	34151	1426
中直机关	Agencies Directly under CCCPC	0	0	0	0	0	21318	13879	0

3.16 各地区工会重点工作情况(2001 年底)
Status of the Major Work of Trade Unions by Region(End of the year,2001)

地　区	Region	建立职工(代表)大会制度的企业单位(个) Number of Enterprises with Staff and Workers' Congress System	非公有制企业单位 Nonpublic-owned Enterprises	实行业务招待费使用情况向职工(代表)大会报告的公有制企业单位(个) Number of Enterprises Reporting Business Entertainment Expenses to Staff and Workers' Congress	职工(代表)大会开展民主评议企业领导干部工作的公有制企业单位(个) Number of Enterprises Conducting Democratic Assessment on Leaders and Cadres	实行厂务公开的企业单位(个) Number of Enterprises Promoting Business Affairs Open System	非公有制企业单位 Nonpublic-owned Enterprises	实施群众性经济技术创新工程的企业单位(个) Number of Enterprises Promoting Mass Economic and Technologic Innovation Project
全　国	National Total	**291071**	**56685**	**196562**	**195394**	**244709**	**39411**	**293919**
北　京	Beijing	5286	454	4305	4097	4735	332	4287
天　津	Tianjin	6759	1900	3611	3550	4382	795	5670
河　北	Hebei	18016	5841	12344	12281	18445	8086	17028
山　西	Shanxi	8847	0	7106	7437	7658	0	8707
内蒙古	Inner Mongolia	4193	724	3117	3163	2899	330	4842
辽　宁	Liaoning	15595	2415	9960	10416	14956	715	13560
吉　林	Jilin	9600	2698	5156	5109	8131	1056	4239
黑龙江	Heilongjiang	12603	2714	8866	9044	10695	2770	4133
上　海	Shanghai	13489	2640	9080	9080	10968	1697	6613
江　苏	Jiangsu	13550	1824	7720	7720	10479	2759	23687
浙　江	Zhejiang	8112	3477	4650	4021	3967	653	52000
安　徽	Anhui	6470	0	5705	7966	12715	283	6843
福　建	Fujian	10241	1489	7220	6487	6659	126	11018
江　西	Jiangxi	9086	1010	6528	5747	6428	856	5622
山　东	Shandong	23493	6058	15308	14887	16869	3401	22395
河　南	Henan	16066	2778	12001	11808	14158	1449	13143
湖　北	Hubei	18109	5373	12736	12736	14411	1675	13636
湖　南	Hunan	15603	3103	9067	9417	10839	1953	6083
广　东	Guangdong	18535	2315	13138	12337	14339	1264	42903
广　西	Guangxi	7462	1297	5212	4916	6341	576	1774
海　南	Hainan	1758	46	1318	1219	1867	610	620
重　庆	Chongqing	4511	1419	2607	2435	3579	898	3245
四　川	Sichuan	12515	3029	8770	8897	10132	1075	9889
贵　州	Guizhou	4684	383	3781	3647	4047	169	2486
云　南	Yunnan	7818	1209	5084	5120	9965	4322	2389
西　藏	Tibet	589	50	299	265	139	40	10
陕　西	Shaanxi	7244	704	4134	4243	6131	406	2229
甘　肃	Gansu	3455	351	2890	2774	3478	545	2122
青　海	Qinghai	1284	173	884	831	1042	145	360
宁　夏	Ningxia	1507	687	748	751	861	85	730
新　疆	Xingjiang	4555	524	3170	2958	3372	340	1654
国家机关	Government Agencies	28	0	34	22	16	0	2
中直机关	Agencies Directly under CCCPC	8	0	13	13	6	0	0

3.16 续表
Continued

地区	Region	建立平等协商、集体合同制度的企业单位（个）Number of Enterprises with Equal Consultation System and Collective Contracts	新建企业单位 Newly-established Enterprises	签订集体合同的企业单位（个）Number of Enterprises Signing Collecive Contracts	新建企业单位 Newly-established Enterprises	建立职工董事制度的公有制企业单位（个）Number of Public-owned Enterprises establishing Staff and Workers in Board of Directors System	国有独资及国有控股公司 Solely State Invested Corporations and State-owned Holding Companies	建立职工监事制度的公有制企业单位（个）Number of Public-owned Enterprises establishing Staff and Workers in Board of Directors System	国有独资及国有控股公司 Solely State Invested Corporations and State-owned Holding Companies	建立职工董事、职工监事向职代会报告工作、接受群众监督制度的公有制企业单位（个）Number of public-owned enterprises establishing the system in which directors from staff and workers are answerable to staff and workers congress and supervised by mass
全国	**National Total**	**566138**	**323813**	**552666**	**322651**	**34591**	**8793**	**31794**	**8729**	**28748**
北京	Beijing	15397	10530	15287	10513	509	246	536	246	420
天津	Tianjin	9388	5408	5552	3150	442	194	429	145	474
河北	Hebei	45861	34054	45335	33756	1285	463	1256	463	1399
山西	Shanxi	11621	2259	10957	2633	1067	293	581	236	161
内蒙古	Inner Mongolia	4991	1093	4816	940	339	161	327	160	213
辽宁	Liaoning	18000	724	18000	431	327	105	422	141	297
吉林	Jilin	7117	2071	6611	1911	883	173	727	163	572
黑龙江	Heilongjiang	9794	1088	9858	1168	2231	126	2205	121	2220
上海	Shanghai	29756	22109	9032	4637	722	30	113	6	2255
江苏	Jiangsu	48926	37252	49538	40594	1473	567	1791	567	992
浙江	Zhejiang	57715	37568	65797	51266	2860	199	1395	204	1192
安徽	Anhui	11166	4057	11166	4057	834	637	878	634	0
福建	Fujian	36463	17945	35652	17980	590	185	626	206	675
江西	Jiangxi	10698	5984	12065	7102	671	258	630	246	589
山东	Shandong	51057	37427	49717	36637	4465	913	5169	992	3840
河南	Henan	21932	11266	21932	11266	1544	235	1633	230	1457
湖北	Hubei	44102	38470	51056	38516	2762	839	2701	828	2548
湖南	Hunan	20142	5779	20142	6206	1928	315	2325	348	1051
广东	Guangdong	41023	16106	40742	17914	2519	1022	1530	941	2037
广西	Guangxi	21286	16538	20863	16452	499	218	516	299	434
海南	Hainan	1471	27	1395	20	62	15	51	17	52
重庆	Chongqing	7410	4399	5952	3703	856	121	569	125	850
四川	Sichuan	12951	6287	13066	5815	2133	687	1915	687	1756
贵州	Guizhou	4738	521	4692	518	227	111	187	78	167
云南	Yunnan	6501	858	7035	1392	807	219	865	219	865
西藏	Tibet	560	15	560	15	9	6	6	5	2
陕西	Shaanxi	6328	981	6237	1058	380	107	373	107	242
甘肃	Gansu	2902	647	2982	602	896	92	901	90	889
青海	Qinghai	1121	413	1023	355	303	31	286	29	291
宁夏	Ningxia	2098	1415	2137	1440	302	79	296	79	286
新疆	Xingjiang	3620	522	3466	604	664	146	555	117	522
国家机关	Government Agencies	3	0	3	0	2	0	0	0	0
中直机关	Agencies Directly under CCCPC	0	0	0	0	0	0	0	0	0

主要统计指标解释

工会基层组织　包括独立的基层工会和联合基层工会。独立的基层工会指工会会员在25人以上，经民主选举产生，上级工会批准建立的工会基层委员会或工会会员不足25人、选举了组织员或工会主席、副主席，经上级工会批准备案，单独建立的基层工会。联合基层工会指职工人数少，不宜建立独立基层工会委员会的企业，按区域、行业或所有制等建立起来的基层工会组织。

工会基层组织不包括车间（科室）工会和领导若干工会基层组织的集团公司工会和工会联合会。

职工　指在本单位工作并由单位支付劳动报酬的工薪劳动者。包括由于各种原因，已经离开本人的生产或工作岗位，并已不在本单位从事其他工作，但保留劳动关系、尚未找到相对稳定工作的职工。职工中不包括：(1)离休、退休、退职人员；(2)外方和港澳台方工作人员；(3)私营企业的投资者。

国有企业　指企业全部资产归国家所有，并按《中华人民共和国企业法院人登记管理条例》规定登记注册的非公司制的经济组织。不包括有限责任公同中的国有独资公司。

国有独资公司　指国家授权的投资机构或国家授权的部门单独投资设立的有限责任公司。

国有控股公司　国有控股可分为两类。一类是国有绝对控股，另一类是国有相对控股（含协议控制）。国有控股是指企业在全部资本中，国家资本（股本）所占比例大于50%的企业。国有相对控股（含协议控制）是指在企业的全部资本中，国家资本（股本）所占的比例虽未大于50%，但相对大于企业中的其他经济成分所占比例的企业（相对控股）；或者虽不大于其他经济成分，但根据协议规定，由国家拥有实际控制权的企业（协议控制）。

私营企业　指由自然人投资设立或由自然人控股，以雇佣劳动为基础的营利性经济组织。包括按照《公司法》、《合伙企业法》、《私营企业暂行条例》规定登记注册的私营有限责任公司、私营股份有限公司、私营合伙企业和私营独资公司。

非公有制企业　除公有制企业以外的所有企业，包括私营企业、港澳台商投资企业、外商投资企业等。对应《已建工会基层单位的职工和会员数统计调查表》，即为私营企业、其他企业、港澳台商投资企业、外商投资企业和乡镇企业之和。

公有制企业　包括国有企业、集体企业、股份合作制企业、国有及集体联营企业和国有独资公司、国有及集体控股公司。对应《已建工会基层单位的职工和会员数统计调查表》，即为国有企业、集体企业、股份合作制企业、联营企业、国有独资公司、其他有限责任公司、国有控股公司、其他股份有限公司之和。

新建企业　指私营企业、港澳台商投资企业、外商投资企业和乡镇企业。对应《已建工会基层单位的职工和会员数统计调查表》，即为私营企业、港澳台商投资企业、外商投资企业和乡镇企业之和。

业务招待费　指企业在经营管理等活动中用于接待应酬的各种费用。

职工(代表)大会民主评议企业的领导干部 指企业的领导班子成员,主要是企业的厂长(经理)、副厂长(副经理)、党委书记、副书记、董事长、副董事长和工会主席。

职工董事、监事制度 指由职工民主选举产生一定数量的职工代表进入公司董事会、监事会,担任董事和监事制度。

群众性经济技术创新工程 指适应社会主义市场经济要求,以工程的形式改革和创新的群众性经济技术活动。其形式是以企业为主体,以广泛吸引职工参与的技术创新、工艺创新、产品创新、管理创新、服务创新等活动。

Explanatory Notes on Main Statistical Indicators

Grass-root Organizations of Trade Union include independent grass-root trade unions and joint grass-root trade unions. Independent grass-root trade unions refer to grass-root committee of trade unions whose members are over 25 people, who are established through democratic election and approved by trade unions at higher level, or grass-root trade unions established independently whose members are less than 25 people, who elect trade union chairman or vice chairman and are put on record after the approval of trade unions at higher level. Joint grass-root trade unions refer to grass-root trade union organizations established by region, sector or ownership of the enterprises whose have a small number of staff and workers and are not appropriate to establish independent grass-root trade union committees.

Grass-root organizations of trade union do not include workshop (division) trade unions and corporation trade unions and trade union federations leading several grass-root organizations of trade union.

Staff and Workers refers to laborers who work at the unit and get paid by the unit, including those who have left his/her production or work post and are not engaged in other work because of various reasons, but whose relationships are still remained and who still haven't found relatively stable work. The following people are not included: (1) the retired and resigned, and people who have quit job; (2) foreigners and people from Hong Kong, Macao and Taiwan; (3) investors of private enterprises.

State-owned Enterprises refer to non-corporation economic organizations whose total assets are owned by the state and who have registered according to "Corporation Registration and Management Rules of the People's Republic of China", excluding corporations solely owned by the state in limited liability corporations.

Solely State Invested Corporations refers to investment institutions authorized by state, or limited liability corporations established with sole investment by departments authorized by state.

State-owned Holding Companies can be divided into two categories. One is that the shares are absolutely held by state and the other is the shares are relatively held by state (including agreed control). Shares held by the state refers to that in the total capitals of the enterprise, state capitals (shares) account for over 50%. Shares relatively held by state (including agreed control) refers to that in the total capitals of the enterprise, state capitals (shares) are less than 50%, but are relatively larger than the proportion of other economic composition of the enterprise, or even though state capitals are not larger than that of other economic compositions, according to agreement, state has the actual control rights of the enterprise (agreed control).

Private Enterprises refers to profit-making economic organizations established and invested by natural person(s) or natural person(s) is the main share holder(s) on the basis of hiring laborers, including private limited liability corporations, private limited companies and private partnership enterprises and solely private funded enterprises registered according to "Corporation Law", "Partnership Corporation Law" and "Provisional Regulation on Private Enterprises"

Nonpublic-owned Enterprises refer to all enterprises but public-owned ones, such as private enterprises, solely Hong Kong SAR, Macao SAR and Taiwan invested enterprises, foreign invested enterprises are included. According to "Questionnaire of the Number of Staff and Workers and Trade Union Members of Grass-root Units with Trade Unions", the concept of nonpublic-owned enterprises refer to the sum of private enterprises, other enterprises, solely Hong Kong SAR Macao SAR and Taiwan invested enterprises, foreign invested enterprises and town and township enterprises.

Public-owned Enterprises Include state-owned enterprises, collective-owned enterprises, joint-stock cooperative enterprises, state and collective joint owned enterprises, solely state invested companies, state and collective joint stock-holding companies. According to "Questionnaire of the Number of Staff and Workers and Trade Union Members of Grass-root Units with Trade Unions", the concept of public-owned enterprises refer to state-owned enterprises, collective-owned enterprises, joint-stock cooperative enterprises, joint-owned enterprises, solely state invested companies, other limited liability cooperation, state stock-holding cooperation and other share holding corporations.

Newly-established enterprises refer to private enterprises, solely Hong Kong SAR Macao SAR and Taiwan invested enterprises, foreign invested enterprises, town and township enterprises. According to "Questionnaire of the Number of Staff and Workers and Trade Union Members of Grass-root Units with Trade Unions", the concept of newly-built enterprises refers to the sum of private enterprise, solely Hong Kong SAR Macao SAR and Taiwan invested enterprises, foreign enterprises and town and township enterprises.

Business Entertainment Expenses refers to various reception and social entertainment expenses used for enterprise operation and management activities.

Leaders and Cadres of Enterprises Assessed by Staff and Workers' (Representative) Congress refers to members of the leading group of enterprises, mainly the factor directors (managers), deputy factory directors (deputy managers), secretaries and vice secretaries of Party Committee, chairmen and vice chairmen of the Board of Directors and trade union chairmen of enterprises.

The system of staff and workers as director refer to that staff and workers elect some representatives as director on the board.

Mass Economic and Technical Renovation Project refers to mass reform and renovation economic and technical activities adapted to the market economy of socialism, which is in the form of engineering. The principal sector of the reform and renovation is enterprise, which gets the participation of the workers and staff comprehensively. And it includes technology renovation, product renovation, management renovation, service renovation.

四、36 个大中城市职工家庭生活状况资料

Chapter 4 MAIN INDICATORS OF STAFF AND WORKERS HOUSEHOLD LIVING CONDITIONS IN 36 BIG AND MEDIUM-SIZFD CTTIES

简要说明

本部分资料由国家统计局城市社会经济调查总队提供,数据来源于城市住户调查资料。

城市住户调查是由国家统计局城市社会经济调查总队组织实施,各省、自治区、直辖市城调队及抽中城市的城调队依据国家统计局统一制定的城市住户调查方案,收集资料并逐级汇总上报。主要反映城市居民家庭就业、现金收入、消费支出和主要消费品拥有量的情况。

Brief Explanation

The materials of this part are provided by General Group of Urban Social and Economic Survey of State Statistic Bureau and the data is from the survey materials of urban household.

Urban household survey is organized and implemented by General Group of Urban Social and Economic Survey of State Statistic Bureau. Urban survey groups of each province, autonomous region and municipality directly under Center Government as well as the survey groups of cities drew collect materials and report to higher level according to the standard urban household survey scheme made by State Statistic Bureau. It mainly reflects the status of urban household employment, cash income, expenditure and the amount of main consumer goods owned.

4.1 居民家庭人口就业情况(2001 年,平均每百户)

Employment Status of Households (2001, per 100 households)

单位:人 (Person)

城 市	City	(一)有收入者人数 Number of People with Income	1. 就业人口数 Number of Employee	(1)国有经济单位职工人数 Number of Staff and Workers in State-owned Units	(2)集体经济单位职工人数 Number of Staff and Workers in Collective-owned Units	(3)其他经济类型职工人数 Number of Staff and Workers in Units of Other Types of Ownership	(4)个体经营者人员数 Number of Individual Laborers
平均水平	Average Level	217.46	158.16	110.06	15.12	11.06	5.69
北 京	Beijing	234.99	175.98	125.46	9.10	19.69	1.04
天 津	Tianjin	229.94	158.83	114.79	11.65	10.48	5.48
石家庄	Shijiazhuang	222.48	140.75	113.75	12.81	3.29	3.00
太 原	Taiyuan	215.39	141.61	95.70	7.03	27.83	3.53
呼和浩特	Huhhot	196.29	140.58	108.10	4.98	5.31	8.02
沈 阳	Shenyang	221.53	177.97	107.66	33.74	9.40	4.80
大 连	Dalian	230.94	145.74	81.82	17.10	9.98	5.07
长 春	Changchun	215.54	174.70	123.75	20.95	1.22	4.45
哈尔滨	Harbin	205.25	144.17	94.60	18.18	1.60	9.80
上 海	Shanghai	237.20	154.72	94.05	8.67	20.25	1.97
南 京	Nanjing	228.59	160.70	112.08	22.70	5.33	5.33
杭 州	Hangzhou	233.16	175.18	88.56	19.89	44.05	5.72
宁 波	Ningbo	217.16	183.74	76.93	25.17	54.32	9.79
合 肥	Hefei	219.84	176.50	123.59	27.33	12.75	4.34
福 州	Fuzhou	234.22	179.14	116.73	21.19	12.11	11.22
厦 门	Xiamen	222.55	186.17	111.08	8.50	23.54	16.80
南 昌	Nanchang	218.00	161.95	121.61	19.00	1.00	8.00
济 南	Jinan	215.52	163.66	139.33	16.25	3.67	1.00
青 岛	Qingdao	211.82	152.93	103.55	18.75	21.19	2.13
郑 州	Zhengzhou	209.17	134.96	95.29	11.78	6.92	5.98
武 汉	Wuhan	225.55	155.75	118.65	17.68	3.78	3.90
长 沙	Changsha	201.80	174.09	135.09	19.00	16.00	3.00
广 州	Guangzhou	207.36	171.80	120.02	24.69	9.28	2.86
深 圳	Shenzhen	196.75	169.60	125.43	9.34	29.25	3.00
南 宁	Nanning	208.54	164.66	119.38	12.96	4.67	12.50
海 口	Haikou	227.99	174.37	124.05	11.88	7.12	9.42
成 都	Chengdu	216.13	139.31	79.21	16.29	11.86	10.03
重 庆	Chongqing	219.75	168.92	129.98	16.39	5.16	4.61
贵 阳	Guiyang	214.38	165.75	113.42	20.51	5.54	18.66
昆 明	Kunming	213.62	144.39	109.61	18.17	0.94	6.14
拉 萨	Lasa	187.00	177.00	156.00	14.00	0.00	0.00
西 安	Xi'an	205.10	138.17	94.89	15.08	4.69	2.22
兰 州	Lanzhou	211.25	156.41	120.72	13.33	3.33	6.67
西 宁	Xining	204.22	137.66	100.06	6.17	1.42	8.69
银 川	Yinchuan	191.88	137.13	92.57	5.96	10.17	10.46
乌鲁木齐	Urumqi	194.92	146.69	129.02	4.15	3.75	4.38

4.1 续表
Continued

单位:人 (Person)

城市	City	(5)个体被雇人员数 Number of Individual Employee	(6)离退休再就业人员数 Number of the Reemployed of Retired People	(7)其他就业人员数 Number of People of Other Employment	2. 离退休人员数 Number of the Retired and Resigned	3. 其他有收入者人数 Number of Other People with Income	(二)无收入者人数 Number of People without Income
平均水平	Average Level	7.16	6.85	2.21	58.17	1.13	85.85
北京	Beijing	2.40	17.41	0.88	58.16	0.85	67.61
天津	Tianjin	4.05	10.18	2.20	68.53	2.58	78.99
石家庄	Shijiazhuang	5.25	1.65	1.00	81.48	0.25	79.75
太原	Taiyuan	2.19	4.52	0.80	73.12	0.67	73.19
呼和浩特	Huhhot	8.15	3.34	2.69	55.46	0.25	87.74
沈阳	Shenyang	8.45	10.50	3.42	43.25	0.32	81.45
大连	Dalian	10.87	10.72	10.18	81.15	4.05	77.64
长春	Changchun	16.21	1.97	6.14	40.84	0.00	95.89
哈尔滨	Harbin	19.98	0.00	0.00	58.88	2.20	94.95
上海	Shanghai	2.40	26.44	0.95	82.48	0.00	62.77
南京	Nanjing	1.81	9.44	4.00	67.42	0.47	61.53
杭州	Hangzhou	5.61	10.75	0.61	51.20	6.78	75.19
宁波	Ningbo	7.54	10.00	0.00	31.84	1.59	86.55
合肥	Hefei	6.17	1.33	1.00	41.84	1.50	80.75
福州	Fuzhou	13.80	2.42	1.67	54.42	0.67	91.45
厦门	Xiamen	16.51	3.13	6.63	35.26	1.13	98.62
南昌	Nanchang	11.00	0.67	0.67	55.39	0.67	94.33
济南	Jinan	0.36	2.72	0.33	51.59	0.28	86.59
青岛	Qingdao	3.46	3.84	0.02	58.45	0.44	77.46
郑州	Zhengzhou	5.69	8.06	1.25	73.92	0.29	87.90
武汉	Wuhan	3.27	8.38	0.08	69.60	0.20	81.95
长沙	Changsha	0.50	0.00	0.50	27.71	0.00	102.00
广州	Guangzhou	9.80	2.47	2.67	33.28	2.28	105.00
深圳	Shenzhen	2.00	0.58	0.00	24.25	2.90	136.25
南宁	Nanning	3.58	3.00	8.58	43.88	0.00	96.64
海口	Haikou	7.42	2.00	12.50	53.13	0.50	124.59
成都	Chengdu	13.92	6.28	1.72	76.57	0.25	81.45
重庆	Chongqing	7.00	5.78	0.00	50.81	0.03	85.14
贵阳	Guiyang	3.79	2.84	1.00	48.63	0.00	99.87
昆明	Kunming	7.25	2.28	0.00	64.67	4.56	73.67
拉萨	Lasa	2.00	0.00	5.00	10.00	0.00	156.00
西安	Xi'an	7.11	10.34	3.84	65.78	1.14	98.19
兰州	Lanzhou	7.33	3.67	1.36	52.53	2.31	96.14
西宁	Xining	11.17	3.94	6.22	65.97	0.58	101.24
银川	Yinchuan	13.77	3.92	0.29	54.00	0.75	101.37
乌鲁木齐	Urumqi	5.15	0.25	0.00	48.23	0.00	86.17

4.2 居民家庭现金收入和支出(2001 年,年人均)
Household Cash Income and Expenditure (2001, per person per year)

单位:元 (Yuan)

城 市	City	一、期初手存现金 Initial Cash Deposit	二、可支配收入 Disposable Income	三、现金收入 Cash Income	(一)实际收入 Real Income	1. 国有经济单位职工工资 Wages of Staff and Workers in State-owned Units	(1)工资性收入 Wages Income
平均水平	Average Level	568.5	8443.4	10607.2	8508.9	4423.2	4201.7
北 京	Beijing	1279.8	11577.8	13768.8	11659.0	6239.3	6036.7
天 津	Tianjin	547.5	8958.7	11990.0	8999.4	4152.2	4002.1
石 家 庄	Shijiazhuang	265.1	6805.1	8919.7	6899.1	3556.0	3419.5
太 原	Taiyuan	759.6	6500.2	8422.9	6530.2	2903.8	2781.0
呼和浩特	Huhhot	503.0	6182.2	8175.0	6202.5	3270.6	3220.1
沈 阳	Shenyang	262.8	6386.1	8326.7	6426.5	3044.6	2879.8
大 连	Dalian	319.2	7418.2	9231.7	7448.4	2922.0	2820.3
长 春	Changchun	337.2	6338.6	7971.3	6362.9	3895.6	3729.3
哈 尔 滨	Harbin	446.1	6407.3	7281.5	6444.3	2916.2	2768.6
上 海	Shanghai	1269.8	12883.5	16406.9	12981.5	5171.3	4914.8
南 京	Nanjing	1061.7	8848.2	10803.0	8883.7	4620.0	4454.6
杭 州	Hangzhou	674.3	10701.6	13324.8	10810.2	4457.2	4252.5
宁 波	Ningbo	760.9	11990.9	17923.1	12056.9	5283.7	5078.0
合 肥	Hefei	299.2	6817.0	8540.8	6870.8	3942.1	3756.5
福 州	Fuzhou	794.7	9053.3	10052.3	9148.1	4799.3	4659.5
厦 门	Xiamen	692.8	11364.9	14657.5	11507.0	6272.4	6018.9
南 昌	Nanchang	496.8	6206.5	7538.0	6300.3	3680.8	3473.4
济 南	Jinan	430.6	9564.9	12640.5	9673.0	6548.6	6289.5
青 岛	Qingdao	479.4	8730.5	10089.8	8783.0	4216.2	4029.2
郑 州	Zhengzhou	748.1	7265.9	8850.0	7325.4	3324.7	3222.3
武 汉	Wuhan	252.8	7305.0	8562.3	7325.1	3924.5	3780.4
长 沙	Changsha	706.7	8650.7	10646.5	8742.5	5536.2	4976.9
广 州	Guangzhou	709.7	14416.2	18799.2	14733.6	8969.4	8007.6
深 圳	Shenzhen	735.9	22672.6	35204.0	22947.0	14028.7	13230.5
南 宁	Nanning	339.4	7906.4	10402.2	7993.9	4708.7	4257.1
海 口	Haikou	867.2	7754.8	9167.6	7803.2	4311.5	4232.8
成 都	Chengdu	340.3	8128.4	9806.1	8181.6	3324.7	3041.8
重 庆	Chongqing	221.0	6721.1	8349.9	6755.5	4130.2	3918.1
贵 阳	Guiyang	286.2	6908.6	8452.4	6923.7	3726.9	3519.8
昆 明	Kunming	220.1	7405.2	9188.8	7463.1	3930.3	3780.9
拉 萨	Lasa	224.8	7869.2	10304.8	7912.4	6958.3	6564.6
西 安	Xi' an	382.9	6704.9	8494.4	6743.6	3319.6	3094.5
兰 州	Lanzhou	365.7	6324.8	7591.8	6359.1	3759.4	3626.2
西 宁	Xining	438.2	6041.0	7351.4	6070.2	3052.3	2914.6
银 川	Yinchuan	226.7	6256.6	8395.4	6301.6	3227.2	2837.7
乌鲁木齐	Urumqi	379.7	7897.4	9924.3	7944.5	5322.2	4957.8

4.2 续表1
Continued 1

单位:元 (Yuan)

城市	City	其中:奖金 Bonus	(2)非工资性收入 Non-Wage Income	2.集体经济单位职工工资 Wagesof Staff and Workers in Collective Units	(1)工资性收入 Wages Income	其中:奖金 Bonus	(2)非工资性收入 Non-wage Income
平均水平	Average Level	555.9	221.6	349.5	334.5	35.2	15.0
北京	Beijing	893.7	202.6	318.5	308.2	39.5	10.3
天津	Tianjin	584.8	150.0	183.0	173.3	12.8	9.7
石家庄	Shijiazhuang	315.8	136.5	258.0	256.8	11.2	1.2
太原	Taiyuan	270.0	122.9	94.2	91.7	2.0	2.5
呼和浩特	Huhhot	136.5	50.5	78.2	77.6	4.5	0.7
沈阳	Shenyang	293.8	164.8	479.3	452.0	50.4	27.4
大连	Dalian	267.3	101.7	460.8	455.7	37.5	5.1
长春	Changchun	206.8	166.3	348.4	337.2	16.0	11.2
哈尔滨	Harbin	89.5	147.7	297.5	292.7	1.2	4.8
上海	Shanghai	930.5	256.5	274.6	264.6	37.9	10.0
南京	Nanjing	654.7	165.5	369.4	367.1	24.0	2.3
杭州	Hangzhou	1038.0	204.7	741.8	714.4	170.2	27.4
宁波	Ningbo	1553.6	205.7	913.0	896.1	158.2	16.9
合肥	Hefei	412.5	185.6	581.2	537.4	64.4	43.8
福州	Fuzhou	718.2	139.8	463.0	453.4	35.3	9.5
厦门	Xiamen	692.0	253.5	324.4	313.8	37.6	10.6
南昌	Nanchang	546.9	207.4	379.6	359.7	17.2	19.9
济南	Jinan	728.4	259.1	406.2	381.7	30.7	24.5
青岛	Qingdao	326.7	187.0	394.1	381.5	7.4	12.6
郑州	Zhengzhou	345.6	102.4	290.0	277.4	26.7	12.7
武汉	Wuhan	484.0	144.1	272.3	259.7	19.2	12.6
长沙	Changsha	883.2	559.3	350.1	329.7	23.5	20.4
广州	Guangzhou	2352.8	961.8	1425.5	1255.9	322.1	169.7
深圳	Shenzhen	1840.5	798.1	649.3	626.2	27.0	23.1
南宁	Nanning	644.5	451.6	272.0	248.3	18.2	23.7
海口	Haikou	526.8	78.7	159.7	159.4	9.4	0.3
成都	Chengdu	593.9	282.9	348.4	334.4	23.6	13.9
重庆	Chongqing	617.2	212.1	316.5	305.0	29.9	11.5
贵阳	Guiyang	364.2	207.0	320.4	310.8	20.5	9.6
昆明	Kunming	385.8	149.4	427.4	421.5	21.8	5.9
拉萨	Lasa	70.9	393.6	271.1	271.1	0.0	0.0
西安	Xi'an	423.6	225.1	195.3	188.7	7.4	6.6
兰州	Lanzhou	191.3	133.1	213.4	211.2	6.8	2.3
西宁	Xining	70.8	137.6	111.0	105.9	0.0	5.1
银川	Yinchuan	212.8	389.5	114.2	108.1	2.5	6.1
乌鲁木齐	Urumqi	320.5	364.5	135.1	130.6	7.6	4.6

4.2 续表2
Continued 2

单位:元 (Yuan)

城市	City	3.其他经济类型职工收入 Income of Staff and Workers in Other Types of Ownership	其中:奖金 Bonus	4.个体经营者的净收益 Net Profits of Individual Laborers	5.个体被雇者收入 Income of Individual Employee	6.离退休再就业人员收入 Income of Re-employed Retiree	7.其他就业者收入 Income of Other Employee
平均水平	Average Level	502.0	59.4	204.0	161.6	122.3	30.5
北京	Beijing	1097.8	93.4	56.9	91.3	310.3	11.1
天津	Tianjin	500.6	45.6	233.3	84.6	230.6	23.3
石家庄	Shijiazhuang	85.2	7.9	74.9	93.3	20.0	13.2
太原	Taiyuan	718.4	66.1	87.0	24.4	53.9	8.7
呼和浩特	Huhhot	130.5	2.5	249.0	136.3	47.9	17.2
沈阳	Shenyang	453.1	29.5	158.1	179.9	142.5	36.6
大连	Dalian	347.1	0.6	116.9	266.1	140.7	139.4
长春	Changchun	58.5	6.7	213.6	310.5	23.9	61.5
哈尔滨	Harbin	62.7	29.0	513.1	397.4	0.0	0.0
上海	Shanghai	1456.6	131.1	119.4	83.5	579.7	22.2
南京	Nanjing	307.0	19.3	138.3	70.3	168.7	86.2
杭州	Hangzhou	1648.1	271.6	230.0	167.7	212.7	9.8
宁波	Ningbo	2378.8	601.5	520.4	278.6	289.1	0.0
合肥	Hefei	545.4	97.2	45.6	89.1	14.5	11.0
福州	Fuzhou	510.1	43.9	408.2	349.7	76.3	88.0
厦门	Xiamen	1097.1	44.6	573.3	450.2	79.1	90.3
南昌	Nanchang	21.1	0.9	323.6	212.5	10.2	7.8
济南	Jinan	307.5	10.4	17.3	5.4	37.7	3.2
青岛	Qingdao	919.8	98.4	92.2	77.0	67.8	0.4
郑州	Zhengzhou	125.7	3.1	214.2	111.6	111.3	7.7
武汉	Wuhan	87.9	2.9	65.9	51.6	71.5	1.0
长沙	Changsha	719.9	169.4	128.8	8.9	0.0	0.0
广州	Guangzhou	654.3	215.4	190.7	485.6	71.0	84.7
深圳	Shenzhen	2588.0	385.7	440.8	94.6	20.8	0.0
南宁	Nanning	193.6	76.1	374.3	56.0	70.6	100.7
海口	Haikou	169.5	5.9	278.9	59.3	30.2	70.6
成都	Chengdu	469.9	53.3	268.0	340.3	131.3	20.3
重庆	Chongqing	181.2	15.1	117.9	142.9	138.7	0.0
贵阳	Guiyang	140.7	5.1	393.8	49.3	62.3	20.3
昆明	Kunming	55.8	0.0	226.7	150.7	35.9	0.0
拉萨	Lasa	5.6	0.0	0.0	29.7	0.0	123.2
西安	Xi'an	121.5	0.0	135.3	170.4	166.9	86.0
兰州	Lanzhou	47.2	2.5	172.5	140.6	38.6	4.4
西宁	Xining	33.3	0.0	208.1	147.2	33.0	50.6
银川	Yinchuan	317.2	27.2	421.0	245.1	74.8	3.7
乌鲁木齐	Urumqi	183.5	3.9	169.0	119.7	5.7	0.0

4.2 续表3
Continued 3

单位:元 (Yuan)

城市	City	8.其他劳动收入 Income of Other Laborers	9.财产性收入 Income from Property	(1)利息 Interest	(2)红利 Bonus	(3)其他财产租金收入 Rental Income of Other Property	10.转移收入 Transfer Income
平均水平	Average Level	267.4	163.3	26.4	14.8	122.1	2282.2
北京	Beijing	275.4	105.1	44.4	14.4	46.3	3153.3
天津	Tianjin	529.6	108.2	29.6	1.5	77.1	2954.1
石家庄	Shijiazhuang	148.0	185.2	119.4	11.4	54.4	2465.3
太原	Taiyuan	161.1	35.1	28.6	5.4	1.0	2443.5
呼和浩特	Huhhot	135.5	43.2	1.3	13.8	28.1	2088.8
沈阳	Shenyang	543.5	24.1	10.3	0.6	13.2	1364.8
大连	Dalian	433.3	28.2	10.6	2.0	15.6	2593.8
长春	Changchun	90.0	42.2	22.6	3.4	16.1	1318.8
哈尔滨	Harbin	318.6	21.5	3.4	0.0	18.1	1917.4
上海	Shanghai	444.2	38.5	12.6	6.8	19.0	4791.5
南京	Nanjing	235.1	59.7	48.1	2.5	9.1	2828.9
杭州	Hangzhou	458.9	165.6	112.9	35.2	17.5	2718.0
宁波	Ningbo	408.7	154.1	114.2	17.1	22.8	1830.5
合肥	Hefei	189.7	101.3	38.7	33.7	28.8	1350.8
福州	Fuzhou	304.7	226.8	22.8	39.1	164.9	1921.7
厦门	Xiamen	75.0	109.9	31.7	16.8	61.3	2421.3
南昌	Nanchang	189.3	6.4	4.9	0.0	1.5	1414.2
济南	Jinan	152.6	243.1	24.6	3.1	215.4	1951.4
青岛	Qingdao	374.4	311.6	19.7	13.3	278.6	2329.4
郑州	Zhengzhou	126.7	383.8	14.0	23.4	346.4	2628.7
武汉	Wuhan	370.8	236.2	14.0	4.1	218.1	2243.4
长沙	Changsha	200.4	347.6	35.8	44.2	267.6	1450.5
广州	Guangzhou	126.3	617.2	39.5	38.5	539.2	2108.8
深圳	Shenzhen	37.5	2557.2	9.6	260.0	2287.5	2530.2
南宁	Nanning	170.0	406.8	11.9	33.9	361.0	1641.4
海口	Haikou	601.9	246.3	9.9	68.2	168.2	1865.1
成都	Chengdu	126.1	324.0	18.5	19.4	286.1	2800.3
重庆	Chongqing	140.3	184.1	9.5	4.9	169.7	1403.6
贵阳	Guiyang	415.4	30.6	5.6	8.1	16.9	1764.1
昆明	Kunming	117.4	234.2	5.8	6.3	222.1	2284.8
拉萨	Lasa	33.0	10.2	4.4	5.8	0.0	478.0
西安	Xi'an	228.5	49.3	22.2	8.2	18.9	2270.4
兰州	Lanzhou	194.1	45.8	23.2	7.7	14.9	1742.6
西宁	Xining	177.9	21.6	7.3	1.1	13.1	2234.0
银川	Yinchuan	126.6	21.8	2.9	2.4	16.5	1750.1
乌鲁木齐	Urumqi	131.8	97.5	14.5	11.9	71.0	1779.9

4.2 续表 4
Continued 4

单位:元 (Yuan)

城市	City	(1)离退休金 Pension	(2)价格补贴 Price Subsidies	(3)赡养收入 Support Income	(4)赠送收入 Donation Income	(5)亲友搭伙费 Fee for Meals of Relatives	(5)记帐补贴 Investigation Subsidies
平均水平	Average Level	1833.6	1.6	75.9	158.0	38.2	38.6
北京	Beijing	2658.3	2.9	78.8	153.0	41.2	63.8
天津	Tianjin	2226.7	0.7	132.7	245.0	24.4	14.5
石家庄	Shijiazhuang	2222.8	0.0	61.0	75.0	6.0	79.4
太原	Taiyuan	2072.4	0.0	94.8	210.3	7.7	27.7
呼和浩特	Huhhot	1790.3	0.0	49.4	91.7	4.5	18.0
沈阳	Shenyang	1021.5	10.9	23.0	237.5	9.3	21.7
大连	Dalian	2292.5	5.2	75.9	109.1	32.3	16.2
长春	Changchun	1114.6	0.0	41.0	134.7	6.2	19.3
哈尔滨	Harbin	1492.5	0.0	59.1	231.6	0.0	28.4
上海	Shanghai	3514.4	1.0	119.1	182.8	31.3	41.3
南京	Nanjing	2498.1	0.0	31.8	144.8	83.7	32.1
杭州	Hangzhou	2021.4	0.0	12.3	184.2	33.3	85.6
宁波	Ningbo	1452.5	0.0	12.5	199.2	53.2	16.8
合肥	Hefei	1094.3	0.0	19.7	147.7	52.6	24.4
福州	Fuzhou	1217.6	0.0	44.0	293.4	77.7	77.3
厦门	Xiamen	1521.7	0.0	30.6	258.7	92.1	80.2
南昌	Nanchang	1117.0	0.0	48.5	82.6	107.7	37.8
济南	Jinan	1662.5	0.0	37.2	168.1	9.5	29.8
青岛	Qingdao	1789.6	0.0	104.9	215.8	23.8	37.1
郑州	Zhengzhou	2273.8	0.0	160.3	102.9	21.9	47.0
武汉	Wuhan	2003.3	0.0	32.9	123.3	33.7	16.7
长沙	Changsha	861.1	1.8	26.1	401.1	23.7	72.3
广州	Guangzhou	1251.6	0.6	82.8	302.6	56.5	33.6
深圳	Shenzhen	1497.9	0.0	100.4	358.7	165.5	61.5
南宁	Nanning	1221.3	0.0	135.5	117.3	95.3	59.0
海口	Haikou	1371.6	4.1	67.0	163.8	153.8	40.5
成都	Chengdu	2250.9	0.0	133.1	115.3	118.2	40.3
重庆	Chongqing	1132.5	0.0	29.8	106.2	84.9	30.5
贵阳	Guiyang	1406.4	0.5	21.0	137.9	72.1	11.1
昆明	Kunming	2032.3	0.1	35.4	71.4	31.0	49.5
拉萨	Lasa	293.4	11.9	11.4	49.9	2.0	38.5
西安	Xi'an	1718.0	0.0	296.7	176.9	18.6	27.0
兰州	Lanzhou	1552.0	15.3	40.9	57.8	30.3	31.2
西宁	Xining	1948.2	1.8	199.4	38.4	0.1	27.5
银川	Yinchuan	1529.9	0.0	99.8	51.6	3.7	40.9
乌鲁木齐	Urumqi	1594.5	0.0	66.4	83.6	2.2	27.2

4.2 续表5
Continued 5

单位:元 (Yuan)

城市	City	出售财物收入 Income from Goods Sale	(8)其他 Others	11.家庭副业生产收入 Income of Household Side Production	(二)借贷收入 Loan Income	1.提取储蓄存款 Withdraw Bank Deposits	2.提取储金会款 Withdraw Savings in Units
平均水平	Average Level	40.2	96.2	2.8	2098.2	1655.6	6.7
北京	Beijing	4.7	150.6	0.0	2109.8	1575.3	18.3
天津	Tianjin	5.4	304.7	0.0	2990.6	2371.7	4.3
石家庄	Shijiazhuang	11.0	10.1	0.0	2020.6	1553.7	0.0
太原	Taiyuan	26.7	4.0	0.0	1892.7	1470.8	0.0
呼和浩特	Huhhot	1.2	133.7	5.3	1972.5	1403.9	0.0
沈阳	Shenyang	11.1	29.8	0.0	1900.2	1491.6	7.3
大连	Dalian	7.4	55.2	0.0	1783.3	1445.4	25.1
长春	Changchun	2.8	0.3	0.0	1608.4	1333.8	0.0
哈尔滨	Harbin	75.7	30.0	0.0	837.2	769.9	0.0
上海	Shanghai	779.1	122.6	0.0	3425.3	2620.8	0.1
南京	Nanjing	0.2	38.2	0.0	1919.3	1456.1	0.0
杭州	Hangzhou	10.0	371.2	0.3	2514.6	2085.1	32.4
宁波	Ningbo	2.1	94.2	0.0	5866.3	4039.2	0.0
合肥	Hefei	0.7	11.3	0.0	1670.1	1244.7	0.2
福州	Fuzhou	1.1	210.6	0.3	904.2	712.1	11.9
厦门	Xiamen	1.9	436.1	13.9	3150.5	2746.9	11.1
南昌	Nanchang	20.2	0.5	54.9	1237.6	860.4	5.9
济南	Jinan	5.5	38.8	0.0	2967.5	2495.5	0.0
青岛	Qingdao	3.3	154.9	0.0	1306.8	1008.9	0.0
郑州	Zhengzhou	5.1	17.7	0.8	1524.7	1105.4	1.1
武汉	Wuhan	9.9	23.7	0.0	1237.2	1090.7	14.0
长沙	Changsha	8.4	56.1	0.0	1904.1	1384.9	6.9
广州	Guangzhou	3.9	377.2	0.0	4065.7	3171.5	0.0
深圳	Shenzhen	5.0	341.2	0.0	12257.0	11656.9	0.0
南宁	Nanning	3.6	9.5	0.0	2408.3	1779.0	10.5
海口	Haikou	3.1	61.2	10.3	1364.4	1040.3	7.9
成都	Chengdu	8.9	133.4	28.4	1624.5	1310.6	0.0
重庆	Chongqing	0.9	18.8	0.0	1594.4	1199.1	0.7
贵阳	Guiyang	1.4	113.7	0.0	1528.7	1455.7	1.3
昆明	Kunming	6.6	58.4	0.0	1725.6	1512.5	6.3
拉萨	Lasa	11.4	59.5	3.3	2392.4	703.1	3.8
西安	Xi'an	1.1	32.2	0.4	1750.8	1312.8	0.0
兰州	Lanzhou	6.6	8.5	0.5	1232.6	984.6	35.2
西宁	Xining	4.4	14.2	1.2	1281.2	1150.2	1.1
银川	Yinchuan	0.7	23.5	0.0	2093.8	1721.4	0.0
乌鲁木齐	Urumqi	4.2	1.7	0.0	1979.9	1568.4	0.0

4.2 续表6
Continued 6

单位:元 (Yuan)

城市	City	3.借入款 Money Borrowed	4.收回借出款 Recall Lent Money	5.收回储蓄性保险本金 Recall Savings Insurance Capital	6.兑售有价证券 Securities Sales	7.赊购 Buy on Credit	8.为购置房屋从银行贷款 Bank Loan for Buying House
平均水平	Average Level	170.6	28.8	9.7	35.5	0.7	80.7
北京	Beijing	217.8	7.0	3.2	9.6	0.0	128.9
天津	Tianjin	159.7	37.9	1.7	3.2	8.2	81.6
石家庄	Shijiazhuang	184.6	24.6	17.5	172.5	0.0	0.0
太原	Taiyuan	350.4	50.7	1.2	9.0	0.0	0.0
呼和浩特	Huhhot	445.9	22.4	4.4	0.3	0.0	74.8
沈阳	Shenyang	221.8	13.0	10.7	3.2	0.0	151.8
大连	Dalian	76.8	58.9	17.0	18.0	0.0	32.4
长春	Changchun	50.1	24.3	12.3	50.6	0.0	128.4
哈尔滨	Harbin	47.8	2.1	0.0	0.0	0.0	0.0
上海	Shanghai	69.5	1.0	22.6	149.5	1.1	421.8
南京	Nanjing	254.7	0.0	28.7	5.2	0.0	103.4
杭州	Hangzhou	113.3	12.6	4.3	64.9	0.0	0.0
宁波	Ningbo	190.1	185.8	124.5	104.3	16.5	135.0
合肥	Hefei	297.3	71.5	0.0	56.4	0.0	0.0
福州	Fuzhou	93.6	15.0	34.4	7.8	0.0	0.0
厦门	Xiamen	115.4	112.4	6.2	73.6	0.0	77.8
南昌	Nanchang	89.9	50.6	3.3	97.5	0.6	87.1
济南	Jinan	290.8	15.4	3.7	29.8	0.0	60.7
青岛	Qingdao	191.6	1.1	2.9	0.0	0.0	0.0
郑州	Zhengzhou	104.4	56.2	1.2	22.4	0.0	0.0
武汉	Wuhan	42.5	3.8	0.2	15.3	0.0	65.0
长沙	Changsha	322.4	48.0	4.9	4.2	0.0	0.0
广州	Guangzhou	147.3	8.0	26.5	83.2	0.0	0.0
深圳	Shenzhen	369.4	0.0	24.0	45.0	0.0	0.0
南宁	Nanning	328.6	116.7	0.0	100.2	0.0	65.5
海口	Haikou	209.2	8.2	7.9	33.7	0.0	0.0
成都	Chengdu	78.2	56.2	4.9	62.6	0.0	53.8
重庆	Chongqing	244.8	21.7	4.4	67.1	0.0	54.7
贵阳	Guiyang	42.5	19.0	7.5	0.0	0.0	1.1
昆明	Kunming	122.5	21.8	0.0	12.8	0.0	0.0
拉萨	Lasa	172.1	52.0	0.0	1.3	8.1	1451.9
西安	Xi'an	170.4	46.0	2.9	0.8	0.0	0.0
兰州	Lanzhou	113.1	11.7	0.1	47.7	0.0	32.5
西宁	Xining	101.5	18.2	0.0	0.0	0.0	2.8
银川	Yinchuan	236.2	18.3	0.3	8.5	0.0	89.5
乌鲁木齐	Urumqi	205.5	32.1	17.7	7.1	0.0	107.1

4.2 续表7
Continued 7

单位:元 (Yuan)

城　市	City	9.其他借贷收入 Other Loan Income	四.现金支出 Cash Expenditure	(一)实际支出 Actual Expenditure	1.消费性支出 Living Expenditure	2.非消费性支出 NonLiving Expenditure	(1)借款利息 Loan Interest
平均水平	Average Level	110.0	10262.6	8079.4	6777.7	1298.2	2.3
北　京	Beijing	149.7	12782.9	10676.5	8922.7	1753.5	0.0
天　津	Tianjin	322.4	11262.1	8367.0	6987.2	1379.7	2.5
石家庄	Shijiazhuang	67.8	8510.6	6437.3	5578.9	858.4	0.0
太　原	Taiyuan	10.7	8246.1	6626.1	5165.0	1461.1	4.7
呼和浩特	Huhhot	20.7	8247.2	6543.2	4865.9	1676.3	0.5
沈　阳	Shenyang	0.9	8095.8	7172.8	5515.1	1657.8	0.0
大　连	Dalian	109.7	9155.2	7686.8	6511.9	1174.9	3.5
长　春	Changchun	8.8	7889.4	6612.1	5595.1	1017.0	2.1
哈尔滨	Harbin	17.3	7243.1	6037.4	5044.6	992.8	0.0
上　海	Shanghai	139.0	15927.8	11977.4	9336.1	2641.3	0.0
南　京	Nanjing	71.2	10551.0	8500.0	7325.7	1174.3	0.0
杭　州	Hangzhou	201.9	12459.9	9988.1	9150.1	837.6	2.4
宁　波	Ningbo	1071.0	17635.8	13159.1	9462.9	3696.2	0.0
合　肥	Hefei	0.0	8138.4	6671.2	5598.9	1072.3	0.0
福　州	Fuzhou	29.5	9242.4	7504.3	6493.0	1011.2	1.2
厦　门	Xiamen	7.1	14489.8	11344.5	8490.3	2846.3	21.8
南　昌	Nanchang	42.3	7061.9	5104.9	4293.7	757.9	0.0
济　南	Jinan	71.7	12226.7	8716.8	7465.0	1251.9	0.0
青　岛	Qingdao	102.4	9815.4	7663.8	6849.0	814.8	0.0
郑　州	Zhengzhou	234.0	9071.0	6617.8	5894.0	723.6	0.2
武　汉	Wuhan	5.6	8477.2	7013.6	6342.3	671.3	0.0
长　沙	Changsha	132.7	10633.4	8961.3	7683.5	1277.8	1.6
广　州	Guangzhou	629.1	18518.8	12773.7	11137.0	1566.1	0.0
深　圳	Shenzhen	161.7	34906.3	22251.5	18006.1	4245.4	117.4
南　宁	Nanning	7.7	10120.5	8356.5	7107.4	1248.9	0.2
海　口	Haikou	57.1	8806.5	7093.9	6154.5	936.7	0.0
成　都	Chengdu	58.2	9272.5	7672.8	6801.2	869.3	0.0
重　庆	Chongqing	2.0	8222.0	6668.7	5873.7	794.4	0.0
贵　阳	Guiyang	1.6	7996.7	6571.7	5775.6	795.6	0.6
昆　明	Kunming	49.9	8510.6	6927.1	5974.3	952.7	0.0
拉　萨	Lasa	0.0	10313.2	8431.7	5994.4	2435.3	8.5
西　安	Xi' an	218.0	8326.9	6678.6	5815.7	862.8	0.4
兰　州	Lanzhou	7.8	6942.2	5926.4	5238.5	687.6	0.0
西　宁	Xining	7.3	7433.9	5565.8	4775.2	790.6	0.0
银　川	Yinchuan	19.6	8459.9	6656.1	5507.8	1148.3	5.9
乌鲁木齐	Urumqi	42.0	9429.1	7183.4	6066.1	1117.4	0.0

4.2 续表 8
Continued 8

单位:元 (Yuan)

城　　市	City	(2)个人所得税 Income Tax	(3)其他各种税金 Other Tax	(4)各种非储蓄性保险支出 Expenditure of Various Non-saving Insurance	(5)赡养支出 Support Expenditure	(6)赠送支出 Donation Expenditure	(7)购房与建房支出 Expenditure for Buying House or Building House
平均水平	Average Level	23.5	5.7	43.1	172.5	429.0	576.6
北　京	Beijing	17.2	7.6	71.6	176.4	425.2	1000.2
天　津	Tianjin	26.1	24.3	18.0	163.3	481.2	641.9
石家庄	Shijiazhuang	14.7	0.0	34.1	206.0	223.6	354.5
太　原	Taiyuan	2.3	2.7	53.5	130.5	534.0	719.4
呼和浩特	Huhhot	1.4	0.0	58.5	90.0	458.8	1041.9
沈　阳	Shenyang	18.7	0.2	71.8	143.2	494.8	889.8
大　连	Dalian	14.1	0.0	141.2	205.0	384.1	325.4
长　春	Changchun	5.1	4.8	8.7	116.2	416.9	431.4
哈尔滨	Harbin	8.6	0.4	36.2	183.5	504.2	190.8
上　海	Shanghai	56.7	3.6	10.4	121.8	681.4	1618.5
南　京	Nanjing	3.4	5.4	10.0	66.5	460.7	592.7
杭　州	Hangzhou	22.5	1.0	42.7	100.1	504.0	151.5
宁　波	Ningbo	49.1	23.9	4.4	342.7	611.4	2639.9
合　肥	Hefei	29.3	0.0	117.4	228.8	473.2	192.2
福　州	Fuzhou	17.5	22.0	17.1	173.0	628.2	144.2
厦　门	Xiamen	53.9	7.8	149.4	250.5	825.9	1496.0
南　昌	Nanchang	2.8	1.0	6.9	145.7	290.9	289.2
济　南	Jinan	78.3	4.4	19.0	111.9	337.6	649.9
青　岛	Qingdao	15.4	17.3	231.0	147.1	295.5	89.7
郑　州	Zhengzhou	12.3	0.0	46.7	144.5	294.0	177.6
武　汉	Wuhan	3.3	1.8	7.4	52.4	364.3	200.9
长　沙	Changsha	19.4	1.1	16.0	165.1	704.5	346.9
广　州	Guangzhou	213.1	10.0	26.9	406.5	415.9	402.0
深　圳	Shenzhen	212.8	9.0	24.6	792.5	862.8	2177.9
南　宁	Nanning	28.5	10.3	3.8	209.0	314.0	578.4
海　口	Haikou	5.2	13.2	31.5	178.6	381.5	220.7
成　都	Chengdu	10.5	27.5	57.6	118.1	293.8	345.5
重　庆	Chongqing	3.2	2.0	11.7	124.5	363.4	265.7
贵　阳	Guiyang	3.5	0.1	2.4	188.3	498.5	76.8
昆　明	Kunming	8.4	5.1	11.5	211.6	374.7	330.1
拉　萨	Lasa	2.8	0.3	0.9	346.9	458.1	1597.8
西　安	Xi'an	11.6	2.4	7.6	229.8	255.2	289.2
兰　州	Lanzhou	2.9	0.1	11.5	52.0	309.4	290.0
西　宁	Xining	1.7	1.3	29.5	163.3	369.8	171.8
银　川	Yinchuan	4.1	1.4	9.6	208.1	295.2	607.0
乌鲁木齐	Urumqi	19.8	0.0	1.2	228.3	380.5	444.7

4.2 续表 9
Continued 9

单位:元 (Yuan)

城市	City	(8)其他非消费支出 Other Non-Living Expenditure	3. 家庭副业生产支出 House-hold Side Production Expenditure	(二)借贷支出 Loan Expenditure	1. 存入储蓄款 Savings Deposit	2. 存入储金会款 Savings Deposit in Units	3. 归还借款 Return Borrowed Money
平均水平	Average Level	45.6	3.5	2183.2	1575.1	6.1	64.6
北京	Beijing	55.4	0.2	2106.4	1599.9	0.2	32.5
天津	Tianjin	22.3	0.0	2895.2	2249.4	1.1	78.2
石家庄	Shijiazhuang	25.7	0.0	2073.3	1673.5	1.7	56.6
太原	Taiyuan	14.0	0.0	1620.1	1110.1	3.2	94.7
呼和浩特	Huhhot	25.2	1.0	1704.0	1421.7	0.0	139.2
沈阳	Shenyang	39.2	0.0	923.0	699.8	3.2	59.3
大连	Dalian	101.6	0.0	1468.4	974.7	16.1	28.1
长春	Changchun	31.8	0.0	1277.3	961.2	0.0	36.6
哈尔滨	Harbin	69.3	0.0	1205.7	947.7	0.0	68.6
上海	Shanghai	148.8	0.0	3950.4	2178.7	0.1	22.2
南京	Nanjing	35.7	0.0	2051.0	1629.9	2.0	46.0
杭州	Hangzhou	13.5	0.4	2471.7	1776.1	30.9	38.6
宁波	Ningbo	24.7	0.0	4476.7	2776.8	90.4	148.6
合肥	Hefei	31.4	0.0	1467.2	750.1	0.0	121.9
福州	Fuzhou	8.0	0.0	1738.1	1228.6	22.3	49.4
厦门	Xiamen	41.1	7.9	3145.3	1698.4	2.6	71.0
南昌	Nanchang	21.5	53.4	1956.9	1336.2	35.5	30.2
济南	Jinan	50.7	0.0	3509.9	2864.6	0.0	77.3
青岛	Qingdao	18.7	0.0	2151.6	1382.7	0.3	39.8
郑州	Zhengzhou	48.4	0.2	2453.3	1736.9	3.9	57.4
武汉	Wuhan	41.2	0.0	1463.6	1254.4	11.0	43.8
长沙	Changsha	23.2	0.0	1672.1	902.4	1.2	130.5
广州	Guangzhou	91.7	70.6	5745.1	3999.5	0.1	59.3
深圳	Shenzhen	48.5	0.0	12654.8	10715.8	3.2	166.3
南宁	Nanning	104.8	0.1	1764.0	1301.5	0.3	82.7
海口	Haikou	106.1	2.7	1712.6	1394.3	4.3	110.0
成都	Chengdu	16.2	2.4	1599.7	1080.9	2.5	39.0
重庆	Chongqing	23.8	0.6	1553.3	1154.7	1.8	45.1
贵阳	Guiyang	25.4	0.5	1425.1	1155.2	0.0	56.7
昆明	Kunming	11.4	0.1	1583.5	1238.9	5.8	89.4
拉萨	Lasa	19.9	2.0	1881.5	927.4	0.9	164.0
西安	Xi'an	66.6	0.1	1648.3	1015.8	0.1	102.4
兰州	Lanzhou	21.7	0.2	1015.9	857.6	3.8	24.4
西宁	Xining	53.2	0.0	1868.1	1529.1	6.5	89.1
银川	Yinchuan	17.0	0.0	1803.9	1355.0	2.2	40.3
乌鲁木齐	Urumqi	42.8	0.0	2245.7	1604.5	0.1	122.8

4.2 续表10
Continued 10

单位:元 (Yuan)

城市	City	4.借出款 Money Lent	5.储蓄性保险支出 Expenditure of Savings Insurance	6.购置有价证券 Buy Securities	7.预购 Pre-purchase	8.归还为购房的银行贷款 Return Mortgage for House	9.其他借贷支出 Other Loan Expenditure	五.期末手存现金 End Cash Deposit
平均水平	Average Level	23.2	175.6	86.0	0.2	49.3	203.0	913.1
北京	Beijing	12.8	242.4	88.5	0.2	17.9	112.2	2265.7
天津	Tianjin	17.0	175.5	13.1	0.0	50.0	311.1	1275.3
石家庄	Shijiazhuang	30.7	44.7	179.2	1.3	7.4	78.2	674.3
太原	Taiyuan	60.1	36.0	20.8	0.0	21.7	273.5	936.3
呼和浩特	Huhhot	14.4	46.7	0.0	0.0	39.6	42.5	430.7
沈阳	Shenyang	13.1	65.0	15.4	0.0	35.3	31.8	493.7
大连	Dalian	24.0	166.1	19.4	0.0	22.9	217.1	395.7
长春	Changchun	7.9	83.1	71.2	0.0	14.7	102.6	419.1
哈尔滨	Harbin	29.6	75.3	6.1	0.0	44.6	33.8	484.5
上海	Shanghai	5.4	571.8	628.4	0.0	109.2	434.7	1748.8
南京	Nanjing	0.2	114.6	42.1	0.0	2.4	213.9	1313.7
杭州	Hangzhou	18.7	193.7	269.1	0.3	0.0	144.4	1539.2
宁波	Ningbo	18.1	559.5	164.6	8.4	191.0	519.2	1048.3
合肥	Hefei	43.3	240.5	143.1	0.2	63.6	104.4	701.7
福州	Fuzhou	12.6	189.1	54.2	0.0	22.9	158.9	1604.7
厦门	Xiamen	37.7	430.0	210.3	0.3	354.0	341.0	860.5
南昌	Nanchang	11.7	44.3	450.6	0.0	1.3	47.2	973.0
济南	Jinan	19.6	139.6	17.4	0.0	0.0	391.3	844.5
青岛	Qingdao	25.8	100.3	49.2	0.0	25.6	527.9	753.8
郑州	Zhengzhou	93.8	97.4	39.7	0.0	4.6	419.6	527.1
武汉	Wuhan	12.1	73.7	6.5	0.0	34.1	28.1	337.9
长沙	Changsha	18.9	173.5	55.4	0.0	64.4	325.7	719.8
广州	Guangzhou	6.8	605.2	20.8	0.0	27.7	1025.7	990.1
深圳	Shenzhen	2.1	920.0	0.0	0.0	587.7	259.7	1033.6
南宁	Nanning	32.5	134.6	77.7	0.1	7.2	127.5	621.2
海口	Haikou	5.5	56.7	4.3	0.0	50.1	87.5	1228.2
成都	Chengdu	42.1	166.2	111.5	0.0	37.0	120.5	873.9
重庆	Chongqing	8.9	62.8	34.8	0.0	59.7	185.6	348.8
贵阳	Guiyang	2.0	62.9	59.1	0.0	54.2	35.0	741.8
昆明	Kunming	73.2	108.4	23.1	0.0	0.0	44.6	898.2
拉萨	Lasa	59.2	1.9	4.4	3.1	636.4	84.3	216.4
西安	Xi'an	10.3	187.2	16.1	0.0	11.8	304.6	550.4
兰州	Lanzhou	5.1	65.9	17.4	0.0	5.3	36.4	1015.2
西宁	Xining	43.9	72.9	9.3	0.0	35.6	81.8	355.8
银川	Yinchuan	13.1	181.1	0.6	0.0	33.3	178.2	162.1
乌鲁木齐	Urumqi	42.7	235.1	38.4	0.0	58.7	143.4	874.9

4.3 居民家庭消费支出(2001 年,年人均)

Household Living Expenditure(2001, per person per year)

单位:元　　　　(Yuan)

城市	City	消费性支出 Living Expenditure	一、食品 Food	其中: 1.粮食 Grain	2.油脂类 Oil and Fats	3.肉禽及其制品 Meat, Poultry and Related Products	4.蛋类 Eggs
平均水平	Average Level	6777.7	2589.2	221.7	70.0	483.5	67.4
北　京	Beijing	8922.7	3229.3	220.4	62.4	566.6	69.6
天　津	Tianjin	6987.2	2588.1	229.7	59.6	438.4	92.4
石家庄	Shijiazhuang	5578.9	1858.0	242.1	90.2	349.7	79.1
太　原	Taiyuan	5165.0	1749.1	227.3	65.0	293.6	65.9
呼和浩特	Huhhot	4865.9	1701.1	202.7	41.4	325.8	45.7
沈　阳	Shenyang	5515.1	2138.9	241.2	60.4	417.8	82.6
大　连	Dalian	6511.9	2800.9	251.4	70.1	454.3	114.4
长　春	Changchun	5595.1	2224.7	224.9	77.2	411.5	83.6
哈尔滨	Harbin	5044.6	2060.7	244.2	77.7	418.7	79.5
上　海	Shanghai	9336.1	4021.8	245.8	72.1	641.4	68.1
南　京	Nanjing	7325.7	2884.5	209.9	73.7	595.5	71.2
杭　州	Hangzhou	9150.1	3622.2	217.9	54.5	507.6	43.3
宁　波	Ningbo	9462.9	3242.5	191.7	54.3	347.4	39.2
合　肥	Hefei	5598.9	2236.9	175.2	74.1	459.1	77.2
福　州	Fuzhou	6493.0	3041.4	285.3	78.0	482.5	61.9
厦　门	Xiamen	8490.3	3509.7	275.5	103.5	655.7	66.2
南　昌	Nanchang	4293.7	1911.7	206.3	115.1	467.4	64.6
济　南	Jinan	7465.0	2386.8	198.6	69.8	409.5	90.1
青　岛	Qingdao	6849.0	2866.6	215.0	73.6	538.6	105.9
郑　州	Zhengzhou	5894.0	2280.1	277.2	100.5	419.4	91.8
武　汉	Wuhan	6342.3	2413.4	181.7	76.9	431.5	57.8
长　沙	Changsha	7683.5	2465.9	200.7	79.9	493.6	43.4
广　州	Guangzhou	11137.0	4494.8	247.9	67.4	880.5	48.8
深　圳	Shenzhen	18006.1	4963.7	375.6	84.6	1063.0	53.4
南　宁	Nanning	7107.4	2464.1	187.6	79.7	771.1	42.4
海　口	Haikou	6154.5	2688.0	159.1	72.2	706.3	31.4
成　都	Chengdu	6801.2	2546.5	150.8	79.0	593.3	61.8
重　庆	Chongqing	5873.7	2337.7	184.0	81.4	508.5	70.9
贵　阳	Guiyang	5775.6	2168.4	172.6	59.4	462.8	54.5
昆　明	Kunming	5974.3	2470.8	245.7	45.0	481.7	61.6
拉　萨	Lasa	5994.4	2627.0	265.7	80.5	562.1	48.2
西　安	Xi'an	5815.7	2023.9	207.2	58.8	294.7	52.5
兰　州	Lanzhou	5238.5	2004.1	197.8	53.3	349.4	47.8
西　宁	Xining	4775.2	1905.1	246.5	51.5	387.7	45.1
银　川	Yinchuan	5507.8	1832.1	194.3	70.5	338.3	39.9
乌鲁木齐	Urumqi	6066.1	2079.2	201.8	44.5	443.8	50.2

4.3 续表 1
Continued 1

单位:元 (Yuan)

城市	City	5. 水产品类 Aquatic Products	6. 菜类 Vegetables	7. 酒和饮料 Liquor and Beverages	8. 干鲜瓜果类 Fresh and Dried Fruits	9. 奶及奶制品 Milk and Diary Products	二、衣着 Clothing
平均水平	Average Level	220.7	242.7	138.3	174.8	129.6	610.1
北京	Beijing	144.3	236.6	224.7	232.2	198.8	821.7
天津	Tianjin	257.6	201.1	147.5	174.2	108.0	532.0
石家庄	Shijiazhuang	88.7	231.2	139.9	124.9	112.8	618.5
太原	Taiyuan	57.7	195.4	86.6	126.4	107.8	548.3
呼和浩特	Huhhot	43.2	152.8	80.6	125.8	102.5	610.8
沈阳	Shenyang	149.8	254.0	120.4	192.7	109.6	669.4
大连	Dalian	414.2	282.0	190.1	237.2	154.1	584.4
长春	Changchun	143.4	305.8	141.9	215.1	93.4	623.9
哈尔滨	Harbin	122.0	233.4	130.0	186.9	125.7	537.5
上海	Shanghai	623.8	306.7	187.8	238.1	230.6	577.4
南京	Nanjing	236.6	278.5	132.7	137.2	160.3	636.9
杭州	Hangzhou	552.9	309.2	230.7	218.0	135.6	703.8
宁波	Ningbo	819.7	272.1	148.8	197.0	141.7	735.1
合肥	Hefei	149.3	196.4	154.9	117.5	103.7	546.3
福州	Fuzhou	699.1	250.2	118.9	260.1	178.0	480.3
厦门	Xiamen	639.9	289.9	245.0	268.5	109.7	605.2
南昌	Nanchang	129.7	239.3	37.0	105.5	95.3	440.8
济南	Jinan	145.9	182.6	153.3	152.9	167.6	768.5
青岛	Qingdao	374.7	213.8	183.5	198.5	158.8	628.3
郑州	Zhengzhou	96.6	256.4	159.4	168.6	107.7	620.0
武汉	Wuhan	143.5	277.8	130.9	121.1	104.9	570.9
长沙	Changsha	125.9	251.3	107.0	183.8	76.9	733.4
广州	Guangzhou	392.6	311.4	118.9	242.9	157.1	558.2
深圳	Shenzhen	450.0	454.0	190.8	331.4	208.6	956.6
南宁	Nanning	178.0	225.1	74.9	146.2	87.3	432.4
海口	Haikou	384.5	254.6	47.0	135.5	64.4	269.5
成都	Chengdu	71.3	248.0	126.3	124.4	138.4	565.6
重庆	Chongqing	93.2	236.4	92.3	139.8	127.1	589.3
贵阳	Guiyang	65.1	230.9	122.7	124.1	87.9	521.5
昆明	Kunming	117.9	297.8	88.6	153.6	79.7	525.7
拉萨	Lasa	111.5	304.0	168.6	152.6	298.7	1001.5
西安	Xi'an	56.8	174.0	93.0	128.8	81.7	485.9
兰州	Lanzhou	53.0	196.8	131.0	134.8	102.1	507.0
西宁	Xining	52.8	173.9	117.0	110.1	75.1	510.0
银川	Yinchuan	50.8	189.4	80.8	126.8	87.2	671.3
乌鲁木齐	Urumqi	66.0	203.5	82.6	157.4	102.5	727.2

4.3 续表2
Continued 2

单位:元 (Yuan)

城市	City	1.服装 Garments	2.衣着材料 Clothing Materials	3.鞋袜帽及其他衣着 Footwear, Hats and Other Clothing	4.衣着加工服务费 Tailoring and Laundering Service Fee	三、家庭设备用品及服务 Household Facilities, Articles and Services	1.耐用消费品 Durable Consumer Goods
平均水平	Average Level	419.3	22.0	160.0	8.8	607.8	359.9
北京	Beijing	546.5	33.1	224.4	17.7	847.4	522.9
天津	Tianjin	359.2	30.0	133.1	9.7	806.4	565.0
石家庄	Shijiazhuang	396.7	43.7	164.4	13.7	582.4	433.1
太原	Taiyuan	369.5	24.7	149.8	4.4	390.0	243.7
呼和浩特	Huhhot	424.7	20.6	158.4	7.1	460.8	231.8
沈阳	Shenyang	450.8	18.3	192.7	7.6	389.4	259.8
大连	Dalian	356.3	29.9	181.2	17.0	388.9	214.4
长春	Changchun	428.1	22.0	169.8	4.0	304.7	149.3
哈尔滨	Harbin	354.4	7.1	173.1	2.9	218.2	94.6
上海	Shanghai	387.9	24.4	156.2	8.8	642.1	341.3
南京	Nanjing	441.9	24.7	154.8	15.5	709.6	400.9
杭州	Hangzhou	490.8	17.2	185.3	10.5	973.6	504.4
宁波	Ningbo	528.9	22.4	172.9	10.9	1352.5	889.6
合肥	Hefei	368.5	34.8	133.3	9.7	631.8	430.7
福州	Fuzhou	370.7	5.5	98.7	5.5	652.7	361.9
厦门	Xiamen	444.3	4.3	149.6	7.0	706.0	374.2
南昌	Nanchang	319.7	17.3	98.0	5.8	220.7	100.6
济南	Jinan	532.1	35.7	188.1	12.5	872.5	597.5
青岛	Qingdao	427.3	25.2	166.7	9.2	464.2	249.3
郑州	Zhengzhou	418.8	34.0	154.8	12.3	561.6	376.9
武汉	Wuhan	420.7	16.8	128.3	5.0	466.8	275.7
长沙	Changsha	524.6	20.6	178.5	9.7	614.9	352.8
广州	Guangzhou	379.8	7.2	163.0	8.2	833.7	437.7
深圳	Shenzhen	714.4	3.7	237.9	0.6	1786.8	1050.4
南宁	Nanning	313.1	13.1	100.2	6.0	997.3	549.9
海口	Haikou	185.9	6.3	74.5	2.8	470.7	202.7
成都	Chengdu	416.1	14.1	133.3	2.1	719.6	419.2
重庆	Chongqing	425.5	9.3	152.4	2.0	509.8	300.8
贵阳	Guiyang	360.4	10.6	145.2	5.3	642.6	373.6
昆明	Kunming	402.2	10.4	112.1	1.0	353.5	190.0
拉萨	Lasa	777.0	12.0	211.3	1.3	258.2	144.1
西安	Xi'an	326.0	21.0	133.7	5.2	628.9	358.9
兰州	Lanzhou	321.0	25.2	150.8	9.9	527.7	288.8
西宁	Xining	340.0	21.4	141.5	7.1	407.2	263.1
银川	Yinchuan	472.2	28.2	160.4	10.4	608.7	391.3
乌鲁木齐	Urumqi	476.7	31.6	205.0	13.9	782.3	443.4

4.3 续表3
Continued 3

单位:元 (Yuan)

城市	City	2. 室内装饰品 Room Decorations	3. 床上用品 Bed Articles	4. 家庭日用杂品 Household Articles for Daily Use	5. 家具材料 Furniture Materials	6. 家庭服务 Household Services	四、医疗保健 Health Care
平均水平	Average Level	20.2	29.7	110.6	11.7	75.7	456.2
北京	Beijing	22.6	32.5	172.9	5.4	91.1	677.7
天津	Tianjin	17.4	30.8	96.4	1.2	95.6	435.4
石家庄	Shijiazhuang	21.9	24.4	68.0	2.8	32.0	557.8
太原	Taiyuan	18.1	26.2	63.2	3.5	35.3	491.8
呼和浩特	Huhhot	25.9	29.2	92.0	18.2	63.6	355.0
沈阳	Shenyang	13.8	22.1	66.3	12.9	14.6	371.4
大连	Dalian	18.5	27.1	92.7	5.7	30.4	600.7
长春	Changchun	13.8	21.1	76.3	2.9	41.3	417.9
哈尔滨	Harbin	7.6	10.8	49.4	7.9	47.9	429.7
上海	Shanghai	13.0	50.0	126.5	0.2	111.0	558.0
南京	Nanjing	14.3	36.9	140.4	50.0	67.1	490.8
杭州	Hangzhou	44.9	57.6	120.5	67.5	178.8	594.3
宁波	Ningbo	40.5	47.5	110.7	6.7	257.5	489.0
合肥	Hefei	12.7	21.7	92.9	0.0	73.8	235.1
福州	Fuzhou	18.7	38.9	100.1	1.6	131.5	308.6
厦门	Xiamen	19.4	56.6	152.5	7.5	95.8	312.1
南昌	Nanchang	3.3	24.4	82.9	0.2	9.3	136.0
济南	Jinan	22.2	29.8	130.4	15.4	77.3	491.5
青岛	Qingdao	12.3	22.3	118.7	0.3	61.3	454.3
郑州	Zhengzhou	51.4	11.9	66.2	0.2	55.1	516.7
武汉	Wuhan	10.2	19.1	128.1	6.5	27.2	370.3
长沙	Changsha	30.3	45.7	150.9	1.3	33.9	373.4
广州	Guangzhou	25.6	51.6	190.1	8.7	120.0	536.4
深圳	Shenzhen	74.9	53.0	372.2	0.0	236.3	811.0
南宁	Nanning	29.6	33.7	120.8	103.3	160.0	279.9
海口	Haikou	13.2	18.4	145.5	35.0	55.9	390.3
成都	Chengdu	16.2	31.7	135.4	36.0	81.1	442.3
重庆	Chongqing	10.7	26.5	83.1	0.2	88.4	334.0
贵阳	Guiyang	20.7	31.1	115.0	3.2	99.0	383.1
昆明	Kunming	11.9	46.8	60.6	6.3	37.9	496.5
拉萨	Lasa	14.5	15.9	61.9	9.2	12.5	220.1
西安	Xi'an	15.2	31.1	106.5	26.3	90.9	406.1
兰州	Lanzhou	22.1	23.0	120.1	11.1	62.7	377.7
西宁	Xining	20.1	21.5	82.0	0.1	20.5	395.3
银川	Yinchuan	19.4	18.6	84.2	2.0	93.3	533.1
乌鲁木齐	Urumqi	31.5	21.8	129.9	24.6	131.0	444.0

4.3 续表4
Continued 4

单位:元 (Yuan)

城市	City	五、交通和通讯 Transportation and Communications	1. 交通 Transportation	2. 通讯 Communications	六、娱乐教育文化服务费 Recreation, Education and Cultural Service Fee	1. 文娱用耐用消费品 Recreational Durable Consumer Goods	2. 教育 Education
平均水平	Average Level	559.8	211.9	347.9	898.3	205.9	526.5
北京	Beijing	768.3	267.3	501.1	1429.1	360.6	751.9
天津	Tianjin	585.9	311.4	274.6	897.0	250.0	497.1
石家庄	Shijiazhuang	420.0	144.4	275.6	678.8	172.4	411.6
太原	Taiyuan	402.2	138.1	264.1	765.1	168.6	494.6
呼和浩特	Huhhot	421.2	171.5	249.6	590.1	85.2	365.4
沈阳	Shenyang	399.4	99.8	299.5	796.0	155.5	554.0
大连	Dalian	443.3	161.6	281.7	782.5	190.3	503.1
长春	Changchun	450.0	169.4	280.6	676.7	108.0	446.3
哈尔滨	Harbin	329.4	64.5	264.9	708.3	85.1	510.2
上海	Shanghai	875.4	411.6	463.7	1359.8	387.7	731.5
南京	Nanjing	524.0	153.0	371.0	992.4	223.9	543.0
杭州	Hangzhou	702.8	204.6	498.2	1286.4	249.0	839.8
宁波	Ningbo	749.7	284.7	465.0	1661.4	416.0	1091.8
合肥	Hefei	432.8	169.9	262.9	858.1	168.1	555.9
福州	Fuzhou	545.5	208.8	336.7	553.7	124.1	296.4
厦门	Xiamen	829.7	269.1	560.6	835.0	209.0	453.3
南昌	Nanchang	416.7	91.4	325.3	381.7	54.4	287.2
济南	Jinan	709.5	393.4	316.1	1146.5	258.3	655.7
青岛	Qingdao	548.0	215.8	332.2	868.5	200.2	493.0
郑州	Zhengzhou	351.8	68.3	283.5	553.1	136.9	319.7
武汉	Wuhan	398.4	149.3	249.1	765.4	172.4	442.9
长沙	Changsha	663.4	272.8	390.6	1242.3	179.9	858.9
广州	Guangzhou	1029.1	393.4	635.7	1377.5	295.6	728.4
深圳	Shenzhen	2905.7	1746.6	1159.1	2202.4	552.9	1206.1
南宁	Nanning	669.3	333.7	335.6	939.7	301.9	456.2
海口	Haikou	535.1	202.6	332.5	665.5	187.5	353.7
成都	Chengdu	498.1	175.8	322.3	868.8	247.9	428.8
重庆	Chongqing	442.5	168.5	274.0	850.1	150.6	543.3
贵阳	Guiyang	494.6	203.2	291.5	821.3	191.8	465.5
昆明	Kunming	392.6	120.5	272.0	653.8	255.3	270.9
拉萨	Lasa	628.4	152.4	476.0	495.0	186.4	257.8
西安	Xi'an	453.1	147.1	306.0	908.1	117.3	661.0
兰州	Lanzhou	362.2	126.8	235.4	696.5	185.8	371.1
西宁	Xining	334.5	104.3	230.2	584.5	105.7	355.5
银川	Yinchuan	466.8	140.5	326.3	673.0	147.9	394.8
乌鲁木齐	Urumqi	545.0	216.6	328.5	817.9	154.1	462.3

4.3 续表 5
Continued 5

单位:元 (Yuan)

城市	City	3.文化娱乐 Recreation	七、居住 Residence	1.住房 Housing	2.水电燃料及其他 Water, Electricity, Fuels and Others	八、杂项商品和服务 Miscellaneous Commodities and Services
平均水平	Average Level	165.9	666.2	280.2	386.1	389.9
北京	Beijing	316.7	588.0	230.7	357.3	561.2
天津	Tianjin	149.9	808.1	362.3	445.8	334.4
石家庄	Shijiazhuang	94.7	551.1	145.4	405.7	312.3
太原	Taiyuan	101.9	503.9	203.1	300.8	314.6
呼和浩特	Huhhot	139.5	407.4	135.8	271.6	319.6
沈阳	Shenyang	86.4	393.1	65.3	327.9	357.5
大连	Dalian	89.1	497.9	182.5	315.4	413.3
长春	Changchun	122.4	565.9	213.5	352.4	331.4
哈尔滨	Harbin	113.0	521.5	184.0	337.4	239.3
上海	Shanghai	240.6	732.4	205.3	527.1	569.4
南京	Nanjing	225.4	646.6	210.2	436.4	440.8
杭州	Hangzhou	197.6	772.9	308.8	464.1	493.9
宁波	Ningbo	153.6	737.6	344.0	393.6	495.3
合肥	Hefei	134.1	431.5	71.4	360.1	226.4
福州	Fuzhou	133.3	592.9	102.7	490.2	317.9
厦门	Xiamen	172.6	1239.8	731.3	508.5	452.7
南昌	Nanchang	40.1	547.7	217.6	330.0	238.4
济南	Jinan	232.5	717.6	335.8	381.8	372.1
青岛	Qingdao	175.3	792.3	310.8	481.4	226.8
郑州	Zhengzhou	96.5	773.1	383.8	389.3	237.7
武汉	Wuhan	150.2	1046.7	586.5	460.2	310.3
长沙	Changsha	203.5	1148.6	737.9	410.7	441.6
广州	Guangzhou	353.5	1543.2	891.9	651.3	764.1
深圳	Shenzhen	443.5	3378.8	2102.7	1276.2	1001.1
南宁	Nanning	181.6	910.2	528.0	382.2	414.6
海口	Haikou	124.2	776.6	340.9	435.7	358.8
成都	Chengdu	192.1	732.6	353.3	379.2	427.7
重庆	Chongqing	156.3	563.7	218.0	345.7	246.5
贵阳	Guiyang	164.0	454.5	177.6	276.9	289.6
昆明	Kunming	127.7	592.1	258.2	333.9	489.3
拉萨	Lasa	50.8	369.1	114.0	255.1	395.1
西安	Xi'an	129.7	531.5	188.6	342.8	378.1
兰州	Lanzhou	139.5	422.6	165.5	257.1	340.8
西宁	Xining	123.3	276.9	64.9	211.9	361.7
银川	Yinchuan	130.4	338.5	40.5	298.0	384.3
乌鲁木齐	Urumqi	201.6	293.1	50.1	243.0	377.5

4.4 居民家庭消费支出构成(2001 年)
Composition of Household Living Expenditure (2001)

单位:% (%)

城市	City	消费性支出 Living Expenditure	一、食品 Food	1. 粮食 Grains	2. 油脂类 Oil and Fats	3. 肉禽及其制品 Meat, Poultry and Related Products	4. 蛋类 Eggs
平均水平	Average Level	100	38.20	3.27	1.03	7.13	0.99
北京	Beijing	100	36.19	2.47	0.70	6.35	0.78
天津	Tianjin	100	37.04	3.29	0.85	6.27	1.32
石家庄	Shijiazhuang	100	33.30	4.34	1.62	6.27	1.42
太原	Taiyuan	100	33.86	4.40	1.26	5.68	1.28
呼和浩特	Huhhot	100	34.96	4.17	0.85	6.69	0.94
沈阳	Shenyang	100	38.78	4.37	1.10	7.58	1.50
大连	Dalian	100	43.01	3.86	1.08	6.98	1.76
长春	Changchun	100	39.76	4.02	1.38	7.36	1.49
哈尔滨	Harbin	100	40.85	4.84	1.54	8.30	1.58
上海	Shanghai	100	43.08	2.63	0.77	6.87	0.73
南京	Nanjing	100	39.37	2.86	1.01	8.13	0.97
杭州	Hangzhou	100	39.59	2.38	0.60	5.55	0.47
宁波	Ningbo	100	34.26	2.03	0.57	3.67	0.41
合肥	Hefei	100	39.95	3.13	1.32	8.20	1.38
福州	Fuzhou	100	46.84	4.39	1.20	7.43	0.95
厦门	Xiamen	100	41.34	3.24	1.22	7.72	0.78
南昌	Nanchang	100	44.52	4.80	2.68	10.89	1.50
济南	Jinan	100	31.97	2.66	0.94	5.49	1.21
青岛	Qingdao	100	41.85	3.14	1.08	7.86	1.55
郑州	Zhengzhou	100	38.68	4.70	1.71	7.11	1.56
武汉	Wuhan	100	38.05	2.87	1.21	6.80	0.91
长沙	Changsha	100	32.09	2.61	1.04	6.42	0.57
广州	Guangzhou	100	40.36	2.23	0.60	7.91	0.44
深圳	Shenzhen	100	27.57	2.09	0.47	5.90	0.30
南宁	Nanning	100	34.67	2.64	1.12	10.85	0.60
海口	Haikou	100	43.68	2.58	1.17	11.48	0.51
成都	Chengdu	100	37.44	2.22	1.16	8.72	0.91
重庆	Chongqing	100	39.80	3.13	1.39	8.66	1.21
贵阳	Guiyang	100	37.54	2.99	1.03	8.01	0.94
昆明	Kunming	100	41.36	4.11	0.75	8.06	1.03
拉萨	Lasa	100	43.82	4.43	1.34	9.38	0.80
西安	Xi'an	100	34.80	3.56	1.01	5.07	0.90
兰州	Lanzhou	100	38.26	3.78	1.02	6.67	0.91
西宁	Xining	100	39.90	5.16	1.08	8.12	0.94
银川	Yinchuan	100	33.26	3.53	1.28	6.14	0.72
乌鲁木齐	Urumqi	100	34.28	3.33	0.73	7.32	0.83

4.4 续表1
Continued 1

单位:% (%)

城市	City	5.水产品类 Aquatic Products	6.菜类 Vegetables	7.酒和饮料 Liquor and Beverages	8.干鲜瓜果类 Fresh and Dried Fruits	9.奶及奶制品 Milk and Diary Products	二、衣着 Clothing
平均水平	Average Level	3.26	3.58	2.04	2.58	1.91	9.00
北京	Beijing	1.62	2.65	2.52	2.60	2.23	9.21
天津	Tianjin	3.69	2.88	2.11	2.49	1.55	7.61
石家庄	Shijiazhuang	1.59	4.14	2.51	2.24	2.02	11.09
太原	Taiyuan	1.12	3.78	1.68	2.45	2.09	10.62
呼和浩特	Huhhot	0.89	3.14	1.66	2.59	2.11	12.55
沈阳	Shenyang	2.72	4.61	2.18	3.49	1.99	12.14
大连	Dalian	6.36	4.33	2.92	3.64	2.37	8.97
长春	Changchun	2.56	5.47	2.54	3.84	1.67	11.15
哈尔滨	Harbin	2.42	4.63	2.58	3.71	2.49	10.65
上海	Shanghai	6.68	3.28	2.01	2.55	2.47	6.18
南京	Nanjing	3.23	3.80	1.81	1.87	2.19	8.69
杭州	Hangzhou	6.04	3.38	2.52	2.38	1.48	7.69
宁波	Ningbo	8.66	2.88	1.57	2.08	1.50	7.77
合肥	Hefei	2.67	3.51	2.77	2.10	1.85	9.76
福州	Fuzhou	10.77	3.85	1.83	4.01	2.74	7.40
厦门	Xiamen	7.54	3.41	2.89	3.16	1.29	7.13
南昌	Nanchang	3.02	5.57	0.86	2.46	2.22	10.27
济南	Jinan	1.95	2.45	2.05	2.05	2.24	10.29
青岛	Qingdao	5.47	3.12	2.68	2.90	2.32	9.17
郑州	Zhengzhou	1.64	4.35	2.70	2.86	1.83	10.52
武汉	Wuhan	2.26	4.38	2.06	1.91	1.65	9.00
长沙	Changsha	1.64	3.27	1.39	2.39	1.00	9.55
广州	Guangzhou	3.53	2.80	1.07	2.18	1.41	5.01
深圳	Shenzhen	2.50	2.52	1.06	1.84	1.16	5.31
南宁	Nanning	2.50	3.17	1.05	2.06	1.23	6.08
海口	Haikou	6.25	4.14	0.76	2.20	1.05	4.38
成都	Chengdu	1.05	3.65	1.86	1.83	2.04	8.32
重庆	Chongqing	1.59	4.03	1.57	2.38	2.16	10.03
贵阳	Guiyang	1.13	4.00	2.13	2.15	1.52	9.03
昆明	Kunming	1.97	4.98	1.48	2.57	1.33	8.80
拉萨	Lasa	1.86	5.07	2.81	2.55	4.98	16.71
西安	Xi'an	0.98	2.99	1.60	2.21	1.41	8.36
兰州	Lanzhou	1.01	3.76	2.50	2.57	1.95	9.68
西宁	Xining	1.11	3.64	2.45	2.31	1.57	10.68
银川	Yinchuan	0.92	3.44	1.47	2.30	1.58	12.19
乌鲁木齐	Urumqi	1.09	3.36	1.36	2.59	1.69	11.99

4.4 续表2
Continued 2

单位:% (%)

城市	City	1. 服装 Garments	2. 衣着材料 Clothing Materials	3. 鞋袜帽及其他衣着 Footwear, Hats and Other Clothing	4. 衣着加工服务费 Tailoring and Laundering Service Fee	三、家庭设备用品及服务 Household Facilities, Articles and Services	1. 耐用消费品 Durable Consumer Goods
平均水平	Average Level	6.19	0.32	2.36	0.13	8.97	5.31
北京	Beijing	6.13	0.37	2.52	0.20	9.50	5.86
天津	Tianjin	5.14	0.43	1.90	0.14	11.54	8.09
石家庄	Shijiazhuang	7.11	0.78	2.95	0.25	10.44	7.76
太原	Taiyuan	7.15	0.48	2.90	0.08	7.55	4.72
呼和浩特	Huhhot	8.73	0.42	3.26	0.14	9.47	4.76
沈阳	Shenyang	8.17	0.33	3.49	0.14	7.06	4.71
大连	Dalian	5.47	0.46	2.78	0.26	5.97	3.29
长春	Changchun	7.65	0.39	3.03	0.07	5.45	2.67
哈尔滨	Harbin	7.03	0.14	3.43	0.06	4.33	1.88
上海	Shanghai	4.16	0.26	1.67	0.09	6.88	3.66
南京	Nanjing	6.03	0.34	2.11	0.21	9.69	5.47
杭州	Hangzhou	5.36	0.19	2.03	0.11	10.64	5.51
宁波	Ningbo	5.59	0.24	1.83	0.11	14.29	9.40
合肥	Hefei	6.58	0.62	2.38	0.17	11.28	7.69
福州	Fuzhou	5.71	0.08	1.52	0.09	10.05	5.57
厦门	Xiamen	5.23	0.05	1.76	0.08	8.32	4.41
南昌	Nanchang	7.45	0.40	2.28	0.14	5.14	2.34
济南	Jinan	7.13	0.48	2.52	0.17	11.69	8.00
青岛	Qingdao	6.24	0.37	2.43	0.13	6.78	3.64
郑州	Zhengzhou	7.11	0.58	2.63	0.21	9.53	6.39
武汉	Wuhan	6.63	0.27	2.02	0.08	7.36	4.35
长沙	Changsha	6.83	0.27	2.32	0.13	8.00	4.59
广州	Guangzhou	3.41	0.06	1.46	0.07	7.49	3.93
深圳	Shenzhen	3.97	0.02	1.32	0.00	9.92	5.83
南宁	Nanning	4.41	0.18	1.41	0.08	14.03	7.74
海口	Haikou	3.02	0.10	1.21	0.05	7.65	3.29
成都	Chengdu	6.12	0.21	1.96	0.03	10.58	6.16
重庆	Chongqing	7.24	0.16	2.59	0.03	8.68	5.12
贵阳	Guiyang	6.24	0.18	2.51	0.09	11.13	6.47
昆明	Kunming	6.73	0.17	1.88	0.02	5.92	3.18
拉萨	Lasa	12.96	0.20	3.53	0.02	4.31	2.40
西安	Xi'an	5.60	0.36	2.30	0.09	10.81	6.17
兰州	Lanzhou	6.13	0.48	2.88	0.19	10.07	5.51
西宁	Xining	7.12	0.45	2.96	0.15	8.53	5.51
银川	Yinchuan	8.57	0.51	2.91	0.19	11.05	7.10
乌鲁木齐	Urumqi	7.86	0.52	3.38	0.23	12.90	7.31

4.4 续表 3
Continued 3

单位:% (%)

城　市	City	2. 室内装饰品 Room Decorations	3. 床上用品 Bed Articles	4. 家庭日用杂品 Household Articles for Daily Use	5. 家具材料 Furniture Materials	6. 家庭服务 Household Services	四、医疗保健 Health Care
平均水平	Average Level	0.30	0.44	1.63	0.17	1.12	6.73
北　京	Beijing	0.25	0.36	1.94	0.06	1.02	7.59
天　津	Tianjin	0.25	0.44	1.38	0.02	1.37	6.23
石家庄	Shijiazhuang	0.39	0.44	1.22	0.05	0.57	10.00
太　原	Taiyuan	0.35	0.51	1.22	0.07	0.68	9.52
呼和浩特	Huhhot	0.53	0.60	1.89	0.37	1.31	7.29
沈　阳	Shenyang	0.25	0.40	1.20	0.23	0.26	6.73
大　连	Dalian	0.28	0.42	1.42	0.09	0.47	9.22
长　春	Changchun	0.25	0.38	1.36	0.05	0.74	7.47
哈尔滨	Harbin	0.15	0.21	0.98	0.16	0.95	8.52
上　海	Shanghai	0.14	0.54	1.36	0.00	1.19	5.98
南　京	Nanjing	0.19	0.50	1.92	0.68	0.92	6.70
杭　州	Hangzhou	0.49	0.63	1.32	0.74	1.95	6.50
宁　波	Ningbo	0.43	0.50	1.17	0.07	2.72	5.17
合　肥	Hefei	0.23	0.39	1.66	0.00	1.32	4.20
福　州	Fuzhou	0.29	0.60	1.54	0.02	2.03	4.75
厦　门	Xiamen	0.23	0.67	1.80	0.09	1.13	3.68
南　昌	Nanchang	0.08	0.57	1.93	0.01	0.22	3.17
济　南	Jinan	0.30	0.40	1.75	0.21	1.04	6.58
青　岛	Qingdao	0.18	0.33	1.73	0.00	0.90	6.63
郑　州	Zhengzhou	0.87	0.20	1.12	0.00	0.93	8.77
武　汉	Wuhan	0.16	0.30	2.02	0.10	0.43	5.84
长　沙	Changsha	0.39	0.59	1.96	0.02	0.44	4.86
广　州	Guangzhou	0.23	0.46	1.71	0.08	1.08	4.82
深　圳	Shenzhen	0.42	0.29	2.07	0.00	1.31	4.50
南　宁	Nanning	0.42	0.47	1.70	1.45	2.25	3.94
海　口	Haikou	0.21	0.30	2.36	0.57	0.91	6.34
成　都	Chengdu	0.24	0.47	1.99	0.53	1.19	6.50
重　庆	Chongqing	0.18	0.45	1.42	0.00	1.51	5.69
贵　阳	Guiyang	0.36	0.54	1.99	0.05	1.71	6.63
昆　明	Kunming	0.20	0.78	1.01	0.11	0.64	8.31
拉　萨	Lasa	0.24	0.27	1.03	0.15	0.21	3.67
西　安	Xi' an	0.26	0.53	1.83	0.45	1.56	6.98
兰　州	Lanzhou	0.42	0.44	2.29	0.21	1.20	7.21
西　宁	Xining	0.42	0.45	1.72	0.00	0.43	8.28
银　川	Yinchuan	0.35	0.34	1.53	0.04	1.69	9.68
乌鲁木齐	Urumqi	0.52	0.36	2.14	0.41	2.16	7.32

4.4 续表4
Continued 4

单位:% (%)

城市	City	四.医疗保健 Health Care	五.交通和通讯 Transportation and Communi-cations	1.交通 Transpor-tation	2.通讯 Communi-cations	六、娱乐教育文化服务费 Recreation, Education and Cultural Service Fee	1.文娱用耐用消费品 Recrea-tional Durable Consumer Goods
平均水平	Average Level	6.73	8.26	3.13	5.13	13.25	3.04
北京	Beijing	7.59	8.61	3.00	5.62	16.02	4.04
天津	Tianjin	6.23	8.39	4.46	3.93	12.84	3.58
石家庄	Shijiazhuang	10.00	7.53	2.59	4.94	12.17	3.09
太原	Taiyuan	9.52	7.79	2.67	5.11	14.81	3.26
呼和浩特	Huhhot	7.29	8.66	3.53	5.13	12.13	1.75
沈阳	Shenyang	6.73	7.24	1.81	5.43	14.43	2.82
大连	Dalian	9.22	6.81	2.48	4.33	12.02	2.92
长春	Changchun	7.47	8.04	3.03	5.02	12.09	1.93
哈尔滨	Harbin	8.52	6.53	1.28	5.25	14.04	1.69
上海	Shanghai	5.98	9.38	4.41	4.97	14.56	4.15
南京	Nanjing	6.70	7.15	2.09	5.06	13.55	3.06
杭州	Hangzhou	6.50	7.68	2.24	5.44	14.06	2.72
宁波	Ningbo	5.17	7.92	3.01	4.91	17.56	4.40
合肥	Hefei	4.20	7.73	3.03	4.70	15.33	3.00
福州	Fuzhou	4.75	8.40	3.22	5.19	8.53	1.91
厦门	Xiamen	3.68	9.77	3.17	6.60	9.83	2.46
南昌	Nanchang	3.17	9.71	2.13	7.58	8.89	1.27
济南	Jinan	6.58	9.50	5.27	4.23	15.36	3.46
青岛	Qingdao	6.63	8.00	3.15	4.85	12.68	2.92
郑州	Zhengzhou	8.77	5.97	1.16	4.81	9.38	2.32
武汉	Wuhan	5.84	6.28	2.35	3.93	12.07	2.72
长沙	Changsha	4.86	8.63	3.55	5.08	16.17	2.34
广州	Guangzhou	4.82	9.24	3.53	5.71	12.37	2.65
深圳	Shenzhen	4.50	16.14	9.70	6.44	12.23	3.07
南宁	Nanning	3.94	9.42	4.70	4.72	13.22	4.25
海口	Haikou	6.34	8.69	3.29	5.40	10.81	3.05
成都	Chengdu	6.50	7.32	2.59	4.74	12.77	3.65
重庆	Chongqing	5.69	7.53	2.87	4.67	14.47	2.56
贵阳	Guiyang	6.63	8.56	3.52	5.05	14.22	3.32
昆明	Kunming	8.31	6.57	2.02	4.55	10.94	4.27
拉萨	Lasa	3.67	10.48	2.54	7.94	8.26	3.11
西安	Xi'an	6.98	7.79	2.53	5.26	15.61	2.02
兰州	Lanzhou	7.21	6.91	2.42	4.49	13.30	3.55
西宁	Xining	8.28	7.01	2.18	4.82	12.24	2.21
银川	Yinchuan	9.68	8.48	2.55	5.92	12.22	2.68
乌鲁木齐	Urumqi	7.32	8.99	3.57	5.42	13.48	2.54

4.4 续表 5
Continued 5

单位:% (%)

城市	City	2. 教育 Education	3. 文化娱乐 Recreation	七. 居住 Residence	1. 住房 Housing	2. 水电燃料及其他 Water, Electricity, Fuels and Others	八、杂项商品和服务 Miscellaneous Commodties and Services
平均水平	Average Level	7.77	2.45	9.83	4.13	5.70	5.75
北 京	Beijing	8.43	3.55	6.59	2.59	4.00	6.29
天 津	Tianjin	7.11	2.15	11.56	5.18	6.38	4.79
石家庄	Shijiazhuang	7.38	1.70	9.88	2.61	7.27	5.60
太 原	Taiyuan	9.58	1.97	9.76	3.93	5.82	6.09
呼和浩特	Huhhot	7.51	2.87	8.37	2.79	5.58	6.57
沈 阳	Shenyang	10.05	1.57	7.13	1.18	5.94	6.48
大 连	Dalian	7.73	1.37	7.65	2.80	4.84	6.35
长 春	Changchun	7.98	2.19	10.11	3.82	6.30	5.92
哈尔滨	Harbin	10.11	2.24	10.34	3.65	6.69	4.74
上 海	Shanghai	7.83	2.58	7.85	2.20	5.65	6.10
南 京	Nanjing	7.41	3.08	8.83	2.87	5.96	6.02
杭 州	Hangzhou	9.18	2.16	8.45	3.37	5.07	5.40
宁 波	Ningbo	11.54	1.62	7.79	3.64	4.16	5.23
合 肥	Hefei	9.93	2.39	7.71	1.27	6.43	4.04
福 州	Fuzhou	4.56	2.05	9.13	1.58	7.55	4.90
厦 门	Xiamen	5.34	2.03	14.60	8.61	5.99	5.33
南 昌	Nanchang	6.69	0.93	12.75	5.07	7.69	5.55
济 南	Jinan	8.78	3.11	9.61	4.50	5.11	4.98
青 岛	Qingdao	7.20	2.56	11.57	4.54	7.03	3.31
郑 州	Zhengzhou	5.42	1.64	13.12	6.51	6.60	4.03
武 汉	Wuhan	6.98	2.37	16.50	9.25	7.26	4.89
长 沙	Changsha	11.18	2.65	14.95	9.60	5.35	5.75
广 州	Guangzhou	6.54	3.17	13.86	8.01	5.85	6.86
深 圳	Shenzhen	6.70	2.46	18.76	11.68	7.09	5.56
南 宁	Nanning	6.42	2.55	12.81	7.43	5.38	5.83
海 口	Haikou	5.75	2.02	12.62	5.54	7.08	5.83
成 都	Chengdu	6.30	2.82	10.77	5.20	5.58	6.29
重 庆	Chongqing	9.25	2.66	9.60	3.71	5.89	4.20
贵 阳	Guiyang	8.06	2.84	7.87	3.07	4.79	5.01
昆 明	Kunming	4.53	2.14	9.91	4.32	5.59	8.19
拉 萨	Lasa	4.30	0.85	6.16	1.90	4.25	6.59
西 安	Xi'an	11.37	2.23	9.14	3.24	5.90	6.50
兰 州	Lanzhou	7.08	2.66	8.07	3.16	4.91	6.51
西 宁	Xining	7.44	2.58	5.80	1.36	4.44	7.57
银 川	Yinchuan	7.17	2.37	6.15	0.74	5.41	6.98
乌鲁木齐	Urumqi	7.62	3.32	4.83	0.83	4.01	6.22

4.5 居民家庭年末主要消费品拥有量(2001 年,平均每百户)
Number of Major Durable Consumer Goods Owned of Households at the Year-end (2001, per 100 households)

城　市	City	毛皮大衣(件) Fur Coat	呢大衣(件) Woolen Coat	毛毯(条) Woolen Blanket	地毯(平方米) Carpet (sq. m)	组合家具(套) Composite Furniture (sets)	沙发床(个) Sofa Bed
平均水平	Average Level	66.20	196.14	152.58	85.30	57.21	56.79
北　京	Beijing	132.90	210.10	147.90	86.20	81.80	89.70
天　津	Tianjin	87.40	253.20	151.60	54.60	75.00	51.00
石家庄	Shijiazhuang	74.00	167.50	136.50	54.25	67.00	47.00
太　原	Taiyuan	82.00	148.00	162.33	35.33	70.00	33.67
呼和浩特	Huhhot	75.75	153.50	172.75	204.50	59.75	18.00
沈　阳	Shenyang	55.80	221.40	132.80	121.20	53.20	55.80
大　连	Dalian	61.40	217.00	150.40	135.00	33.40	75.60
长　春	Changchun	67.33	189.00	100.67	80.67	34.67	39.00
哈尔滨	Harbin	15.00	187.80	104.60	17.80	47.40	39.20
上　海	Shanghai	23.60	312.80	188.00	129.02	32.60	43.40
南　京	Nanjing	48.00	233.67	150.00	74.67	38.00	38.67
杭　州	Hangzhou	52.00	258.67	165.00	119.00	50.00	34.33
宁　波	Ningbo	62.00	261.00	177.00	126.00	73.50	36.00
合　肥	Hefei	40.00	204.50	144.00	66.00	63.00	52.00
福　州	Fuzhou	25.00	158.67	119.67	13.00	64.33	39.67
厦　门	Xiamen	2.00	5.50	4.00	0.00	3.50	0.50
南　昌	Nanchang	46.00	176.00	131.00	26.67	45.33	45.00
济　南	Jinan	111.00	221.00	148.67	42.67	74.33	74.00
青　岛	Qingdao	60.75	227.00	190.75	55.50	64.00	91.00
郑　州	Zhengzhou	73.25	198.25	111.00	44.25	67.50	59.00
武　汉	Wuhan	96.80	247.20	139.40	68.60	61.80	28.40
长　沙	Changsha	60.00	161.50	129.00	76.00	77.00	56.00
广　州	Guangzhou	60.67	112.33	185.33	10.33	51.33	62.33
深　圳	Shenzhen	59.00	91.00	166.00	4.00	64.00	98.00
南　宁	Nanning	11.50	81.00	119.00	41.50	53.00	36.00
海　口	Haikou	13.50	36.00	146.00	13.00	47.50	85.50
成　都	Chengdu	90.67	269.00	173.00	16.33	90.67	54.33
重　庆	Chongqing	68.67	211.00	157.67	12.33	76.67	33.67
贵　阳	Guiyang	53.00	199.50	164.50	37.50	43.50	49.50
昆　明	Kunming	31.33	162.33	175.33	46.33	39.33	69.67
拉　萨	Lasa	118.00	184.00	317.00	856.00	112.00	37.00
西　安	Xi'an	22.00	178.00	153.33	40.00	55.00	83.67
兰　州	Lanzhou	72.00	172.33	210.00	78.33	60.67	68.33
西　宁	Xining	83.00	215.00	212.33	170.00	53.00	65.00
银　川	Yinchuan	73.50	131.75	132.25	86.25	31.50	59.00
乌鲁木齐	Urumqi	94.50	207.75	211.50	314.50	44.50	119.50

4.5 续表 1
Continued 1

城　市	City	沙发（个）Sofa	大衣柜（个）Wardrobe	写字台（张）Desk	摩托车（辆）Motorcycle	自行车（辆）Bicycle	家用汽车（辆）Auto-mobile
平均水平	Average Level	169.37	85.79	84.50	11.08	159.93	0.78
北　京	Beijing	158.20	85.20	98.50	5.00	230.60	2.60
天　津	Tianjin	116.20	69.60	75.40	9.60	239.00	0.20
石家庄	Shijiazhuang	199.75	105.50	93.50	14.75	240.00	0.75
太　原	Taiyuan	146.33	87.33	83.00	15.67	184.67	0.67
呼和浩特	Huhhot	286.75	66.50	75.75	9.50	233.50	0.75
沈　阳	Shenyang	105.20	56.80	71.00	7.60	230.20	1.00
大　连	Dalian	107.00	72.20	76.20	3.20	36.20	0.00
长　春	Changchun	104.00	59.00	58.00	7.33	126.33	0.33
哈尔滨	Harbin	59.60	59.80	63.60	5.20	63.60	0.40
上　海	Shanghai	114.80	96.40	79.40	1.40	123.80	0.20
南　京	Nanjing	114.33	94.33	95.00	6.00	192.67	0.00
杭　州	Hangzhou	107.33	99.67	103.33	4.00	249.00	0.67
宁　波	Ningbo	184.00	71.00	88.50	14.50	246.00	0.50
合　肥	Hefei	140.00	72.50	99.50	9.00	158.00	0.00
福　州	Fuzhou	142.00	89.33	106.67	23.33	227.67	0.33
厦　门	Xiamen	4.50	2.00	1.50	31.00	111.00	2.00
南　昌	Nanchang	108.00	80.67	83.33	12.33	157.67	0.33
济　南	Jinan	222.33	98.67	99.00	29.00	208.67	0.33
青　岛	Qingdao	143.00	77.50	75.75	9.00	48.75	0.25
郑　州	Zhengzhou	178.25	92.50	78.75	18.00	200.25	0.00
武　汉	Wuhan	122.40	87.20	88.00	8.40	156.00	0.00
长　沙	Changsha	159.50	88.00	98.50	14.00	127.00	0.50
广　州	Guangzhou	95.00	167.67	102.33	25.67	141.00	0.33
深　圳	Shenzhen	264.00	199.00	129.00	21.00	112.00	13.00
南　宁	Nanning	107.00	114.50	85.00	66.00	196.50	0.50
海　口	Haikou	80.00	120.50	107.00	53.00	126.50	1.00
成　都	Chengdu	199.33	103.00	95.00	4.67	205.00	3.33
重　庆	Chongqing	129.33	94.33	78.33	1.67	8.00	0.00
贵　阳	Guiyang	267.00	109.00	88.50	2.00	23.50	1.00
昆　明	Kunming	302.00	113.67	101.33	12.00	174.67	1.67
拉　萨	Lasa	346.00	68.00	76.00	8.00	209.00	0.00
西　安	Xi'an	193.33	69.67	82.00	6.00	177.00	0.00
兰　州	Lanzhou	204.33	82.00	88.33	5.00	126.67	0.00
西　宁	Xining	316.00	79.67	80.67	3.00	73.00	0.33
银　川	Yinchuan	300.75	78.75	76.50	7.25	180.50	0.75
乌鲁木齐	Urumqi	469.00	85.50	86.00	4.00	73.75	0.25

4.5 续表2
Continued 2

城　市	City	缝纫机（台）Sewing Machine	洗衣机（台）Washing Machines	电风扇（台）Electric Fan	电冰箱（台）Refrig-erator	冰柜（台）Freezer	彩色电视机（台）Color TV
平均水平	Average Level	50.34	95.96	152.61	95.16	7.77	130.52
北　京	Beijing	49.50	102.20	153.80	106.60	16.90	148.90
天　津	Tianjin	69.80	95.60	132.60	102.60	19.20	134.00
石家庄	Shijiazhuang	69.00	95.50	159.00	93.25	18.50	122.00
太　原	Taiyuan	59.00	95.00	87.00	93.67	9.00	116.67
呼和浩特	Huhhot	38.75	96.75	54.75	78.25	14.50	111.75
沈　阳	Shenyang	37.20	95.40	77.40	93.20	7.20	126.80
大　连	Dalian	51.60	86.40	84.00	95.00	12.60	129.20
长　春	Changchun	36.33	97.33	76.67	84.00	6.33	111.67
哈尔滨	Harbin	34.60	86.20	59.00	86.60	10.80	103.20
上　海	Shanghai	68.80	99.00	224.80	102.60	1.20	153.60
南　京	Nanjing	53.00	96.67	198.67	98.67	1.33	140.33
杭　州	Hangzhou	63.67	99.67	258.33	104.33	2.33	155.33
宁　波	Ningbo	75.50	93.00	316.00	101.50	1.50	164.00
合　肥	Hefei	46.00	101.50	270.50	104.00	2.00	134.00
福　州	Fuzhou	61.00	98.00	290.00	101.33	3.33	150.67
厦　门	Xiamen	46.00	99.00	221.50	104.50	0.50	132.50
南　昌	Nanchang	55.33	88.33	204.00	93.33	2.00	115.00
济　南	Jinan	50.00	97.33	183.00	98.00	15.33	126.33
青　岛	Qingdao	62.75	84.00	117.00	92.75	19.25	127.50
郑　州	Zhengzhou	53.25	96.00	174.00	92.50	13.25	125.25
武　汉	Wuhan	65.40	102.40	252.40	105.00	4.60	133.40
长　沙	Changsha	47.50	99.00	256.00	92.00	5.00	126.50
广　州	Guangzhou	57.33	99.67	305.67	101.33	0.00	159.33
深　圳	Shenzhen	37.00	101.00	248.00	102.00	3.00	157.00
南　宁	Nanning	65.50	86.50	278.00	90.00	0.50	131.50
海　口	Haikou	48.50	79.00	212.50	91.00	3.50	126.50
成　都	Chengdu	30.00	99.33	221.33	94.00	3.67	145.00
重　庆	Chongqing	46.00	97.00	210.67	98.67	2.00	138.67
贵　阳	Guiyang	35.50	105.00	91.00	94.50	1.00	135.50
昆　明	Kunming	42.33	92.00	30.00	81.33	1.67	122.00
拉　萨	Lasa	15.00	89.00	5.00	74.00	3.00	130.00
西　安	Xi' an	54.00	97.67	169.00	89.33	2.00	123.67
兰　州	Lanzhou	43.00	101.33	65.00	89.67	4.00	117.67
西　宁	Xining	33.00	100.33	6.67	83.67	9.67	119.00
银　川	Yinchuan	34.50	93.25	69.75	85.25	1.75	110.50
乌鲁木齐	Urumqi	36.00	100.75	42.25	96.25	2.50	108.50

4.5 续表 3
Continued 3

城　市	City	影碟机（台）Video Disc-Player	录放像机（台）Video Recorder	家用电脑（台）Computer	组合音响（套）Hi-Fi Stereo Component System	录音机（台）Recorder	摄像机（台）Video Camera
平均水平	Average Level	46.83	31.41	22.19	27.53	54.75	2.66
北　京	Beijing	51.70	57.70	45.30	34.40	73.10	8.00
天　津	Tianjin	41.00	31.80	21.20	21.40	68.40	2.00
石家庄	Shijiazhuang	31.75	23.50	18.50	17.75	56.50	2.50
太　原	Taiyuan	34.67	15.00	14.33	20.00	54.33	1.67
呼和浩特	Huhhot	30.25	13.00	6.25	12.50	54.00	1.00
沈　阳	Shenyang	36.00	32.00	16.00	25.80	64.20	2.80
大　连	Dalian	37.20	39.80	19.00	29.40	57.60	2.80
长　春	Changchun	36.33	27.33	14.33	13.33	60.33	4.00
哈尔滨	Harbin	35.80	26.20	10.40	18.00	38.60	2.00
上　海	Shanghai	56.00	50.20	37.60	33.60	79.80	4.00
南　京	Nanjing	46.67	37.33	26.00	24.33	46.33	2.33
杭　州	Hangzhou	58.33	37.33	30.67	32.33	59.67	3.33
宁　波	Ningbo	49.00	40.00	30.00	25.00	76.00	1.50
合　肥	Hefei	34.00	28.50	23.00	20.50	30.50	2.50
福　州	Fuzhou	66.67	28.33	22.33	26.00	50.00	1.33
厦　门	Xiamen	63.00	42.00	24.50	31.00	41.50	3.00
南　昌	Nanchang	28.00	23.00	9.33	25.67	42.67	1.00
济　南	Jinan	48.67	32.00	28.67	27.33	81.67	2.67
青　岛	Qingdao	31.00	36.25	20.00	23.75	55.75	2.75
郑　州	Zhengzhou	45.50	20.50	17.00	21.00	41.75	2.50
武　汉	Wuhan	48.20	29.60	20.00	30.20	40.60	2.20
长　沙	Changsha	56.50	25.00	22.50	37.00	54.50	0.50
广　州	Guangzhou	77.67	45.67	58.67	64.33	63.67	4.67
深　圳	Shenzhen	65.00	37.00	70.00	60.00	63.00	6.00
南　宁	Nanning	69.00	17.00	25.50	23.50	67.50	1.00
海　口	Haikou	50.50	31.50	16.50	31.00	48.50	0.00
成　都	Chengdu	59.33	34.33	24.67	42.33	42.67	4.00
重　庆	Chongqing	59.67	21.33	17.33	38.00	22.00	2.33
贵　阳	Guiyang	63.00	28.50	13.00	40.00	29.50	0.00
昆　明	Kunming	66.00	29.33	20.00	38.33	41.67	1.33
拉　萨	Lasa	59.00	39.00	9.00	26.00	68.00	2.00
西　安	Xi'an	42.00	26.33	15.67	19.33	57.00	0.33
兰　州	Lanzhou	39.33	17.33	12.33	20.33	47.00	2.00
西　宁	Xining	43.67	15.67	6.00	22.00	51.67	1.00
银　川	Yinchuan	39.75	16.25	10.00	21.50	38.00	1.00
乌鲁木齐	Urumqi	49.25	24.25	14.00	23.50	57.25	1.50

4.5 续表4
Continued 4

城 市	City	照相机（架）Camera	钢琴（架）Piano	其他中高档乐器（件）Other Medium and Highgrade Musical Instruments	微波炉（台）Micro-wave Oven	空调器（台）Air Conditioner	电炊具（台）Electric Cooking Appliances
平均水平	Average Level	57.86	2.02	6.64	38.64	54.03	94.98
北 京	Beijing	100.70	2.70	13.90	67.60	89.70	114.20
天 津	Tianjin	59.60	0.60	3.20	43.00	73.80	95.40
石家庄	Shijiazhuang	51.00	2.50	5.75	32.25	76.00	50.50
太 原	Taiyuan	46.67	1.67	7.00	13.00	7.00	37.67
呼和浩特	Huhhot	43.75	1.00	6.25	16.00	0.25	98.00
沈 阳	Shenyang	65.20	2.60	8.00	35.80	8.60	87.40
大 连	Dalian	56.60	1.20	4.00	34.20	11.00	73.40
长 春	Changchun	45.67	3.00	6.00	21.67	6.67	76.00
哈尔滨	Harbin	34.20	2.00	1.60	15.40	5.20	44.40
上 海	Shanghai	71.60	3.20	5.20	85.20	100.40	155.40
南 京	Nanjing	61.00	3.33	3.67	67.33	87.67	117.67
杭 州	Hangzhou	69.00	1.67	5.67	44.00	111.33	105.33
宁 波	Ningbo	56.00	1.00	7.50	47.50	82.00	128.50
合 肥	Hefei	49.00	1.00	6.00	49.50	73.50	121.50
福 州	Fuzhou	49.00	3.33	6.33	55.33	102.33	138.67
厦 门	Xiamen	43.50	2.50	7.50	61.50	94.50	117.50
南 昌	Nanchang	35.67	0.67	7.67	19.67	57.67	36.67
济 南	Jinan	66.33	3.67	14.00	40.33	72.00	121.67
青 岛	Qingdao	68.50	2.25	5.25	48.00	24.25	69.50
郑 州	Zhengzhou	45.00	1.00	4.75	21.75	77.50	65.75
武 汉	Wuhan	52.20	2.60	7.00	36.80	94.80	93.80
长 沙	Changsha	43.50	0.00	13.00	41.50	73.00	107.00
广 州	Guangzhou	76.33	6.00	8.67	61.00	162.67	162.33
深 圳	Shenzhen	92.00	6.00	7.00	49.00	210.00	88.00
南 宁	Nanning	60.00	1.00	8.00	38.00	63.00	92.00
海 口	Haikou	40.50	2.00	3.00	23.50	52.00	135.50
成 都	Chengdu	63.33	1.67	11.00	48.67	47.67	72.33
重 庆	Chongqing	55.67	0.33	7.67	40.00	85.67	80.33
贵 阳	Guiyang	43.50	0.50	4.00	33.50	8.00	149.00
昆 明	Kunming	64.00	2.33	3.67	43.33	0.00	128.33
拉 萨	Lasa	55.00	0.00	2.00	8.00	3.00	8.00
西 安	Xi'an	47.33	0.33	3.67	27.67	54.33	107.33
兰 州	Lanzhou	50.00	1.67	5.67	15.67	2.67	54.67
西 宁	Xining	53.67	0.67	3.33	18.00	0.33	39.00
银 川	Yinchuan	34.50	1.50	2.50	17.50	2.50	151.75
乌鲁木齐	Urumqi	53.50	3.25	9.75	12.50	1.25	80.75

4.5 续表 5
Continued 5

城市	City	淋浴（台）Shower	排油烟机（台）Smoke Absorber	吸尘器（台）Vacuum Cleaner	健身器材（件）Health Equipment	移动电话（台）Mobile Phone
平均水平	Average Level	66.28	67.58	17.63	5.62	40.99
北京	Beijing	78.10	70.40	28.40	10.50	62.40
天津	Tianjin	78.60	74.80	22.00	3.60	21.20
石家庄	Shijiazhuang	71.75	62.75	16.75	10.00	40.00
太原	Taiyuan	40.67	71.00	6.33	2.33	21.00
呼和浩特	Huhhot	31.25	60.75	12.00	2.75	20.00
沈阳	Shenyang	67.40	83.40	35.00	4.00	36.00
大连	Dalian	70.80	78.20	27.20	7.60	40.20
长春	Changchun	43.00	72.00	23.67	4.00	45.67
哈尔滨	Harbin	36.00	78.60	18.80	2.60	14.80
上海	Shanghai	67.00	58.80	49.40	6.60	49.60
南京	Nanjing	83.67	64.00	21.33	5.33	45.33
杭州	Hangzhou	86.00	71.67	22.67	2.00	57.00
宁波	Ningbo	87.00	90.50	19.00	11.00	53.00
合肥	Hefei	72.50	74.00	12.00	3.50	25.50
福州	Fuzhou	96.67	55.67	5.00	5.33	65.00
厦门	Xiamen	99.00	77.50	3.50	10.50	99.00
南昌	Nanchang	67.33	55.67	4.00	3.00	28.67
济南	Jinan	72.00	76.00	15.33	9.33	46.67
青岛	Qingdao	65.75	88.25	29.00	7.00	36.00
郑州	Zhengzhou	55.75	52.00	7.00	4.50	30.25
武汉	Wuhan	71.60	51.20	9.80	4.00	22.80
长沙	Changsha	75.00	22.50	8.00	9.50	41.50
广州	Guangzhou	90.00	74.00	16.00	6.67	102.33
深圳	Shenzhen	98.00	98.00	20.00	14.00	122.00
南宁	Nanning	93.00	54.00	10.00	8.00	36.00
海口	Haikou	79.00	72.00	4.00	5.50	54.00
成都	Chengdu	90.33	51.67	14.67	8.00	54.67
重庆	Chongqing	84.00	32.00	6.67	6.67	34.33
贵阳	Guiyang	36.00	39.00	6.00	2.00	27.50
昆明	Kunming	57.33	79.33	11.33	6.33	48.00
拉萨	Lasa	13.00	18.00	6.00	0.00	58.00
西安	Xi'an	52.33	63.67	10.67	3.00	19.33
兰州	Lanzhou	43.33	77.00	9.00	5.67	21.00
西宁	Xining	23.67	75.00	7.33	2.00	23.00
银川	Yinchuan	45.75	61.50	11.50	0.25	40.75
乌鲁木齐	Urumqi	70.50	96.00	19.50	4.50	24.25

主要统计指标解释

家庭人口数 指居住在一起,经济上合在一起共同生活的家庭成员。凡计算为家庭人口的成员其全部收支都应包括在一起。

就业人口数 指家庭人口中从事社会劳动并取得劳动报酬或经营收入的人口。包括通过国家统筹规划和指导由劳动部门介绍就业,自愿组织起来就业和自谋职业等方式,在国有、集体、中外合资、中外合作、外商在华独资的企事业单位和私营企事业单位工作或从事个体劳动的有固定性职业或临时性职业的人口。聘用和留用的离退休人员也计入就业人口。

可支配收入 指居民家庭在支付个人所得税之后,所余下的实际收入。

可支配收入=实际收入一个人所得税一记帐补贴一家庭副业生产支出

现金收入 包括实际收入和借贷收入。

实际收入 指家庭全部实际的现金收入,不包括借贷收入。如提取银行存款、向亲友借入款、收回借出款以及其他各种暂收款。

消费性支出 指家庭用于日常生活的全部支出,按用途划分为食品、衣着、家庭设备用品及服务、医疗保健、交通和通讯、娱乐教育文化服务、居住、杂项商品和服务等八大类支出。

Explanatory Notes on Main Statistical Indictors

Number of Household Population refers to family members who live together and economically combine together. All the income and expenditures of the members calculated as household population should be included together.

Number of Employed Population refer to members of household population who are engaged in social labor work and get paid or engaged in business, including members working at state-owned, collective-owned, joint cooperative and solely foreign invested enterprises and institutions and private enterprises and institutions, or members with fixed occupation or temporary occupation who are engaged in individual labor work through means of national overall planning and guidance, labor department introduction, voluntarily organized employment and self employment. Re-employed retired and resigned people are calculated as employed population.

Disposable Income refers to all the left real income of household after paying personal income tax.
Disposable income = Real income-personal income tax-survey subsidies-household sideline production disbursement.

Cash Income includes real income and debit and credit income.

Real Income comprises the total real cash income of the household, excluding debit and credit income, such as withdrawal of bank deposit, money borrowed from relatives, lent money returned and other temporary receiving.

Consumptive Expenditures refers to all the expenditures of household used for daily living, which are divided into 8 categories by purposes: food, clothing, household facilities and supplies and services, health care, transportation and communications, recreational, educational and cultural services, habitation and miscellaneous goods and services.

五、香港特别行政区主要社会经济指标
Chapter 5 MAIN SOCIAL AND ECONOMIC INDICATORS IN HONGKONG SPECIAL ADMINISTRITIVE REGION

简 要 说 明

本部分资料来源于国家统计局《中国统计年鉴—2002》，主要反映香港特别行政区的社会、经济发展情况。由香港特别行政区政府统计处提供所有数据，国家统计局国际统计信息中心负责整理、编辑。

Brief Explanation

The materials of this part are from "China Statistic Yearbook - 2002" of State Statistic Bureau, mainly reflecting the social and economic development status of Hong Kong Special Administration Region. All the data are provided by Statistic Division of Hong Kong SAR, which are sorted out and edited by International Statistic Information Center of State Statistic Bureau.

5.1 主要统计指标概览 Summary of Key Statistics

项　目	Item	1997	1998	1999	2000	2001
人口及生命事件	Population and Vital Events					
年中人口@(万人)	Mid-year Population@ (10000 persons)	648.9	654.4	660.7	666.5	672.5
粗出生率@(‰)	Crude Birth Rate @ (‰)	9.1	8.1	7.8	8.1	7.2
粗死亡率@(‰)	Crude Death Rate@ (‰)	4.9	5.0	5.0	5.1	5
劳工	Labour					
劳动人口@(万人)	Labour Force @ (10000 persons)	323.5	327.6	332.0	337.4	342.7
劳动人口参与率@(%)	Labour Force Participation Rate@ (%)	61.3	61.3	61.3	61.4	61.4
失业率@(%)	Unemployment Rate@ (%)	2.2	4.7	6.2	4.9	5.1
就业不足率@(%)	Underemployment Rate@ (%)	1.1	2.5	2.9	2.8	2.5
选定行业就业人数(人)	Number of Employed Persons in Selected Industries (person)					
(i) 制造业	(i) Manufacturing	443000	379600	353900	333700	326400
(ii) 建筑业	(ii) Construction	303100	306600	286800	301700	291400
(iii) 批发、零售、进出口贸易、饮食及酒店业	(iii) Wholesale, Retail and Import/Export Trades, Restaurants and Hotels	960800	953500	935100	981700	981100
(iv) 运输、仓库及通讯业	(iv) Transport, Storage and Communications	343400	349200	339400	356600	353400
(v) 金融、保险、地产及商用服务业	(v) Financing, Insurance, Real Estate and Business Services	405100	410300	437700	452700	478100
(vi) 社区、社会个人服务业	(vi) Community, Social and Personal Services	678200	695600	732900	754700	798900
实际工资指数(1992年9月=100)	Real Wage Index (September 1992=100)	104.5	104.4	109.0	112.8	114.6
对外贸易	External Trade					
进口(亿港元)	Imports (HKD 100 million)	16150.9	14290.9	13927.2	16579.6	15681.9
港产品出口(亿万港元)	Domestic Exports (HKD 100 million)	2114.1	1884.5	1706.0	1809.7	1535.2
转口(亿万港元)	Re-exports (HKD 100 million)	12445.4	11592.0	11784.0	13917.2	13274.7
贸易价格比率指数(2000=100)	Terms of Trade Index (2000=100)	100.5	101.7	101.0	100.0	100.9
工业生产	Industrial Production					
工业生产指数(1986=100)	Index of Industrial Production (1986=100)	120.6	110.1	103.1	102.5	98.0
经销贸易业、运输业、服务业	Distributive Trades, Transport Services and Other Services					
增加价值(亿港元)	Value Added (HKD 100 million)					
批发业	Wholesale	158	131	138	125	
零售业	Retail	384	264	271	288	
进出口贸易业	Import/Export	2328	2065	1986	2254	
运输及有关服务	Transport and Related Services	716	738	803	880	
仓库、通讯、财务(银行除外)及商用服务业	Storage, Communications, Financing (Except Banking) and Business Services	1008	846	863	995	
土地、楼宇、建筑	Land, Building and Construction					
建筑工程完成名义总值(亿港元)	Gross Value of Construction Work in Nominal Terms (HKD 100 million)	1315	1333	1264	1221	1140
运输、通讯、旅游	Transport, Communications and Tourism					
进出香港货运车辆(辆)	Inward/Outward Movement of Goods Vehicle (vehicle)	8543130	8543123	8874750	9379793	9128786
电话线(万条)	Telephone Lines (10000 lines)	362	371	384	395	393
访港旅客(万人次)	Visitor Arrivals (10000 persons)	1127.3	1016.0	1132.8	1305.9	1372.5
酒店入住率(%)	Hotel Room Occupancy Rate (%)	76	76	79	83	79

5.1 续表
Continued

项　目	Item	1997	1998	1999	2000	2001
消费物价指数	Consumer Price Indices					
(1994年10月至1995年9月=100)	(Oct. 94 – Sept. 95 =100)					
综合消费物价指数	Composite Consumer Priceindex	104.5	107.5	103.2	99.4	97.8
甲类消费物价指数	Consumer Price Index(A)	103.2	105.9	102.5	99.5	97.8
乙类消费物价指数	Consumer Price Index(B)	105.5	108.5	103.4	99.4	97.7
教育	Education					
日校小学学生人数(人)	Student Enrolment in Primary Day School (person)	461911	476802	491851	493979	493075
日校中学学生人数(人)	Student Enrolment in Secondary Day School (person)	458118	455872	453465	456693	456455
医疗卫生	Medical and Health					
死亡登记人数(人)	Registered Deaths(person)	32079	32680	33387	33993	33305
婴儿死亡率(按每千名登记活产婴儿计算)	Infant Mortality Rates (per 1 000 Registered Live Births)	4.0	3.2	3.2	2.9	2.7^
治安	Law and Order					
举报罪案合计(件)	Overall Reported Crime (case)	67367	71962	76771	77245	73008
暴力罪案总计(件)	Total Violent Crime(case)	13749	14682	15705	14812	13551
国内生产总值①	Gross Domestic Product (GDP)①					
以固定(2000年)价格计算	At Constant (2000) Market Prices					
支出法国内生产总值	Expenditure-based GDP					
年增长率(%)	Annual Growth Rate (%)	5.1	-5.0	3.4	10.2@	0.6@
国内生产总值(亿港元)	Total GDP(HKD 100 million)	11900	11308	11695	12883@	12965@
按人口平均计算的国内生产总值(港元)	Per Capita GDP (HKD)	183374	172813	177019	193299@	192793@
以现价计算	At Current Market Prices					
年增长率(%)	Annual Growth Rate (%)	11.0	-4.8	-2.6	3.4@	-0.7@
国内生产总值(亿港元)	Total GDP(HKD 100 million)	13445	12799	12461	12883@	12790@
按人口平均计算的国内生产总值(港元)	Per Capita GDP@ (HKD)	207194	195585	188622	193299@	190188@
国民生产总值②	Gross National Product (GNP)②					
以现价计算的国民生产总值(亿港元)	GNP at Current Market Prices (HKD 100 million)	13550.21	13086.12	12809.1	13101.06@	13151.32@
按人口平均计算的国民生产总值(港元)	Per Capita GNP (HKD)	208809	199980	193886	196565@	195562@
对外要素收益流动净值总计(亿港元)	Total Net External Factor Income Flows (HKD 100 million)	104.75	287.62	347.77	217.68	361.37@

注：①香港特别行政区出版物中称为"本地生产总值"。②香港特别行政区出版物中称为"本地居民生产总值"。

^ 临时数字；@ 日后会作出修订。

Notes:①The Chinese term used in the publications of the Hong Kong Special Administrative Region is "本地生产总值". ②The Chinese term used in the publications of the Hong Kong Special Administrative Region is "本地居民生产总值".

^ Provisional figure; @ Subject to revision later on.

5.2 人口主要指标
Main Indicators of Population

项　　目	Item	1996	1997	1998	1999	2000	2001
年中人口①（万人）	Mid-year Population (10 000 persons)	643.6	648.9	654.4	660.7	666.5	672.5
粗出生率①（‰）	Crude Birth Rate (‰)	9.9	9.1	8.1	7.8	8.1	7.2
粗死亡率①（‰）	Crude Death Rate (‰)	5.0	4.9	5.0	5.0	5.1	5
婴儿死亡率（‰）	Infant Mortality Rate (‰)	4.1	3.9	3.2	3.1	3.0	2.6
自然增长率（‰）	Rate of Natural Increase (‰)	4.8	4.2	3.1	2.7	3.1	2.2
总和生育率①②	Total Fertility Rate②	1166	1095	990	965	1024	927
登记结婚数（对）	Registered Marriages (couple)	37045	37593	31673	31287	30879	32825
获颁发离婚令数（对）	Divorce Decrees (couple)	9473	10492	13129	13408	13247	13425
出生时平均预期寿命③(岁)	Expectation of Life at Birth (years)						
男	Male	76.1	77.2	77.4	77.7	78.0	78.4
女	Female	81.7	83.2	83.0	83.2	83.9	84.6

注：①按每千名15岁至49岁女性人口计算。②此数字是以没有包括女性外籍家庭佣工的人口作分母编制。③载于本表内由1997年至2000年的数字与载于本年鉴2001版的数字有所不同，这是由于编制出生时平均预期寿命的方法作出的一些改进所致。

Notes:① Per 1000 women aged 15－49. ②These figures have been compiled using a population denominator which has excluded female foreign domestic helpers. ③Figures for 1997 to 2000 presnted in this table may be different from those presented in the 2001 edition of this Yearbook The change is due to some enhancements made to method of compiling expectation of life at dirth.

5.3 劳动人口及失业状况
Labour Force and Unemployment

项　　目	Item	1996	1997	1998	1999	2000	2001
劳动人口数目(万人)	Labour Force (10 000 persons)	316.1	323.5	327.6	332.0	337.4	342.7
男	Male	192.5	195.5	195.8	195.7	196.4	196.5
女	Female	123.6	128.0	131.8	136.2	141.0	146.2
就业人数（万人）	Employed Persons (10 000 persons)	307.3	316.4	312.2	311.2	320.7	325.2
失业人数（万人）	Unemployed Persons(10 000 persons)	8.7	7.1	15.4	20.7	16.7	17.5
失业率（%）	Unemployment Rate (%)	2.8	2.2	4.7	6.2	4.9	5.1

5.4 按行业划分的就业人数
Number of Employed Persons by Industry

单位：万人 (10 000persons)

行　业	Industry	1997	1998	1999	2000	2001
制造业	Manufacturing	44.3	37.96	35.39	33.37	32.64
建筑业	Construction	30.31	30.66	28.68	30.17	29.14
批发、零售、进出口贸易、饮食及酒店业	Wholesale, Retail and Import/Export Trades, Restaurants and Hotels	96.08	95.35	93.51	98.17	98.11
运输、仓库及通讯业	Transport, Storage and Communications	34.34	34.92	33.94	35.66	35.34
金融、保险、地产及商用服务业	Financing, Insurance, Real Estate and Business Services	40.51	41.03	43.77	45.27	47.81
社区、社会及个人服务业	Community, Social and Personal Services	67.82	69.56	73.29	75.47	79.89
其他	Others	3.00	2.72	2.65	2.62	2.31
总计	**Total**	**316.36**	**312.2**	**311.21**	**320.73**	**325.23**

注：有关就业统计数字，可分别按「综合住户统计调查」及「雇佣及职位空缺按季统计调查」的结果编制。此两套数字用于反映有关就业情况时，各有优点和局限。上表载列了「综合住户统计调查」的估计数字，是由于其包括的就业人口范围较全面。再者，个别人士，包括有多过一份工作的职位持有者，都只计算一次。但「综合住户统计调查」的就业估计数字有一个主要局限，就是被访者有困难准确地提供其本身所属行业的资料，尤以制造业员工为甚。随着香港制造业机构将部分工序移往中国内地，这些机构在香港的传统运作模式已有改变。就一些已将大部分工序移往中国内地的机构而言，他们应归类为进出口贸易业。不过，由于有关机构的员工，尤其是技师及技工级等员工，未必全部都能清楚理解这个统计分类上的改变，有些被访者仍认为他们是属于制造业而非进出口贸易业，因而使「综合住户统计调查」的有关制造业估计就业人数有高估的现象。

Notes: Employment statistics are compiled separately based on the General Household Survey (GHS) and the Quarterly Survey of Employment and Vacancies. Each source has its own merits and limitations in reflecting the employment situation. The GHS estimates are presented here because the omission in terms of coverage of the employed population is negligible. Besides, individual persons, including multiple job holders, are counted only once. However, a major limitation of the GHS estimates is that the respondents might not have reported accurately the industry to which they belong, especially for workers in the manufacturing sector. With the relocation of some production processes to the mainland of China, there is a change in the mode of operation of the traditional manufacturing establishments in Hong Kong. As a result, some of these establishments are more appropriately classified as import/export establishments if the majority of the production activities are carried out in the mainland of China. However, this change in statistical classification may not be readily recognized by all the employed persons, particularly the technicians and craftsmen, of the establishments concerned. Hence, the GHS employment estimate in respect of the manufacturing sector will be overstated to the extent that some respondents mistakenly regard themselves as still being engaged in the manufacturng sector instead of the import/export trades.

5.5 国内生产总值①
Gross Domestic Product①

年份 Year	国内生产总值(按现价计算) Gross Domestic Product(GDP) At Current Market Prices		国内生产总值与上年比较的实际增长(%) GDP Real Growth Rate over the Preceding Year(%)	人均国内生产总值(按现价计算) Per Capita GDP At Current Market Prices	
	(亿港元) (HKD 100 million)	(亿美元) (USD 100 million)		(港元) (HKD)	(美元) (USD)
1988	4572	586	8.0	81251	10409
1989	5271	676	2.6	92695	11884
1990	5876	754	3.7	103010	13225
1991	6772	872	5.6	117741	158151
1992	7913	1022	6.6	136423	17623
1993	9128	1180	6.3	154687	19996
1994	10298	1333	5.5	170622	22078
1995	10963	1417	3.9	178078	23019
1996	12109	1566	4.3	188163	24329
1997	13445	1737	5.1	207194	26762
1998	12799	1652	-5.0	195585	25253
1999	12461	1606	3.4	188622	24313
2000②	12883	1654	10.2	193299	24811
2001②	12790	1640	0.6	190188	24386

注:载于本表内的数字与载于本年鉴前几期的数字或有不同。有关详情,请参阅本章节的"简要说明"第二点。

①香港特别行政区出版物中称为"本地生产总值"。

②数字在日后得到更多资料时会作出修订。

Notes: Figures presented in this table may be different from those presented in earlier editions of this Yearbook. For details, please see Note ll in the "Brief Introduction" of this chapter.

①The Chinese term used in the publications of the Hong Kong Special Administrative Region is "本地生产总值".

②Figures are subject to revision later on as more data become available.

5.6 工业生产指数
Index of Industrial Production

(1986 = 100)

工业组别/组别内选定工业	Industry Group/Selected Component Industry	1996	1997	1998	1999	2000	2001
所有制造行业	All Manufacturing Industries	121.5	120.6	110.1	103.1	102.5	98.0
食品、饮品及烟草制品业	Food, Beverages and Tobacco	159.0	158.3	143.9	141.6	137.2	134.9
服装制品业(鞋类除外)	Wearing Apparel, Except Footwear	109.7	105.6	99.2	99.2	102.1	102.0
纺织制品业(包括针织)	Textiles(Including Knitting)	103.8	106.4	95.1	89.9	93.3	93.1
纸品及印刷业	Paper Products and Printing	264.2	269.7	248.8	224.9	229.4	226.6
化学产品、橡胶制品、塑胶制品及非金属矿产制品业	Chemical, Rubber, Plastic and Non-metallic Mineral Products	63.1	63.9	55.5	47.2	40.4	37.3
塑胶制品业	Plastic Products	36.2	34.1	27.4	22.3	19.9	16.9
基本金属及金属制品业	Basic Metals and Fabricated Metal Products	85.2	80.4	72.3	58.1	51.6	43.6
金属制品业(机械及设备除外)	Fabricated Metal Products, Except Machinery and Equipment	81.1	76.8	63.1	49.7	40.5	36.4
电器及电子制品、机械、专业设备及光学用品制造业	Electrical and Electronic Products, Machinery, Professional Equipment and Optical Goods	170.3	166.0	154.7	151.7	153.0	140.9
电器及电子制品制造业	Consumer Electrical and Electronic Products	103.4	93.4	81.0	78.8	77.9	77.9
机械、设备、仪器及零件制造业	Machinery, Equipment, Apparatus, Parts and Components	274.6	294.2	298.7	301.5	322.4	295.0
其他产品制造行业	Miscellaneous Manufacturing Industries	82.6	84.3	74.4	65.7	68.5	65.0

5.7 消费物价指数
Consumer Price Indices

（1999 年 10 月至 2000 年 9 月 = 100） （October 1999 – Septemder 2000 = 100）

项目	Item	权数 Weight	1997	1998	1999	2000	2001
综合消费物价指数	Composite Consumer Price Index						
总指数	All Items	100.00	104.5	107.5	103.2	99.4	97.8
食品	Food	26.67	101.9	103.8	101.9	99.7	98.9
外出用餐	Meals Bought away from Home	-16.39	99.9	102.1	100.8	99.9	99.6
食品（不包括外出用餐）	Food, Excluding Meals Bought away from Home	-10.28	105.3	106.9	103.8	99.4	97.7
住房	Housing	29.91	108.0	113.1	107.3	98.5	95.5
电力、燃料及水	Fuel and Light	2.98	96.2	97.6	97.3	100.7	98.7
烟酒	Alcoholic Drinks and Tobacco	0.94	93.7	99.9	101.1	100.1	103.4
服装、鞋	Clothing and Footwear	4.13	138.3	137.2	109.2	97.9	93.4
耐用物品	Durable Goods	6.24	110.1	110.3	103.7	98.7	91.7
杂项物品	Miscellaneous Goods	5.70	97.8	100.4	99.6	100.5	101.8
交通	Transport	9.01	95.2	98.9	99.4	100.3	100.7
杂项服务	Miscellaneous Services	14.42	98.8	101.4	100.2	99.9	100.4
甲类消费物价指数	Consumer Price Index (A)						
总指数	All Items	100.00	103.2	105.9	102.5	99.5	97.8
食品	Food	31.88	102.4	104.3	102.0	99.7	98.6
外出用餐	Meals Bought away from Home	-17.94	99.7	102.1	100.7	99.9	99.4
食品（不包括外出用餐）	Food, Excluding Meals Bought away from Home	-13.94	105.9	107.1	103.8	99.4	97.6
住房	Housing	29.13	106.9	110.2	105.3	98.8	95.2
燃料及电力	Fuel and Light	3.99	96.4	97.6	97.0	100.7	98.0
烟酒	Alcoholic Drinks and Tobacco	1.50	93.7	99.8	101.0	100.1	103.7
服装、鞋	Clothing and Footwear	3.36	138.2	138.3	111.5	97.6	93.4
耐用物品	Durable Goods	4.96	108.4	108.8	103.3	98.7	91.9
杂项物品	Miscellaneous Goods	5.25	96.0	99.4	99.4	100.9	103.6
交通	Transport	8.23	95.1	99.2	99.6	100.2	100.7
杂项服务	Miscellaneous Services	11.70	96.3	100.3	99.7	99.7	100.3
乙类消费物价指数	Consumer Price Index (B)						
总指数	All Items	100.00	105.5	108.5	103.4	99.4	97.7
食品	Food	25.94	101.9	104.0	101.8	99.7	98.8
外出用餐	Meals Bought away from Home	-17.20	100.4	102.6	100.8	99.9	99.2
食品（不包括外出用餐）	Food, Excluding Meals Bought away from Home	-8.74	104.9	106.7	103.8	99.4	97.8
住房	Housing	29.68	110.4	115.2	107.3	98.5	95.8
燃料及电力	Fuel and Light	2.81	96.2	97.6	97.3	100.7	99.0
烟酒	Alcoholic Drinks and Tobacco	0.86	93.5	99.9	101.3	100.1	103.5
服装、鞋	Clothing and Footwear	4.47	140.6	140.7	111.5	97.9	93.7
耐用物品	Durable Goods	6.93	110.5	110.7	103.9	98.5	91.0
杂项物品	Miscellaneous Goods	5.58	97.9	100.1	99.6	100.5	101.8
交通	Transport	9.05	95.9	99.3	99.6	100.3	100.6
杂项服务	Miscellaneous Services	14.68	98.5	101.7	100.3	99.9	100.4
丙类消费物价指数	Consumer Price Index (C) *						
总指数	All Items	100.00	104.6	107.9	103.9	99.3	97.8
食品	Food	21.38	100.6	102.5	101.7	99.8	99.6
外出用餐	Meals Bought away from Home	-13.28	98.9	100.8	100.8	99.9	100.7
食品（不包括外出用餐）	Food, Excluding Meals Bought away from Home	-8.10	104.8	106.7	103.9	99.6	97.8
住房	Housing	31.22	106.2	113.0	108.9	98.2	95.5
燃料及电力	Fuel and Light	2.02	95.5	97.6	97.7	100.6	99.9
烟酒	Alcoholic Drinks and Tobacco	0.39	93.9	99.9	101.3	100.2	101.8
服装、鞋	Clothing and Footwear	4.55	135.2	131.6	104.2	98.2	93.1
耐用物品	Durable Goods	6.73	111.1	111.3	103.7	98.8	92.4
杂项物品	Miscellaneous Goods	6.43	100.2	101.9	100.1	100.1	100.2
交通	Transport	9.94	94.2	97.8	98.7	100.5	100.7
杂项服务	Miscellaneous Services	17.34	101.2	102.0	100.3	100.1	100.3

注：以上的权数是根据 1999 至 2000 年间进行的住户开支统计调查结果计算出来。

Note: The weights are derived from the results of the 1999/2000 Household Expenditure Survey.

主要统计指标解释

粗出生率　是指某一年内的活产婴儿数目与年中人口 的比率,一般按每千人口表示。

粗死亡率　是指某一年内的死亡人数与年中人口的比率,一般按每千人口表示。

劳动人口　是指十五岁及以上陆上非住院人口,并符合就业人口或失业人口定义的人士。

劳动人口参与率　是指劳动人口占所有十五岁及以上陆上非住院人口的比例。

失业率　是指失业人士在劳动人口中所占的比例。

就业不足率　是指就业不足人士在劳动人口中所占的比例。

就业人口　包括在统计前七天内有做工赚取薪酬或利润或有一份正式工作的十五岁及以上人士。无酬家庭从业人员及在统计前七天内正休假的就业人士亦包括在内。

实际工资指数　是从名义工资指数中,按甲类消费物价指数的变幅,扣除通胀的影响而得出,显示督导级及以下雇员所赚取工资金额购买力的转变。

工业生产指数　量度本地制造业的实质变动,即撇除价格调整因素后的本地生产量变动。

消费物价指数　是一个反映住户一般购买的消费商品和服务价格水平变动情况的指标。指数的变动反映购买一个固定篮子的消费品和服务的总量。消费物价指数的按年变动率是一个重要指标,用以量度通胀对消费者的影响。按年变动率是指当期指数比较早一年同期指数的上升或下降的百分率。

香港特别行政区政府统计处编制不同的消费物价指数数列,以反映消费物价通胀对不同开支组别的住户的影响。甲类、乙类及丙类消费物价指数(1999 年 6 月及以前的统计月份,丙类消费物价指数称为“恒生消费物价指数”)。分别根据较低、中等及较高开支组别的住户消费模式编制而成。而综合消费物价指数是根据整体住户开支模式而编制,反映消费物价转变对全体住户的影响。

消费物价指数的开支权数每五年更新一次,现时采用的权数是根据一九九四至九五年间进行的住户开支统计调查的结果计算出来的。

国内生产总值　香港特别行政区刊物中称为“本地生产总值”。是指一国家或地区的所有常住生产单位,在一个指定的期间内,未扣除固定资本消耗的生产总值。

一个国家或地区的人均国内生产总值是指该国家或地区在某统计年度的国内生产总值除以该年度的人口总数而得的数字。

国民生产总值　香港特别行政区刊物中称为“本地居民生产总值”。是指一个国家或地区的居民从事各项经济活动而赚取的收入,不论该经济活动是否在该国家或地区的经济领域内进行。换言之,编制国民生产总值应包括本地居民在经济领域内或经济领域以外从事各类经济活动的收入,而扣除非本地居民在经济领域内从事经济活动的收益。

计算国民生产总值,可以采用以下方程式:

国民生产总值 = 国内生产总值 + 本地居民从经济领域外所赚取的要素收益 − 非本地居民从经济领域内所赚取的要素收益。

一个国家或地区的人均国民生产总值是指该国家或地区在某统计年度的国民生产总值除以该年度的人口总数而得的数字。

要素收益组成部分主要分为投资收益及雇员报酬,而投资收益包括了直接投资收益、有价证券投资收益及其他投资收益。

Explanatory Notes on Main Statistical Indicators

Crude birth rate refers to the number of live births occurred during a calendar year to the mid-year population of that year. It is usually expressed in terms of 1000 population.

Crude death rate refers to the number of deaths occurred during a calendar year to the mid-year population of that year. It is usually expressed in terms of 1000 population.

Labour force refers to the land-based non-institutional population aged 15 and over who satisfy the criteria for inclusion in the employed population or the unemployed population.

Labour force participation rate refers to the proportion of labour force in the land-based non-institutional population aged 15 and over.

Unemployment rate refers to the proportion of unemployed persons in the labour force.

Underemployment rate refers to the proportion of underemployed persons in the labour force.

Employed population consists of persons aged 15 and over who have been at work for pay or profit during the seven days before enumeration or who have had formal job attachment. Unpaid family workers and persons who were on leave/holiday during the seven days before enumeration are included.

Real wage index indicates changes in the purchasing power of the amount of money earned as wages by employees up to supervisory level and is obtained by deflating the nominal wage index by the Consumer Price Index(A).

Index of industrial production measures the changes in local manufacturing output in real terms, i. e. changes in the volume of local production after discounting the effect of price changes.

Consumer Price Index (CPI) summarizes changes in the price level of consumer goods and services purchased by households. It measures the change over time in the total cost of a given basket of goods and services. Its year-on-year rate of change is widely used as an indicator of inflation affecting consumers. The year-on-year rate of change is the percentage increase or decrease in the current index compared to that in the same period of preceding year.

Different CPIs are compiled by the Census and Statistics Department of the Government of HKSAR to reflect the impact of consumer price changes on households in different expenditure ranges. The CPI(A), CPI(B) and CPI(C) (CPI (C)was named Hang Sheng CPI up to the reference month of June 1999.) are compiled based on the expenditure patterns of households in the relatively low, medium and relatively high expenditure ranges. A Composite CPI is compiled based on the expenditure patterns of all households taken together to reflect the impact of consumer price changes on the household sector as a whole.

The expenditure weights of the CPIs are updated once every five years. The expenditure weights currently in use are derived from the results of the Household Expenditure Survey conducted in 1994/95.

Gross Domestic Product (GDP) is a measure of the total value of production of all resident producing units of a country or territory in a specified period, before deducting allowance for consumption of fixed capital.

Per capita GDP of a country or territory is obtained by dividing total GDP in a year by the corresponding population of that country or territory in the same year.

Gross National Product (GNP) refers to the total income of the residents of a country or region from engaging in various economic activities, irrespective of whether the economic activities are carried out in the economic territory of the country or region or not. In other words, the gross national product should include the income of the residents engaged in various economic activities within or outside the economic territory of the country or region, but exclude the income of non-residents engaged in economic activities in the economic territory of the country or region. The following formula is used in the calculation of the gross national product:

GNP = Gross Domestic Product

+ Factor income earned by residents from outside the economic territory of the country or region

− Factor income earned by non-residents from within the economic territory of the country or region.

Per capita GNP of a country or a region refers to the gross national product of the country or region in a certain statistical year divided by the total population in the same year.

The components of factor income are mainly classified into investment income and compensation of employees. Investment income includes direct investment income, portfolio income and other investment income.

六、澳门特别行政区主要社会经济指标
Chapter 6　MAIN SOCIAL AND ECONOMIC INDICATORS IN MACAU SPECIAL ADMINISTRITIVE REGION

简 要 说 明

本部分资料来源于国家统计局《中国统计年鉴—2002》，主要反映澳门特别行政区的社会、经济发展情况。由澳门特别行政区政府统计暨普查局提供所有数据，国家统计局国际统计信息中心负责整理、编辑。

Brief Explanation

The materials of this part are from "China Statistic Yearbook—2002" of State Statistic Bureau, mainly reflecting the social and economic development status of Macao Special Administration Region. All the data are provided by Statistic and General Survey Bureau of Macao SAR, which are sorted out and edited by International Statistic Information Center of State Statistic Bureau.

6.1 主要统计指标概况
Principal Statistical Indicators

项　目	Item	1997	1998	1999	2000	2001
人口及生命事件	Population and Demographics Characteristics					
年中人口估计(万人)	Mid-year Estimates Population (10000 persons)	41.7r	42.2r	42.7r	43.1r	43.4
出生率(‰)	Crude Birth Rate (‰)	12.1r	10.5r	9.7r	8.9r	7.5
死亡率(‰)	Crude Mortality (‰)	3.1r	3.2r	3.2r	3.1r	3.1
劳工①	Labour①					
劳动人口(万人)	Labour Force (10000 persons)	20.2	20.6	20.9	20.9	21.7
劳动力参与率(%)	Labour Force Participation Rate (%)	66.1	66	65.5	64.3	64.8
失业率(%)	Unemployment Rate (%)	3.2	4.6	6.3	6.8	6.4
就业不足率(%)	Underemployment Rate (%)	0.8	1.5	1.3	3	3.6
就业人口(万人)	Employed Population (10000 persons)	19.6	19.7	19.6	19.5	20.3
制造业	Manufacturing	4.1	4.1	4.3	3.8	4.4
批发业及零售业	Wholesale and Retail	3.0	3.2	3.0	3.0	3.0
酒店及饮食业	Hotels and Restaurants	2.1	2.3	2.1	2.1	2.2
公共行政、社会及个人服务业	Public Administration Community, Social and Personal Services	6.1	5.1	5.5	5.6	5.6
对外贸易	External Trade					
出口(亿澳门元)	Exports (100 Million MOP)	171	171	176	204	185
进口(亿澳门元)	Imports (100 Million MOP)	166	156	163	181	192
运输、通讯、旅游	Transport, Communications, Tourism					
进出澳门货运车辆数目(万次)	Lorries Entering and Departing Macao(10000)	29.1	24.3	24.2	45.5 *	45.8 *
电话线(万条)	Telephone Lines (10000)	22.3	25.1	30	31.8r	37.1
访澳旅客(万人次)	Visitors (10000)	700	695	744	916	1028
酒店入住率(%)	Hotel Occupancy Rate (%)	50	51	54r	58	61
财政收支、货币、金融(亿澳门元)	Government Accounts, Montary and Finance (100 Million MOP)					
财政总收入②	Total Government Revenue②	150	155	169	153	98
财政总支出②	Total Government Expenditure②	142	155	166	150	94
居民消费物价指数(1999 年 10 月至 2000 年 9 月 = 100)	Consumer Price Index (October/1999 - September/2000 = 100)					
综合消费物价指数	Composite Consumer Price Index		104.5	101.10	99.5	97.5
甲类消费物价指数	Consumer Price Index (A)		104.1	101.00	99.6	98.2
乙类消费物价指数	Consumer Price Index (B)		104.2	101	99.4	97.4
国内生产总值②③	Gross Domestic Product (GDP) ② ③					
以不变(1996 年)价格计算	At Constant (1996) Prices					
支出法国内生产总值实际增长率(%)	Expenditure-based GDP Real Growth Rate(%)	-0.3	-4.6	-3.0r	4.6	2.1
国内生产总值(亿澳门元)	GDP (100 Million MOP)	551.4	526.2r	510.2r	533.8r	545.2
人均国内生产总值(万澳门元)	GDP per Capita (10000 MOP)	13.2r	12.5r	11.9r	12.4r	12.6
以当年价格计算	At Current Prices					
支出法国内生产总值名义增长率(%)	Expenditure-based GDP Nominal Growth Rate(%)	1.1	-7.1	-5.6r	1.5	0.1
国内生产总值(亿澳门元)	GDP (100 Million MOP)	558.9	519.0	490.2r	497.4r	498.0
人均国内生产总值(万澳门元)	GDP per Capita (10000 MOP)	13.4r	12.3r	11.5r	11.6r	11.5

注:①“劳工”资料及表 6.3、6.4 及 6.5 的数据来自就业调查,由于作为就业调查推算基础的人口估计,已根据 2001 年人口普查结果作出修正,因此 2001 年以前的就业数据亦作出相应修正。

②2001 年数字在日后得到更多资料时会作出修订。

③澳门特别行政区出版刊物中称为“本地生产总值”。

“r” 为更正资料。

Notes:①The data referring to “labour” and those in tabes 6.3, 6.4 and 6.5 are provided by Employment Survey. Since the population estimates, which serve as the base for statistical inference in the Employment Survey, have been adjusted after Census 2001, the resulting indicators for the previous periods before 2001 were thus revised accordingly.

②Figures of 2001 are subject to revisions as more data become available.

③The Chinese term used in the publications of the Macao Special Administrative Region is “本地生产总值”.

“r” indicates rectified data.

6.2 人口主要指标
Major Demographic Indicator

项　　目	Item	1997	1998	1999	2000	2001
年中人口估计(万人)	Mid-year Estimates of Population (10000 persons)	41.7	42.2	42.7	43.1	43.4
出生率(‰)	Crude Birth Rate (‰)	12.1	10.5	9.7	8.9	7.5
死亡率(‰)	Crude Mortality (‰)	3.1	3.2	3.2	3.1	3.1
婴儿死亡率(‰)	Infant Mortality Rate (‰)	5.4	6.1	4.1	2.9	4.3
自然增长率(‰)	Natural Growth Rate (‰)	9.0r	7.3r	6.5r	5.8r	4.4
总和生育率	Total Fertility Rate	1.2	1.0	1.0	0.9	0.8
登记结婚数(宗)	No. of Registered Marriages	1678	1451	1367	1222	1222.0
离婚数目(宗)	No. of Registered Divorces	304	260	283	369r	348.0
出生时平均预期寿命(岁)	Life Expectancy at Birth(Years)			76.8	77.0	77.7
男	Male			75.3	75.5	76.2
女	Female			79.9	79.9	80.2

6.3 经济活动人口及失业状况
Active Population and Unemployment

项　　目	Item	1997	1998	1999	2000	2001
劳动人口(万人)	Labour Force (10000 persons)	20.7	20.6	20.9	21.0	21.7
男	Male	11.5	11.3	11.3	11.3	11.6
女	Female	9.2	9.3	9.6	9.7	10.1
就业人口(万人)	Employed Population (10000)	20.6	19.7	19.6	19.5	20.3
失业人口(万人)	Unemployed Population(10000)	0.7	1.0	1.3	1.4	1.4
失业率(%)	Unemployment Rate (%)	3.2	4.6	6.3	6.8	6.4

6.4 按行业划分的就业人口
Employed Population Industry

单位:万人 (10 000 persons)

行　业	Industry	2000	2001
总数	Total	19.53	20.28
农业、畜牧业、狩猎及林业	Agriculture, Farming of Animals, Hunting and Forestry	0.01	0.00
捕渔业	Fishery	0.03	0.02
采矿业	Mining and Quarrying	0.00	0.00
制造业	Manufacturing	3.80	4.41
电力、气体及水的生产与供应业	Electricity, Gas and Water Supply	0.08	0.10
建筑	Construction	1.62	1.69
批发及零售业	Wholesale and Retail Trade	3.01	3.02
酒店及饮食业	Hotels and Restaurants	2.11	2.24
运输、仓储及通信业	Transport, Storage and Communications	1.46	1.45
金融、保险业	Financial Activities	0.69	0.61
不动产业务、租赁及向企业提供的服务	Real Estate, Renting and Business Activities	1.05	1.07
公共行政、社会及个人服务业	Public Administration, Community, Social and personal Security	1.64	1.60
教育	Education	0.80	0.81
医疗卫生及社会福利	Health and Social Welfare	0.52	0.51
团体、社会及个人的其他服务	Other Community, Social and Personal Services	2.15	2.21
雇用佣人的家庭	Households with Domestic Helpers	0.53	0.48
国际组织及其他领土以外的机构	International Organizations and Other Extra-territorial Institutions	0.01	0.01
不详	Unknown	0.01	0.03

6.5 按行业划分的每月工资中位数
Median Monthly Employment Income

单位:澳门元 (MOP)

行　业	Industry	2000	2001
总数	Total	4822	4655
农业、畜牧业、狩猎及林业	Agriculture, Farming of Animals, Hunting and Forestry	2574	3751
捕渔业	Fishery	3983	3751
采矿业	Mining and Quarrying	4251	5251
制造业	Manufacturing	2960	2760
电力、气体及水的生产与供应业	Production and Distribution of Electricity, Gas and Water	11631	9950
建筑	Construction	4351	4296
批发及零售业	Wholesale and Retail Trade	4533	4445
酒店及饮食业	Hotels, Restaurants and Similar Activities	4099	4001
运输、仓储及通信业	Transport, Storage and Communications	5649	5628
金融、保险业	Financial Activities	7726	7704
不动产业务、租赁及向企业提供的服务	Real Estate, Renting and Business Activities	3957	3818
公共行政、社会及个人服务业	Public Administration, Community, Social and personal Security	13742	13798
教育	Education	9095	8682
医疗卫生及社会福利	Health and Social Welfare	9137	9826
团体、社会及个人的其他服务	Other Community, Social and Personal Services	6153	6183
雇用佣人的家庭	Households with Domestic Helpers	2816	2845
国际组织及其他领土以外的机构	International Organizations and Other Extra-territorial Institutions	9643	12978

6.6 国内生产总值(以当年价格计算)
Gross Domestic Product (At Current Prices)

年份 Year	国内生产总值① Gross Domestic Product(GDP)① (亿澳门元) (100 Million MOP)	(亿美元) (100 Million USD)	国内生产总值与上年比较的实际增长%② GDP Real Growth Rate over the Preceding Year% ②	人均国内生产总值 Per Capital GDP (澳门元) (MOP)	(美元) (USD)
1988	187.2	23.3	7.8	59233	7376
1989	220.6	27.5	5.0	67861	8446
1990	261.8	32.6	8.0	78144	9740
1991	303.3	37.9	3.7	86242	10775
1992	395.2	49.6	13.3	106555	13365
1993	451.9	56.7	5.2	117695	14772
1994	501.1	63	4.3	126303	15867
1995	553.3	69.5	3.3	135190	16970
1996	552.9	69.4	-0.4	133205r	16721r
1997	558.9	70.1	-0.3	133944r	16796r
1998	519	65.0r	-4.6	122901r	15403r
1999	490.2r	61.3r	-3.0	114693r	14351r
2000	497.4r	62.0r	4.6	115526r	14394r
2001③	498.0	62.0	2.1	114726	14281

注:①澳门特别行政区出版刊物中称为“本地生产总值”。
②实际增长率是按不变(1996年)价格估算的国内生产总值计算而得。
③估算数字在日后得到更多资料时会作出修订。
“r”为更正资料。

Notes:①The Chinese term used in the publications of the Macao Special Administrative Region is “本地生产总值”.
②The real growth rates are calculated based on GDP at constant (1996) prices.
③The estimates are subject to revisions as more data become available.
“r” indicates rectified data.

6.7 支出法国内生产总值①
Gross Domestic Product (Expenditure-based Estimates)①

单位:亿澳门元 (100 million MOP)

国内生产总值组成部份	GDP Components	1997	1998	1999	2000	2001②
以当年价格计算	At Current Prices					
居民消费支出	Private Consumption Expenditure	210.0	206.8r	204.0	203.8r	206.3
政府最终消费支出	Government Final Consumption Expenditure	57.3	60.3	67.7	59.0r	60.6
固定资本形成总额	Gross Fixed Capital Formation	118.4	96.7	86.7	59.2	51.9
存货增加	Changes in Inventories	1.1	-0.7	0.8	0.7	0.7
货物出口	Exports of Goods	171.3	170.8	175.8	203.8	184.7
减:货物进口	Less: Imports of Goods	201.3	191.3	203.3r	225.9r	237.8
服务出口	Exports of Services	252.3	227.0	216.6r	263.3r	302.1
减:服务进口	Less: Imports of Services	50.1	50.6	58.1r	66.4r	70.5
国内生产总值	GDP	558.9	519.0	490.2r	497.4r	498.0
人均国内生产总值(澳门元)	GDP per Capita (MOP)	133944r	122901r	114693r	115526r	114726
以不变(1996年)价格计算	At Constant (1996) Prices					
居民消费支出	Private Consumption Expenditure	204.9	202.8r	205.8r	207.7r	213.5
政府最终消费支出	Government Final Consumption Expenditure	54.2	55.5	64.1	57.8r	58.7
固定资本形成总额	Gross Fixed Capital Formation	120.2	105.2r	98.1r	70.3r	64.8
存货增加	Changes in Inventories	1.1	-0.7	0.8	0.7	0.7
货物出口	Exports of Goods	165.0	171.2	177.4r	202.3	191.8
减:货物进口	Less: Imports of Goods	191.7	189.7	207.9r	220.7r	242.4
服务出口	Exports of Services	245.8	229.6	227.7r	279.5r	325.1
减:服务进口	Less: Imports of Services	48.1	47.8	55.8	63.8r	67.2
国内生产总值	GDP	551.4	526.2r	510.2r	533.8r	545.2
人均国内生产总值(澳门元)	GDP per Capita (MOP)	132135	124599	119373	123977	125592

注:①澳门特别行政区出版刊物中称为“以支出法估算的本地生产总值”。
②估算数字在日后得到更多资料时会作出修订。
“r”为更正资料。

Notes: ①The Chinese term used in the publications of the Macao Special Administrative Region is “以支出法估算的本地生产总值”.
②The estimates are subject to revisions as more data become available.
“r” indicates rectified data.

6.8 居民消费物价指数
Consumer Price Index

(1999.10 至 2000.9 = 100) (October/1999 - September/2000 = 100)

项 目	Items	权数 Weights	1998	1999	2000	2001
综合消费物价指数	Composite Consumer Price Index					
总指数	Global Index	100.0	104.46	101.12	99.49	97.52
粮食及饮品	Foodstuff and Beverages	31.35	105.91	101.25	99.74	98.30
衣履	Clothing and Footwear	5.26	103.08	100.84	95.35	90.84
租金及住屋开支	Rent and Housing Expenses	29.93	104.41	101.31	99.54	97.09
烟酒	Alcoholic Drinks and Tobacco	1.23	100.90	100.70	99.95	102.59
家居用品	Household Goods	3.22	103.59	100.80	99.20	94.09
医疗	Health	2.42	102.45	99.85	100.46	101.30
交通及通讯	Transport and Communications	9.81	104.31	102.17	100.49	97.35
教育及消闲	Education and Leisure	10.89	103.03	100.32	99.45	99.02
其他商品及服务	Other Goods and Services	5.89	102.44	99.30	99.49	98.23
甲类消费物价指数	Consumer Price Index (A)					
总指数	Global Index	100.0	104.09	100.99	99.56	98.15
粮食及饮品	Foodstuff and Beverages	35.05	105.92	101.13	99.58	98.23
衣履	Clothing and Footwear	3.34	102.43	100.43	95.29	90.44
租金及住屋开支	Rent and Housing Expenses	32.88	104.83	101.71	99.92	97.89
烟酒	Alcoholic Drinks and Tobacco	1.48	100.54	100.63	100.00	102.70
家居用品	Household Goods	1.47	103.49	100.72	98.90	95.32
医疗	Health	2.33	102.96	100.75	100.94	101.93
交通及通讯	Transport and Communications	7.91	101.62	101.67	99.53	96.55
教育及消闲	Education and Leisure	12.16	100.02	99.13	99.63	100.52
其他商品及服务	Other Goods and Services	3.38	94.73	95.02	98.17	99.42
乙类消费物价指数	Consumer Price Index (B)					
总指数	Global Index	100.0	104.15	101.00	99.42	97.36
粮食及饮品	Foodstuff and Beverages	31.50	106.00	101.37	99.80	98.28
衣履	Clothing and Footwear	6.22	102.78	100.68	95.53	91.28
租金及住屋开支	Rent and Housing Expenses	27.13	104.44	101.35	99.60	97.23
烟酒	Alcoholic Drinks and Tobacco	1.26	101.17	100.91	99.95	102.60
家居用品	Household Goods	3.51	104.74	101.60	99.68	94.41
医疗	Health	2.16	100.84	98.84	100.60	101.72
交通及通讯	Transport and Communications	10.13	103.42	101.63	99.85	96.66
教育及消闲	Education and Leisure	11.54	101.19	99.61	99.24	98.33
其他商品及服务	Other Goods and Services	6.55	101.65	99.45	99.46	97.68

主要统计指标解释

出生率 澳门称粗出生率,为参考期内出生活婴数目与平均人口的千分比。

死亡率 澳门称粗死亡率,为参考期内死亡人数与平均人口的千分比。

经济活动人口 澳门称劳动人口,指在参考期间,可参与生产商品或提供服务的14岁或以上人口。包括就业人口和失业人口。

劳动力参与率 劳动人口占14岁或以上的澳门居住人口的比例。

失业率 指失业人口在劳动人口中所占的比例。

就业不足率 指就业不足人口在劳动人口中所占的比例。

就业人口 在参考期间(一周),为了金钱或物质报酬、利润或家庭收入而工作至少1小时的14岁或以上人口。包括被雇用而没有上班,但与雇主保持正式联系和拥有1家公司但因特别原因暂时没有上班的人口。

出口 指将货物输出澳门,但暂时出口和直接转运制度下输出者除外。

进口 指将产自外地的货物输入澳门,但再进口和直接转运制度下输入者除外。

酒店入住率 入住客房数量与可供应客房数量的百分比。

居民消费物价指数 澳门称为“消费物价指数”,反映澳门家庭于购买一篮子指定商品或服务时,在不同时间该等商品或服务之价格变动,但不包括房租。

国内生产总值 澳门称作“本地生产总值”,反映每年在澳门地区生产的货物和提供各种服务的总量。本年鉴中的国内生产总值用支出法及生产法估算,支出法等于私人消费支出、政府最终消费支出、固定资本形成总额、库存变化和货物及服务出口净值(出口减进口)的总和。而生产法等于各经济行业的增加值的总和,这种方法可以评估澳门的产业结构。

Explanatory Notes on Main Statistical Indicators

Crude Birth Rate Live births per 1,000 inhabitants.

Crude Mortality Rate Deaths per 1,000 inhabitants.

Active Population (Labour Force) Individuals aged 14 or over who, during the reference period, are available to participate in the production of goods and/or services. This comprises both the employed population and the unemployed population.

Labour Force Participation Rate The proportion of labor force in the population aged 14 and over.

Unemployment Rate The proportion of unemployed in the labor force.

Underemployment Rate The proportion of underemployed in the labor force.

Employed Population Individuals aged 14 or over who have worked for at least 1 hour during the reference period, for pay, profits or family gain in cash or in kind. It also includes individuals who have a job and are absent from work but maintain a formal job attachment, and owners of a company, temporarily not at work because of specific reasons.

Imports The entry of any commodities into the Territory, except Reimports and Direct Transit.

Exports The outgoing from the Territory of any commodities, excluding Temporary Exports and Direct Transit.

Hotel Occupancy Rate Number of rooms occupied by guests over total number of available rooms, expressed in percentage.

Consumer Price Index Reflects the price change of a representative basket of goods and services consumed by families of Macao, excluding rent.

Gross Domestic Product (GDP) Reflects the total of goods produced and services provided annually in the territory of Macao. The GDP in this statistical yearbook is estimated by using the expenditure and production approaches. The expenditure-based GDP is measured as the sum of private consumption expenditure, government final consumption expenditure, gross fixed capital formation, changes in inventories, and net export of goods and services (exports less imports). The production-based GDP, which is measured as the sum of gross value added of all economic activities, can be used to evaluate the structure of the industrial sectors in Macao.

附录一、台湾省主要社会经济指标

Annex 1 MAIN SOCIAL AND ECONOMIC INDICATORS IN TAIWAN PROVINCE

附录 1.1 面积和人口主要指标
Main Indicators of Area and Population

项 目	Item	1997	1998	1999	2000	2001
面积(万平方公里)	Area (10 000 sq. km)	3.6	3.6	3.6	3.6	3.6
年底人口数(万人)	Year-end Population (10 000 persons)	2174.3	2192.9	2209.2	2227.7	2240.6
男	Male	1116.4	1124.3	1131.3	1139.2	1144.2
女	Female	1057.9	1068.5	1078.0	1088.5	1096.4
出生率(‰)	Crude Birth Rate (‰)	15.10	12.40	12.89	13.80	11.65
死亡率(‰)	Crude Death Rate (‰)	5.6	5.6	5.7	5.7	5.7
婴儿死亡率(‰)	Infant Mortality Rate(‰)	7.12	7.07	7.23	6.99	
妇女生育率(‰)	Fertility Rate (‰)	53	43	45	48	
人口自然增长率(‰)	Natural Population Growth Rate (‰)	9.50	6.80	7.16	8.10	5.94
结婚率(‰)	Marriage Rate(‰)	7.70	6.70	7.87	8.20	7.63
离婚率(‰)	Divorce Rate (‰)	1.80	2.00	2.23	2.40	2.53
平均期望寿命(岁)	Life Expectancy at Birth (Year)					
男	Male	71.93	72.20	72.46	72.63	
女	Female	77.81	77.96	78.12	78.30	
人口的年龄构成(%)	Age-specific Distribution(%)					
0-14 岁	0-14	22.60	21.96	21.43	21.11	20.81
15-64 岁	15-64	69.34	69.79	70.13	70.26	70.39
65 岁及以上	65 and Over	8.06	8.26	8.44	8.62	8.81
非农户人口占	Non-agricultural Population as %					
总人口比率(%)	of Total Population(%)	82.9	83.0	83.0		
人口密度(人/平方公里)	Population Density (persons/sq. km)	600.8	606.0	610.5	615.6	619.1

附录 1.2 劳动力和就业状况
Labor Force and Employment

项　目	Item	1997	1998	1999	2000	2001
劳动力总人数(万人)	Labor Force(10 000 persons)	943.2	954.6	966.8	978.4	983.2
男	Male	573.1	578.0	581.2	586.7	585.5
女	Female	370.1	376.7	385.6	391.7	397.7
就业人数(万人)	Employment (10 000 persons)	917.6	928.9	938.5	949.1	938.3
男	Male	556.2	561.0	562.4	567.0	555.3
女	Female	361.3	367.9	376.1	382.1	383.0
就业人数部门构成(%)	Distribution of Employment by Industry (%)	100.0	100.0	100.0	100.0	100.0
农、林、渔、猎业	Agriculture, Forestry, Fishery and Hunting	9.6	8.8	8.3	7.8	7.5
工业	Industry					
采矿业	Mining and Quarrying	0.1	0.1	0.1	0.1	0.1
制造业	Manufacturing	28.0	28.1	27.7	28	27.6
电、煤气、水	Electricity, Gas, Water	0.4	0.4	0.4	0.4	0.4
建筑业	Construction	9.6	9.3	9.0	8.8	8.0
服务业	Services					
批发、零售及餐饮业	Wholesale and Retail Trade and Catering Services	21.7	22.0	22.7	23.2	23.5
运输、仓储和通信业	Transport, Storage, Communications	5.1	5.1	5.1	5.1	5.2
金融、保险和不动产业	Financing, Insurance & Real Estate	3.8	4.1	4.3	4.8	4.7
工商服务业	Business Services	2.6	2.8	3.0	3.1	3.0
公共行政、社会	Public Administration, Community,					
和个人服务业	Social and Personal Services	19.0	19.1	19.4	19.7	20.0
失业人数(万人)	Unemployment (10 000 persons)	25.6	25.7	28.3	29.3	45.0
失业率(%)	Unemployment Rate(%)	2.7	2.7	2.9	3.0	4.6

附录 1.3 国民生产总值
Gross National Product

年份 Year	国民生产总值 Gross National Product			人均国民生产总值 Per Capita Gross National Product	
	新台币亿元 (NT $ 100 million)	比上年增长%① Annual Growth Rate over the Preceding Year %①	亿美元 (USD 100 million)	新台币元 NT $	美元 USD
1989	40293	8.0	1526	201402	7626
1990	44120	7.3	1641	218092	8111
1991	49278	6.0	1837	240909	8982
1992	54598	7.3	2170	264338	10506
1993	60322	6.7	2286	264196	10011
1994	65710	6.8	2483	286191	10812
1995	71291	6.3	2691	308086	11630
1996	77876	5.9	2836	333948	12161
1997	84174	6.3	2933	357503	12457
1998	90066	4.3	2692	379202	11333
1999	93758	5.6	2905	390466	12100
2000	98033	6.4	3139	403382	12916
2001	97397	-1.3	2883	399279	11820

注:①按 1991 年价格计算。

Note:①At 1991 constant prices.

附录 1.4 国内生产总值支出构成
Expenditures on Gross Domestic Product

单位:% (%)

年份 Year	国内生产总值 (新台币亿元) Gross Domestic Product (NT $ 100 million)	居民消费 Household Consumption Expenditure	政府消费 Government Consumption Expenditure	存货增加 Change in Stocks	固定资本形成 Gross Fixed Capital Formation	货物及服务输出 Exports of Goods and Services	减:货物及服务输入 Minus: Imports of Goods and Services
1989	39388.26	53.30	15.61	1.37	22.02	49.46	41.73
1990	43070.43	54.80	17.17	0.66	22.42	46.76	41.78
1991	48107.05	54.80	17.39	1.12	22.17	47.41	42.87
1992	53376.93	56.00	17.01	1.67	23.24	43.38	41.28
1993	59183.76	56.57	15.63	1.01	25.17	44.08	42.46
1994	64636.00	58.30	14.57	0.80	24.58	43.65	41.98
1995	70179.33	58.77	14.24	0.38	24.95	47.98	46.32
1996	76781.26	59.13	14.30	0.70	22.50	47.41	44.04
1997	83287.80	59.70	14.38	1.45	22.76	48.26	46.20
1998	89389.67	59.67	14.32	1.37	23.54	47.81	46.71
1999	92899.29	60.73	13.15	0.50	22.87	48.29	45.54
2000	96633.88	61.90	12.90	-0.57	23.46	54.44	52.14
2001	95423.01	63.56	12.95	-1.02	19.2	50.54	45.23

附录 1.5 国内生产总值及部门构成
Gross Domestic Product by Kind of Economic Activity

单位:% (%)

年份 Year	国内生产总值(新台币亿元) Gross Domestic Product (NT $ 100 million)	农 业 Agriculture Forestry, Hunting and Fishery	工 业 Industry	制造业 Manufacturing	水、电、煤气业 Electricity Gas & Water	建筑业 Construction
1989	39388.0	4.9	42.3	34.6	2.9	4.5
1990	43070.0	4.2	41.2	33.3	2.8	4.7
1991	48107.1	3.8	41.1	33.3	2.7	4.7
1992	53376.9	3.6	39.9	31.7	2.7	5.0
1993	59183.8	3.6	39.4	20.6	2.7	5.3
1994	64636.0	3.5	37.7	29.0	2.6	5.6
1995	70179.3	3.4	36.4	27.9	2.6	5.4
1996	76781.3	3.2	35.7	27.9	2.5	4.9
1997	83287.8	2.6	35.3	27.8	2.4	4.7
1998	89389.7	2.5	34.6	27.4	2.3	4.4
1999	92899.3	2.6	33.2	26.6	2.2	3.9
2000	96633.9	2.1	32.4	26.4	2.2	3.4
2001①	95423.0	1.9	30.9	25.3	2.2	3.0

注:①预计数。

Note: ①Estimated data.

附录1.5　续表
Continued

年份 Year	服务业 Services	批发、零售及餐饮业 Wholesale and Retail Trade, and Hotels Restaurants	运输仓储及通信业 Transport, Storage & Communications	金融保险不动产及工商服务业 Finance, Insurance, Real Estate & Business Services	政府部门服务业 Government Services
1989	52.79	13.51	6.22	17.60	9.72
1990	54.59	14.21	6.16	18.24	10.64
1991	55.14	14.61	6.19	17.85	11.06
1992	56.53	14.98	6.29	18.66	11.02
1993	57.01	15.30	6.40	17.56	10.49
1994	58.78	15.61	6.55	18.96	10.27
1995	60.15	16.80	6.65	19.26	10.35
1996	61.09	16.80	6.78	19.50	10.36
1997	62.14	17.23	6.74	20.56	10.90
1998	62.97	17.77	6.96	20.36	10.02
1999	64.25	18.49	6.73	20.35	10.19
2000	65.53	19.30	6.71	22.76	10.19
2001①	67.20	19.38			10.76

注:①预计数。
Note: ①Estimated data.

附录 1.6 农业生产指数
Index of Agricultural Production

(1996 = 100)

年份 Year	总指数 Total	种植业 Crops	林 业 Forestry	畜牧业 Livestock	渔 业 Fishery
1981	75.4	102.7	689.1	43.1	82.0
1986	84.5	96.6	642.8	59.9	100.9
1990	94.5	97.0	233.5	74.3	120.4
1991	95.9	99.5	218.7	80.9	111.4
1992	93.6	95.4	132.0	82.9	107.5
1993	99.3	101.9	137.8	86.5	114.2
1994	96.3	98.3	104.0	91.4	100.7
1995	99.8	100.3	121.4	96.0	104.9
1996	100.0	100.0	100.0	100.0	100.0
1997	98.7	101.6	112.5	92.6	102.0
1998	93.3	93.2	142.5	85.7	102.1
1999	94.4	99.5	119.7	82.6	99.9
2000	97.2	96.8	122.8	87.3	109.1

附录1.7 工业生产指数
Index of Industrial Production

(1996 = 100)

年份 Year	总指数 General	矿业 Mining	制造业 Manufacturing	电、煤气、水 Electricity, Gas & Water	建筑业 Construction
1989	75.52	144.51	76.88	60.84	65.20
1990	75.39	126.81	76.37	65.10	65.61
1991	80.97	115.33	82.04	71.26	67.92
1992	84.54	110.55	85.23	75.78	79.56
1993	87.80	109.49	87.37	82.75	101.99
1994	93.60	109.94	92.37	89.24	126.36
1995	98.01	106.29	97.17	94.78	121.06
1996	100.00	100.00	100.00	100.00	100.00
1997	107.43	99.71	108.69	106.12	83.73
1998	110.26	77.99	111.25	114.23	84.17
1999	118.76	77.28	120.29	118.48	89.73
2000	127.52	72.12	129.87	130.32	76.21

附录 1.8 消费物价指数
Consumer Price Indices

(1996 = 100)

年份 Year	总指数 General Index	食品类 Food	衣着 Clothing	居住 Housing	交通 Transportation	医药保健 Medicines and Medical Care	教育娱乐 Education and Entertainment	杂项 Miscellaneous
1992	87.3	84.1	97.6	87.4	95.2	93.7	80.3	90.8
1993	89.9	86.9	94.8	90.8	95.8	95.0	85.2	92.9
1994	93.6	92.5	94.3	94.6	96.2	96.8	89.6	95.4
1995	97.0	96.4	97.6	97.9	98.7	98.3	93.7	98.3
1996	100.0	100.0	100.0	100.0	100.0	100.0	100.0	100.0
1997	100.9	99.1	100.7	101.2	101.2	102.4	103.4	102.1
1998	102.6	103.5	95.6	102.4	100.1	103.3	106.5	103.9
1999	102.8	103.0	94.3	102.5	99.3	106.9	104.5	104.5
2000	104.1	103.1	94.6	103.1	102.7	110.9	111.7	106.2
2001	104.1	102.1	93.0	102.7	103.9	112.4	114.0	105.9

附录二、国际劳工统计资料

Annex 2 STATISTICAL DATA OF INTERNATIONAL LABOURER

附录 2.1 经济活动人口
Economically Active Population

资料来源:联合国粮农组织数据库

Data source: Database from the Food and Agriculture Organization of United Nations

单位:万人 (10 thousand persons)

国家(地区)	Countries(regions)	1990	1997	1998	1999	2000
世界总计	World Total	249761	281889	286512	291143	294812
亚洲	Asia	152679	176910	179941	182972	184627
中国	China	64483	70580	71983	71983	73992
孟加拉国	Bengal	5360	6272	6650	6650	6961
印度	India	35863	42034	43733	43733	44216
印度尼西亚	Indonesia	8016	9571	10046	10046	10256
伊朗	Iron	1774	2117	2274	2274	2417
以色列	Israel	178	247	262	262	259
日本	Japan	6413	6707	6781	6781	6837
哈萨克斯坦	Kazakstan		791	792	792	800
朝鲜	Korea(North)	1028	1192	1234	1234	1142
韩国	Korea(South)	1963	2257	2344	2344	2397
马来西亚	Malaysia	726	880	924	924	943
蒙古	Mongolia	102	126	134	134	130
缅甸	Burma	2094	2469	2577	2577	2568
巴基斯坦	Pakistan	4003	5309	5674	5674	5208
菲律宾	Philippines	2403	2965	3125	3125	3136
新加坡	Singapore	154	173	176	176	201
斯里兰卡	Sri Lanka	708	781	811	811	854
泰国	Thailand	3138	3551	3662	3662	3738
土耳其	Turkey	2429	2952	3117	3117	3121
越南	Vietnam	3358	3959	4104	4104	4088
非洲	Africa	26200	31446	33115	33115	34256
埃及	Egypt	1960	2400	2538	2538	2579
尼日利亚	Nigeria	3395	4204	4431	4431	4513
南非	South Africa	1419	1576	1633	1633	1803
北美洲	North America	19814	22273	23012	23012	23380
加拿大	Canada	1465	1622	1661	1661	1656
墨西哥	Mexico	3066	3754	3965	3965	4072
美国	United States	12835	13857	14133	14133	14511
南美洲	South America	12078	14138	14759	14759	15073
阿根廷	Argentina	1220	1410	1469	1469	1500
巴西	Brazil	6554	7498	7770	7770	7925
委内瑞拉	Venezuela	727	905	960	960	988
欧洲	Europe	23367	35775	35957	35957	35959
白俄罗斯	White Russia		545	543	543	541
保加利亚	Bulgaria	444	430	425	425	410
捷克共和国	Czechic		567	573	573	577
法国	France	2470	2619	2659	2659	2684
德国	Germany	3986	4062	4051	4015	4030
意大利	Italy	2443	2518	2530	2530	2544
荷兰	Netherlands	690	723		729	736
波兰	Poland	1873	1969		1991	1998
俄罗斯	Russian Fed.	1065	1073		1077	1072
罗马尼亚	Romania	1065	7833		7852	7804
西班牙	Spain	1595	1707		1738	1758
英国	United Kingdom	2869	2929		2942	2989
乌克兰	Ukraine		2587		2573	2527
南斯拉夫	Jugoslavia		503		507	505
大洋洲	Oceania	1278	1449		1494	1517
澳大利亚	Australia	840	928		952	977
新西兰	New Zealand	162	186		191	188

注:1 联合国粮农组织数据

Notes: 1, the data from the Food and Agriculture Organization of United Nations

附录2.2 就业人数
Employment

资料来源:国际劳工组织《国际劳动统计年鉴》2001

Data source: International Labour Organization "Yearbook of Labour Statistics",2001

单位:万人 (10 thousand persons)

国家(地区)	Countries(regions)	1990	1998	1999	2000	2001
中国	China	64749.0	69957.0	70586.0	72085.0	
中国香港	Hong Kong	271.2	315.0	313.3	321.4	324.9
孟加拉国	Bengal	5015.9				
印度	India	2635.3	2816.6			
印度尼西亚	Indonesia	7585.1	8767.4	8881.7	8982.4	
以色列	Israel	149.2	207.2	213.7	222.1	227.1
日本	Japan	6249.0	6514.0	6462.0	6446.0	6412.0
哈萨克斯坦	Kazakstan		612.7			
韩国	Korea, Rep. of	1808.51	1999.4	2028.1	2106.1	
马来西亚	Malaysia	668.5	860.0	883.8	932.2	945.1
蒙古	Mongolia		79.3			
缅甸	Burma	1522.1	1835.9			
巴基斯坦	Pakistan	2979.7	3593.4			
菲律宾	Philippines	2253.2	2826.2	2776.2	2777.5	3008.5
新加坡	Singapore	153.7	187.0	188.6	209.5	204.7
斯里兰卡	Sri Lanka	596.4	594.6	615.9	630.8	
泰国	Thailand	3084.2	3213.8	3208.7	3300.1	
土耳其	Turkey	1994.6	2195.8	2204.9		2036.7
越南	Vietnam	3028.6				
埃及	Egypt	1436.1	1618.3	1675.0		
加拿大	Canada	1316.5	1432.6	1453.1	1491.0	1507.7
墨西哥	Mexico		3861.8	3906.9	3898.4	3900.4
美国	United States	11879.3	13146.3	13344.8	13520.8	13507.3
阿根廷	Argentina	437.3	827.9	828.5	826.2	
巴西	Brazil	6210.0	6996.3	7167.6		
委内瑞拉	Venezuela	640.4	871.1	871.7		
白俄罗斯	White Russia	515.1	441.7	444.2	444.1	
保加利亚	Bulgaria	409.7	315.3	307.2		294.0
捷克共和国	Czechic		485.3	476.5	475.1	475.0
法国	France		2247.9	2267.2	2326.2	2375.9
德国	Germany		3586.0	3640.2	3660.4	3681.6
意大利	Italy	2145.4	2016.8	2086.4	2122.5	2163.4
荷兰	Netherlands	635.6	739.8	760.1	773.1	786.5
波兰	Poland		1535.4	1474.7	1452.6	1069.7
罗马尼亚	Romania		1084.5	1077.6	1076.4	
俄罗斯	Russian Fed.		5786.0	6040.8		
西班牙	Spain	1257.9	1320.5	1381.7		
乌克兰	Ukraine		2299.8	2004.8	2042.0	
英国	United Kingdom	2693.5	2711.6	2744.2		2822.5
澳大利亚	Australia	783.7	855.3	874.7	901.0	912.4
新西兰	New Zealand	148.1	172.5	175.0	177.9	182.3

附录2.3 失业人数
Unemployment

资料来源:国际劳工组织《国际劳动统计年鉴》2001

Data source: International Labour Organization "Yearbook of Labour Statistics",2001.

单位:万人 (10 thousand persons)

国家(地区)	Countries(regions)	1990	1998	1999	2000	2001
中国	China	383.2	571.0	575.0	595.0	
中国香港	Hong Kong	3.7	15.5	20.9	16.8	17.4
孟加拉国	Bengal	99.7				4199.6
印度	India	3463.2	4009.0	4037.1		
印度尼西亚	Indonesia	195.2	506.2	603.0	587.2	
以色列	Israel	158	19.3	20.9	21.4	23.3
日本	Japan	134.0	279.0	317.0	320.0	340.0
哈萨克斯坦	Kazakstan		38.2	26.4		
韩国	Korea,Rep. of	45.4	146.1	135.3	88.9	
马来西亚	Malaysia	31.5	28.4	31.4	29.4	37.4
蒙古	Mongolia		4.8			
缅甸	Burma	55.5	45.2	42.5		
巴基斯坦	Pakistan	96.3	224.0			
菲律宾	Philippines	199.3	301.6	293.1	313.3	326.9
新加坡	Singapore	2.6	6.2	9.0	9.8	7.3
斯里兰卡	Sri Lanka	100.5	70.1	61.3	54.6	56.6
泰国	Thailand	71.0	113.8	98.6	81.3	
土耳其	Turkey	161.5	154.7	173.0		190.1
越南	Vietnam	134.6	144.8	148.1		
埃及	Egypt	11.1				
加拿大	Canada	116.4	130.51	119.0	109.0	
墨西哥	Mexico		89.0	68.2	65.0	117.0
美国	United States	704.7	621.0	588.0	565.5	67.9
阿根廷	Argentina	33.2	121.9	136.0	146.1	674.2
巴西	Brazil	236.7	692.3	763.9		
委内瑞拉	Venezuela	74.3	109.3	152.6		
白俄罗斯	White Russia		10.6	9.5	9.6	
保加利亚	Bulgaria		49.7	53.4	53.7	66.1
捷克共和国	Czechic		38.0	47.0	43.0	42.1
法国	France		300.7	301.4	259.0	228.5
德国	Germany		384.9	350.3	312.7	315.0
意大利	Italy	262.1	274.5	266.9	249.5	226.7
荷兰	Netherlands	51.6	33.7	27.7	26.2	22.0
波兰	Poland		180.8	239.1	278.5	75.0
罗马尼亚	Romania		73.2	79.0	82.1	
俄罗斯	Russian Fed.		887.6	932.3		
西班牙	Spain	244.1	306.0	260.5		
乌克兰	Ukraine		293.7	269.9	270.8	
英国	United Kingdom	197.4	177.6	175.2	161.9	141.3
澳大利亚	Australia	58.5	74.7	68.5	64.1	66.7
新西兰	New Zealand	12.5	13.9	12.8	11.3	10.2

附录2.4 失业率
Unemployment Rate

资料来源:国际劳工组织《国际劳动统计年鉴》2001

Data source: International Labour Organization "Yearbook of Labour Statistics",2001.

单位:万人 (10 thousand persons)

国家(地区)	Countries(regions)	1990	1997	1998	1999	2000
中国	China	2.5	3.1	3.1	3.1	3.1
中国香港	Hong Kong	1.3	2.2	4.7	6.3	5.0
阿塞拜疆	Azerbaijan		1.0	1.1	1.2	1.2
塞浦路斯	Cyprus	1.8	3.4	3.3	5.7	4.9
格鲁吉亚	Georgia			14.5	13.8	10.8
印度尼西亚	Indonesia		4.7	5.5		
以色列	Israel	9.6	7.7	8.5	8.9	8.8
日本	Japan	2.1	3.4	4.1	4.7	4.7
哈萨克斯坦	Kazakhstan		3.8	3.7	3.9	
韩国	Korea(South)	2.4	2.6	6.8	6.3	4.1
马来西亚	Malaysia	5.1	2.5	3.2	3.4	3.1
巴基斯坦	Pakistan	3.1	6.1	5.9		
菲律宾	Philippines	8.1	7.9	9.6	9.6	10.1
新加坡	Singapore	1.7	2.4	3.2	4.6	4.4
斯里兰卡	Sri Lanka	14.4	10.7	10.6	9.1	8.0
塔吉克斯坦	Tajikistan		2.7			
泰国	Tailand	2.2	0.9	3.4	3.0	2.4
土耳其	Turkey	7.5	6.9	6.2	7.3	
阿尔及利亚	Algeria	19.8	26.4			29.8
埃及	Egypt	8.6	8.4	8.2	8.1	
摩洛哥	Morocco	15.8	16.9	19.1	22.0	
南非	South Africa		5.4			
阿根廷	Argentina	7.3	14.9	12.8	14.1	15.0
巴哈马	Bahamas		9.8	7.7		
巴巴多斯	Barbados	15.0	14.5	12.3	10.5	
玻利维亚	Bolivia	7.3	3.7		7.2	7.4
巴西	Brazil	3.7	7.8	9.0	9.6	
加拿大	Canada	8.1	9.2	8.3	7.6	6.8
哥伦比亚	Columbia	10.2	12.1	15.0	20.1	20.5
哥斯达黎加	Costa Rica	4.6	5.7	5.6	6.0	5.2
智利	Chile	5.7	5.3	7.2	8.9	8.3
多米尼加	Dominica	19.7	15.9			
厄瓜多尔	Ecuador	6.1	9.2	11.5		
萨尔瓦多	El Salvador	10.0	8.0	7.3	7.0	
洪都拉斯	Honduras	4.8	3.2	3.9	3.7	
牙买加	Jamaica	15.7				
墨西哥	Mexico		2.6	2.3	1.7	1.6
荷属安的列斯	Netherland Antilles	17.0	15.3	16.6		14.0
尼加拉瓜	Nicaragua	11.1	13.3	13.3	10.9	9.8
巴拿马	Panama		13.4	13.6	11.8	
巴拉圭	Paraguay	6.6				
秘鲁	Peru		7.7	7.8	8.0	7.4
波多黎各	Puerto Rico	14.1	13.5	13.3	11.8	10.1
苏里南	Surinam	15.8	10.5	10.6	14.0	
特立尼达和多巴哥	Trinidad and Tobago	20.0	15.0	14.2	13.1	

附录2.4 续表
Continued

单位:% (%)

国家(地区)	Countries(regions)	1990	1997	1998	1999	2000
美国	America	5.6	4.9	4.5	4.2	4
乌拉圭	Uruguay	8.5		10.1	11.3	13.6
委内瑞拉	Venezuela	10.4	11.4	11.2	14.9	
美属维尔京群岛	Virgin Islands(USA)	2.8	5.9			
阿尔巴尼亚	Albania	9.5	36.4			
奥地利	Austria	3.2	4.2	4.2	3.8	3.6
白俄罗斯	White Russia		2.8	2.3	2.1	2.1
比利时	Belgium	7.2	8.9	9.1	8.6	7
保加利亚	Bulgaria		14.4	14.1	15.7	16.4
克罗地亚	Croatia		9.9	11.4	13.5	16.1
捷克共和国	Czech Republic		5.4	7.3	9	8.3
丹麦	Denmark		6.1	5.5		
爱沙尼亚	Estonia	0.6	9.7	9.9	12.3	13.7
芬兰	Finland	3.1	12.5	11.3	10.1	9.7
法国	France	8.9	12.3	11.8	11.7	10
德国	Germany		9.8	9.7	8.8	7.9
希腊	Greece	7	10.3	10.8	11.7	11.1
匈牙利	Hungary		8.7	7.8	7	6.4
冰岛	Iceland		3.9	2.7	2	2.3
爱尔兰	Ireland	12.9	10.3	7.8	5.7	
意大利	Italy	11	11.5	11.7	11.4	10.5
拉脱维亚	Latvia		14.4	13.8	14.5	14.6
立陶宛	Lithuania		14.1	13.3	14.1	2.7
卢森堡	Luxemburg	1.3	3.3	3.1	2.9	
马其顿	Macedonia	23.6				
马尔他	Malta	3.9	5	5.1	5.3	
荷兰	Netherlands	7.5	5.5	4.4	3.5	3.3
挪威	Norway	5.2	4	3.2	3.2	3.4
波兰	Poland		11.2	10.5	13.9	16.1
葡萄牙	Portugal	4.7	6.7	5	4.4	4
罗马尼亚	Romania		6	6.3	6.8	7.1
俄罗斯	Russian Fed.		11.8	13.3	13.4	
圣马利诺	San Marino	5.5	4.4	4.1	3	
斯洛伐克	Slovakia		11.8	12.5	16.2	18.6
斯洛文尼亚	Slovenes		7.1	7.7	7.4	
西班牙	Spain	16.3	20.8	18.8	15.9	
瑞士	Switzerland		4.1	3.6	3.1	2.7
瑞典	Sweden	1.6	8	6.5	5.6	4.7
乌克兰	Ukraine		8.9	11.3	11.9	11.7
英国	United Kingdoms	6.8	7.1	6.1	6	5.5
澳大利亚	Australia	6.9	8.6	8	7.2	6.6
斐济	Fiji	6.4				
关岛	Guam	2.8				
新西兰	New Zealand	7.8	6.6	7.5	6.8	6

附录2.5 非农部门就业人数、工资及平均每周工时数

Employment, Wages and Hours of work per Week in Non-Agriculture

资料来源:国际劳工组织<国际劳动统计年鉴>2001

Data source: International Labour Organization "Yearbook of Labour Statistics",2001.

国家(地区)	Countries(Regions)	非农部门雇员人数(万人) Number of the employment in non-agriculture(10,000 persons)		非农部门雇员工资(本币) Wages in non-agriculture (local currency)		非农部门雇员平均每周工时数 Hours of work per week in non-agriculture	
		1990	2000	1990	2000	1990	2000
中国	China	29792	37795	2140	9371		
中国香港	Hong Kong	268	320.5	5865.3	397.5	45.6	46.6
孟加拉国	Bengal	1685.6		55.9		31	
印度尼西亚	Indonesia	3347.2	1929.4				
以色列	Israel	143	217.3	2299	6791	38.9	41.9
日本	Japan	5798	6120	370169	302200	46.1	39.7
哈萨克斯坦	Kazakhstan		477.3	259	10984	148.2	35.8
韩国	Korea, Rep. of	1484.8	1885.8	642310	1727300	48.2	44.6
马来西亚	Malaysia	494.7	761	660			
缅甸	Burma	460.7	685.2				
巴基斯坦	Pakistan	1455.6	1895.4	1735			
菲律宾	Philippines	1234.7	1737.4	50.53		47.6	45.8
新加坡	Singapore		209	1527.8	3063	46.5	47
斯里兰卡	Sri Lanka	311.3	347.4	9.23	18.8		
泰国	Thailand	1111.6	1690.6	3737	6972	49.1	50
土耳其	Turkey	1059	1195.3	28600		48.8	45.9
越南	Vietnam	839					
埃及	Egypt	876.3	1206.6	55	113	55	52
加拿大	Canada	1262.6	1445.2	19.11	25.9	38.2	43.8
墨西哥	Mexico		3208.2	812.1	2937.7		34.5
美国	United States	1153.9	13175.1	10	13.8	34.5	
巴西	Brazil	4791.9	5430.4	27610	722.2		
委内瑞拉	Venezuela	554.4					
白俄罗斯	White Russia	404		265			
保加利亚	Bulgaria	333.98	225.4	352.3	238		
捷克共和国	Czech Republic		451.4	3241	13491		39
德国	Germany		3562.2		14.6	39.7	
意大利	Italy	1955.9	2015.4	100	112.4		39.1
荷兰	Netherlands	606.7	748.7	20.6	33.2	40.1	38.6
波兰	Poland	1295.5	1181.1	1036000	1923.8		40.8
罗马尼亚	Romania	768.6	616.5	3273			37.9
俄罗斯	Russian Fed.	6487.6	5342.1		1050		32.9
西班牙	Spain	1109.3		876		36.7	
乌克兰	Ukraine	2037.8	1308.6	247.8	230.1		128
英国	United Kingdom	2638.2	2703.4	6.4	10.3	40.5	44.3
澳大利亚	Australia	741.2	858.8	317	479	34.8	34.8
新西兰	New Zealand	132.5	162.8	14.05	20.9	38.8	38.2

附录2.6　制造业雇员工资及平均每周工时数
Wages and Hours of Work per Week in Manufacturing

国家(地区)	Countries(Regions)	1990	2000	1990	2000
中国	China	2073	8750		
中国香港	Hong Kong	179.5	335.4	44.2	45.2
孟加拉国	Bengal	55.9		31	
以色列	Israel	2669	8665	38.9	42.6
日本	Japan	244600	293100	45.7	38
哈萨克斯坦	Kazakhstan	277	13434	167.5	
韩国	Korea(South)	590800	1601500	49.8	49.3
巴基斯坦	Pakistan	1735	2865.8		
菲律宾	Philippines	4108	6900	44.9	43.9
新加坡	Singapore	1395	3036	48.5	49.8
泰国	Thailand	3357	5907	48.3	50.1
土耳其	Turkey	28600		48.8	48.7
埃及	Egypt	55	107	56	52
加拿大	Canada	14.2	17.2	38.2	38.7
墨西哥	Mexico		2909.6	44.9	44.4
美国	United States	10.8	14.4	40.8	41.6
巴西	Brazil	26076		44.3	
白俄罗斯	White Russia	154100			
保加利亚	Bulgaria	352.3	228		
捷克共和国	Czech Republic	3241	10997		41
法国	France	45.5		38.7	38.6
德国	Germany		27.8	39.5	37.9
荷兰	Netherlands	21.5	33.3		38.6
波兰	Poland		1660.9		41.7
罗马尼亚	Romania	3400	1712748	143	39.5
俄罗斯	Russian Fed.		1026		33.3
西班牙	Spain	902	1499		36.1
乌克兰	Ukraine	263000	289		126
英国	United Kingdom	6.1	9.7	42.3	41.3
澳大利亚	Australia	12.9	17.4	38.1	38.5
新西兰	New Zealand	13.3	17	40.7	41

附录2.7 劳动生产率
Productivity

资料来源:世界银行数据库
Data source: the database from the World Bank

国家(地区)	Countries(Regions)	全员劳动生产率(美元/人) General Productivity (Dollars per capita)		制造业劳动生产率(美元/人) Productivity in Manufacturing (dollars per capita)	
		1990	2000	1980－1984	1995－1999
中国	China	528	14727	3061	2885
中国香港	Hong Kong	25761	45234	7886	32611
孟加拉国	Bengal	593	680	1820	1711
印度	India	879	1014	2108	3118
印度尼西亚	Indonesia	1462	1505	3807	5139
伊朗	Iron	7637	5331	17679	89787
以色列	Israel	28582	40852	23459	35526
日本	Japan	47593	70933	34456	92582
哈萨克斯坦	Kazakhstan	5263	2507		
韩国	Korea(South)	12867	18923	11617	40916
马来西亚	Malaysia	6173	9320	8454	12661
蒙古	Mongolia		806		
巴基斯坦	Pakistan	1040	1192	6214	
菲律宾	Philippines	1805	2345	5266	10781
新加坡	Singapore	23538	46216	16442	40674
斯里兰卡	Sri Lanka	1175	1919	2057	3405
泰国	Thailand	2692	3317	11072	19946
土耳其	Turkey	6203	6386	13994	32961
越南	Vietnam	193	776		
埃及	Egypt	2355	4046	3691	5976
尼日利亚	Nigeria	740	817	20000	
南非	South Africa	8236	7413	12705	16612
加拿大	Canada	38955	41604	36903	60712
墨西哥	Mexico	8566	14238	17448	25931
美国	United States	45761	67975	47276	81353
阿根廷	Argentina	11585	19000	33694	37480
巴西	Brazil	7102	7471	43232	61595
委内瑞拉	Venezuela	6682	12194	37063	24867
白俄罗斯	White Russia	6653	5688		
保加利亚	Bulgaria	4673	2884		
捷克共和国	Czech Republic	6395	8798	5782	5094
法国	France	49232	48439	26751	61019
德国	Germany	42364	45819	34945	79616
意大利	Italy	45245	41740	24580	50760
荷兰	Netherlands	42807	49277	27491	56801
波兰	Poland	3148	7935	6242	7637
罗马尼亚	Romania	3597	3418		3482
俄罗斯	Russian Fed.	7502	3231		
西班牙	Spain	32448	32027	18936	47016
乌克兰	Ukraine	3507	1266		
英国	United Kingdom	34551	47292	24716	55060
澳大利亚	Australia	36466	39846	27801	57857
新西兰	New Zealand	26030	26022	16835	32723

附录 2.8 罢工和停工(2000 年)
Strikes and Lockouts(2000)

资料来源:国际劳工组织《国际劳动统计年鉴》
Data source: International Labour Organization "Yearbook of Labour Statistics"

国家(地区)	Countries(Regions)	罢工次数(次) Number of strikes	罢工人数(人) Persons of strikes(person)	罢工工日数(天) Days of strikes(day)
韩国	Korea(South)	250	177969	1893563
马来西亚	Malaysia	11	2969	6068
巴基斯坦	Pakistan	4	225	667
菲律宾	Philippines	60	21442	319233
泰国	Thailand	13	5969	225788
土耳其	Turkey	52	18705	368475
埃及	Egypt	6	1482	1377
加拿大	Canada	376	143480	1660830
墨西哥	Mexico	26	9620	389532
美国	United States	39	393700	20419400
德国	Germany		7428	10776
意大利	Italy	966	687000	884100
荷兰	Netherlands	23	10256	9432
波兰	Poland	44	7858	74266
罗马尼亚	Romania	10	24964	565422
乌克兰	Ukraine	76	20649	280534
英国	United Kingdom	212	183200	498800
澳大利亚	Australia	698	325400	469100
新西兰	New Zealand	21	2632	11495